지은이 옥한흠

제자훈련에 인생을 건 광인(狂人) 옥한흠. 그는 선교 단체의 전유물이던 제자훈련을 개혁주의 교회론에 입각하여 창의적으로 재해석하고 지역 교회에 적용한 교회 중심 제자훈련의 선구자다.

1978년 사랑의교회를 개척한 후, 줄곧 '한 사람' 목회철학으로 예수 그리스도를 닮은 평신도 지도자를 양성하는 데 사력을 다했다. 사랑의교회는 지역 교회에 제자훈련을 접목해 풍성한 열매를 거둔 첫 사례가 되었으며, 국내외 수많은 교회가 본받는 모델 교회로 자리매김했다. 1986년에 시작한 〈평신도를 깨운다 제자훈련 지도자 세미나〉(Called to Awaken the Laity, CAL세미나)는 제자훈련을 목회의 본질로 끌어안고 씨름하는 수많은 목회자에게 이론과 현장을 동시에 제공하는 탁월한 세미나로 인정받고 있다.

철저한 자기 절제가 빚어낸 그의 설교는 듣는 이의 영혼에 강한 울림을 주는 육화된 하나님의 말씀으로 나타났다. 50대 초반에 발병하여 72세의 일기로 생을 마감할 때까지 그를 괴롭힌 육체의 질병은 그로 하여금 더욱더 하나님 말씀에 천착하도록 이끌었다. 삶의 현장을 파고드는 다양한 이슈의 주제 설교와 더불어 성경 말씀을 심도 있게 다룬 강해 설교 시리즈를 통해 성도들에게 하나님 말씀을 이해하는 지평을 넓혀준 그는, 실로 우리 시대의 탁월한 성경 해석자요 강해 설교가였다.

설교 강단에서뿐만 아니라 삶의 자리에서도 신실하고자 애썼던 그는 한목협(한국기독교목회자협의회)과 교갱협(교회갱신을위한목회자협의회)을 통해 한국교회의 일치와 갱신에도 앞장섰다. 그리하여 보수 복음주의 진영은 물론 진보 진영으로부터도 존경받는, 보기 드문 목회자였다.

1938년 경남 거제에서 태어났으며 성균관대학교와 총신대학원을 졸업했다. 미국의 캘빈신학교(Th. M.)와 웨스트민스터신학교에서 공부했으며, 동(同) 신학교에서 평신도 지도자 훈련에 관한 논문으로 학위(D. Min.)를 취득했다. 제자훈련 사역으로 한국교회에 끼친 공로를 인정받아 웨스트민스터신학교에서 수여하는 명예신학박사 학위(D. D.)를 받았다. 2010년 9월 2일, 주님과 동행한 72년간의 은혜의 발걸음을 뒤로하고 하나님의 너른 품에 안겼다.

교회 중심의 제자훈련 교과서인《평신도를 깨운다》를 비롯해《길》,《안아주심》,《고통에는 뜻이 있다》, 성경 강해 시리즈인《로마서 1, 2, 3》,《요한이 전한 복음 1, 2, 3》등 수많은 스테디셀러를 남겼으며, 그의 인생을 다룬 책으로는《열정 40년》,《광인》등이 있다.

옥한흠 전집 강해 08
사도행전 2 교회는 이긴다

Romans   John   Acts   Sermon on the Mount

사도행전 2

교회는 이긴다

옥한흠 지음

국제제자훈련원

사도행전은 끝나지 않았습니다

사도행전은 끝나지 않았습니다. 우리는 사도행전의 주인공이 되어 주님의 영광을 위해, 복음을 위해 뛰어야 합니다. 누가는 사도행전을 마무리하면서 이렇게 말했습니다. "금하는 사람이 없었더라"(행 28:31, 개역한글). 우리도 금하는 사람이 없을 것입니다. 성도 여러분, 꿈을 가집시다. 사도행전의 꿈을 가지고 함께 기도합시다.

아버지 하나님, 로마의 감옥에서 그리스도의 복음을 위해 뜨거운 열정을 가지고 아침부터 저녁까지 땀을 흘리며 일하는 바울의 모습을 조용히 마음에 새겨봅니다.

주님, 우리는 바울의 후예들입니다. 바울로부터 복음을 받은 사람들입니다.

주여, 사도행전은 끝나지 않았습니다. 놀라운 복음의 나팔을 금할 자가 아직 없습니다. 주님이 오시는 그날까지 아무도 금할 수 없을 것입니다.

주여, 우리는 바울의 놀라운 사역을 계승하길 원합니다. 주여, 우리도 전하길 원합니다. 주여, 우리도 나팔을 불길 원합니다. 주여, 우리도 바울이 가졌던 그 꿈을 갖길 원합니다.

하나님이여, 몸에 가시가 있어도 그 가시에 정복되지 아니한 뜨거운 불이 우리에게 있기를 원합니다. 바울처럼 몸이 매여도 가만히 앉아 있을 수 없는 뜨거운 꿈이 있기를 원합니다.

거룩하신 하나님. 보통 사람이 할 수 없는 일을 거뜬히 해내는 능력의 사람이 되기를 원하오니, 사도행전의 그 놀라운 꿈을 우리에게 다시 심어주옵소서. 땅 끝까지 복음이 전파되어 예수 그리스도의 이름이 온 천하에 바닷물처럼 넘치는 그날이 올 때까지, 조금도 쉬지 않고 아침부터 저녁까지 최선을 다하는 하나님의 자녀가 되게 해주시길 원합니다. 사도행전의 주인공이 되기를 원합니다. 사도행전을 계속 써 내려가는 사람이 되기를 원합니다.

하나님이여, 주의 영광을 위해 우리의 젊음, 우리가 가진 세상의 모든 것을 바치길 원하오니, 이 시간 모든 성도들에게 놀라운 은혜를 다시 한번 허락해주옵소서.

예수님의 이름으로 간절히 기도 올리옵나이다. 아멘.

1986년 7월 2일
사도행전 강해를
마무리하는 설교 중에서

차례

사도행전은 끝나지 않았습니다   4

사도행전 11장

47   유대와 이방의 벽을 허무시다   13
48   이방인으로 이방 교회를 세우시다   24
49   믿음과 착한 양심을 가진 지도자   31
50   비로소 그리스도인이라 일컬어지다   37
51   예언하는 은사, 말씀을 깨닫는 은사   43
52   그리스도인의 구제 원칙   48

사도행전 12장

53   핍박자의 칼날이 부러지다   55

사도행전 13장

54   이상적인 팀워크를 이루다   67
55   성령의 뜻을 헤아리다   76
56   바울에게 임한 성령 충만   80
57   전도자에게 고난과 능력을 주시다   87
58   거절하는 유대인, 기뻐하는 이방인   95

사도행전 14장

59 구약을 모르는 이방인에게 전도하다   111
60 돌더미에서 바울을 일으키시다   122

사도행전 15장

61 교리 논쟁이 일어나다   129
62 예루살렘 회의로 모이다   137

사도행전 16장

63 바울을 따라 복음에 참여하다   149
64 바울의 길을 성령이 막으시다   157
65 복음이 유럽으로 넘어가다   164
66 점치는 귀신 들린 여종을 만나다   174

사도행전 17장

67 간절한 마음으로 말씀을 받다   187
68 철학자의 도시에서 변론하다   197

사도행전 18장

69 영적으로 캄캄한 도시에서 위로를 받다   213
70 고린도 선교가 대성공을 거둔 이유   222
71 지도자 바울의 진면목   231

사도행전 19장

72 예수 믿는 것과 성령 믿는 것　　　　　　243
73 두란노 서원에서 하나님 나라를 말하다　　253

사도행전 20장

74 로마를 향한 직로를 막으시다　　　　　　265
75 에베소를 향한 바울의 고별 설교　　　　　273
76 자신의 목회를 돌아보다　　　　　　　　　279
77 에베소교회를 말씀에 맡기다　　　　　　　287

사도행전 21장

78 바울의 각오, 제자들의 승복　　　　　　　299
79 예루살렘에 입성하다　　　　　　　　　　308
80 교회의 평화를 위해 고집을 꺾다　　　　　318

사도행전 22장

81 부형들아 들으라　　　　　　　　　　　　331

사도행전 24장

82 벨릭스 총독 앞에 서다　　　　　　　　　343

사도행전 26장

83 아그립바왕 앞에 서다　　　　　　　　　355

사도행전 27장
84 조난을 당하다 369

사도행전 28장
85 멜리데섬에서 전도하다 383
86 로마에 울려 퍼진 복음의 나팔 393

성경구절 색인 405

사도행전 11장

하나님은 핏값을 치르고 사신 교회를 결코 그냥 내버려두지 않으십니다. 그분은 자신이 정하신 방향대로 교회를 이끌어가실 것입니다. 우리에게는 하나님의 뜻에 순종하겠다는 겸손한 마음만 있으면 됩니다.

47

유대와 이방의 벽을 허무시다

그들이 이 말을 듣고 잠잠하여 하나님께 영광을 돌려 이르되 그러면 하나님께서 이방인에게도 생명 얻는 회개를 주셨도다 하니라(행 11:18)

사도행전 11장에는 예루살렘으로 돌아온 베드로가 그간의 일을 보고하는 장면이 나옵니다. 예루살렘교회의 할례파 성도들은 베드로의 행적을 몹시 못마땅하게 여겼습니다.

베드로가 왜 고넬료 가정을 방문하게 되었으며, 거기서 복음을 전할 때 어떤 일이 일어났는지 차근차근 설명하고 난 뒤에야 그들이 납득을 하고 하나님께 영광을 돌렸지만, 그런 결과를 얻기까지 베드로는 곤욕을 치러야 했습니다.

11장 1절에 나오는 '이방인들도'에 주목합시다. 사도행전의 큰 고비를 넘기는 데 핵심이 되는 말입니다. 유대인들은 "이방인들도 하나님의 말씀을 받았다"라는 소식을 들었지만 그 사실을 도무지 인정할 수 없었습니다. 선택받은 민족은 자신들뿐이라고 굳게 믿고 있던 유대인들에게 이방인 가정의 구원 소식은 큰 충격이었으며, 동시에 약간의 거부감과 서운한 감정을 불러일으켰습니다. 1절은 이런 복잡한 심경이 깔린 구절입니다.

> 유대에 있는 사도들과 형제들이 이방인들도 하나님의 말씀을 받
> 았다 함을 들었더니(11:1).

복음이 유대인에서 이방인에게로 넘어가는 길목에 있는 순간입니다. 그런데 안타깝게도 여기서 하나님의 뜻과 사람의 뜻이 일치하지 않고 불협화음이 나는 것을 봅니다. 유대와 이방 사이에 놓인 높고 견고한 벽 때문이었습니다. 11장은 바로 하나님께서 이 벽을 무너뜨리시는 과정을 기록하고 있습니다.

할례파 그리스도인들

2절에 나오는 '할례자들'은 어떤 사람들이었을까요? 왜 '할례자들'이라는 별명이 붙게 되었을까요? 예루살렘에서 예수 믿고 돌아온 수많은 유대인들이 모두 할례 받은 자들이었는데 왜 교회 안에 '할례파'라는 무리가 따로 생긴 것일까요? 이유가 있습니다.

> 하나님의 말씀이 점점 왕성하여 예루살렘에 있는 제자의 수가 더
> 심히 많아지고 허다한 제사장의 무리도 이 도에 복종하니라(6:7).

여기 나오는 '허다한 제사장의 무리'는 바리새인들을 말합니다. 이들은 유대교에서도 골수분자여서 무서울 만큼 율법을 철저히 지켰습니다. '할례파'는 이들을 가리키는 말로, 이들이 할례의 중요성을 집요하게 강조했기 때문에 붙은 별명이었습니다. 할례파 사람들

은 복음의 능력으로 회개하고 하나님께 돌아왔지만, 교회에 들어와서는 그들만의 세력을 형성했습니다.

과거 어떤 분야에 몸담았으며 어떤 학문에 젖어 있었는지가 신앙을 가진 후에도 개인의 성향과 사상의 흐름에 큰 영향을 미칩니다. 예수를 믿고 은혜를 받았지만 과거의 뿌리가 잘 뽑히지 않는 사람들이 있습니다. 유교나 불교 전통에 깊이 잠겨 있던 사람들이 교회에 나오면 옛 습성을 완전히 버리기까지 시간이 걸립니다. 샤머니즘이나 동양철학에서 비롯된 사고방식이 자신도 모르는 사이에 문득문득 나타납니다. 이런 사람들이 한꺼번에 몇십 명, 몇백 명씩 교회에 들어왔다고 가정해봅시다. 그들끼리 뭉쳐서 하나의 세력을 형성할 수 있지 않겠습니까?

바리새인들이 회개하고 돌아온 것은 감사한 일이었지만, 이들이 예루살렘교회뿐 아니라 훗날 바울이 세운 이방 교회에까지 상당한 피해를 입히는 하나의 불씨가 된 것은 매우 안타까운 일입니다.

구원파에서 핵심 일꾼이었던 여러 가정이 한꺼번에 사랑의교회로 옮겨온 일이 있습니다. 이단에서 나와 예수를 바로 믿게 된 건 정말 다행이지만 그들은 과거의 악습을 버리지 못했습니다. 매사에 기성 교회를 비판했습니다. 그동안 기성 교회의 잘못된 점만 배웠던 터라 어느 것도 좋게 보지 못했습니다. 보는 것마다 눈에 거슬리고 비판거리가 되었던 것입니다.

예수 믿고 성령의 은혜 안에서 자아가 깨어진 사람이라 하더라도 좀처럼 고쳐지지 않는 부분이 있습니다. 그만큼 악의 뿌리는 독한 데가 있습니다.

마음에 숨은 동기

예루살렘교회 할례파 성도들의 마음속에는 율법에 대한 미련이 아직 남아 있었습니다. 그런 이유로 복음이 그들의 마음 깊숙이 파고들지 못했습니다. 그것은 다음과 같은 꼬투리를 잡는 것으로 드러나곤 했습니다.

이르되 네가 무할례자의 집에 들어가 함께 먹었다 하니(11:3).

고넬료 가정에 다녀온 베드로에게 할례파가 트집을 잡은 내용은 정작 할례 문제가 아니었습니다. 베드로가 할례 받지 않은 자들과 함께 먹은 일을 문제로 삼았습니다. 차라리 고넬료가 할례를 받지 않은 점을 지적했다면 그래도 좀 나았을 것입니다.

할례 받지 않은 이방인의 집에 유대인이 들어가서 함께 먹는 것이 죄일까요? 창세기부터 출애굽기, 레위기, 민수기, 신명기를 다 뒤져보아도 그런 말씀은 없습니다. 그러면 할례파는 왜 이런 트집을 잡았을까요? 도대체 할례 받지 않은 자들과 함께 먹어서는 안 된다는 법은 어디서 나왔을까요?

성경에도 없는 법을 만들어낸 것은 바로 유대인의 조상, 바리새파 선조들입니다. '장로들의 전통'이라 부르는 이 법은 유대의 율법학자들이 구약성경의 율법에 기초하여 그때그때 필요에 따라 해석해 만든 규칙입니다. 인간이 만든 법이지요. 할례파 신자들은 베드로가 이 법을 지키지 않았다며 신랄하게 비판한 것입니다. 할례파 유대인들은 자신들의 전통에 대한 우월감에 빠져 조금이라도 그 법을 어기는 사람이 있으면 무조건 비판했습니다. 특히 할례 받지 않은 사람은 인간 이하로 취급했습니다. 예수 믿고 성령 받았다는 사람들의 마음속에도 이러한 우월감이 그대로 도사리고 있었다는 사실을 주의해야겠습니다.

또 한 가지 생각할 것은, 할례파의 행위가 분파로 이어졌다는 점입니다. 그들이 교회 안에서 트집을 잡은 것은 성경이 아니라 전통에 저촉되는 문제였습니다. 이런 사소한 것을 문제 삼는 사람들끼리 뭉쳐서 하나가 되면 나중에는 좀 더 그럴듯한 명분을 내세우게 됩니다. 쉽게 말해 교리적인 문제를 들고 나와 분파 행위를 한다는 것입니다. 할례파의 경우도 그러했습니다.

> 바리새파 중에 어떤 믿는 사람들이 일어나 말하되 이방인에게 할례를 행하고 모세의 율법을 지키라 명하는 것이 마땅하다 하니라 (15:5).

"바리새파 중에 어떤 믿는 사람들"은 할례파를 말합니다. 그들의 주장은 "아무리 예수 믿어도 그것만 가지고는 구원받지 못한다. 이방인들도 할례 받고 율법을 지켜야 구원받는다. 그러니 이방인들이 예수 믿고 돌아오면 반드시 할례를 줄 것이요, 반드시 율법을 지키라고 명하라"였습니다. 사소한 트집거리가 쌓이고 쌓여 교리 논쟁으로 이어진 것입니다.

인간의 전통에서 시작해 교리로 비화시키며 대립각을 세운 할례파 사람들의 마음에는 사실 숨은 동기가 있었습니다. 예나 지금이나 교회 안에 일어나는 분쟁에는 숨은 알맹이와 겉으로 나타난 껍데기가 다르다는 것을 발견합니다.

할례파 분쟁의 알맹이는 그들의 우월감과 교만이었습니다. 이방인을 은근히 멸시하고 싫어하는 태도, 할례 받지 않은 사람을 부정하다고 비판하는 자세 같은 것들이 그들의 감춰진 속내였습니다. 이와 같은 입장을 좀 더 합리화하고 논리적으로 주장하기 위해 겉으로 내놓은 것이 교리 문제였습니다.

한국교회는 지금까지 너무나 많은 분열을 겪어왔습니다. 왜 이렇게 계속해서 핵분열을 하듯 분파와 분쟁이 일어났을까요? 알맹이는 뭐고 껍데기는 무엇입니까? 겉으로는 교리의 차이를 말하지만 깊이 들여다보면 다른 것이 있습니다. 교권을 잡으려는 인간의 욕심, 지방색, 증오, 질투, 이해관계, 말하기도 민망할 만큼 치졸한 동기가 가슴속에 숨어 있는 것을 봅니다. 교단도, 지역 교회도 분쟁이 있는 곳은 다 똑같습니다.

싸움 많이 하는 교회, 분쟁이 그치지 않는 교단은 성령의 역사를 제한한다고 저는 분명히 믿습니다. 이런 교회와 교단은 금이 간 독과 같습니다. 물이 금방 차는 것 같지만 하룻밤만 지나면 싹 빠져버립니다. 다툼이 있는 교회에 가 보면 설교 시간에 울기도 잘 울고, 어떤 때는 굉장히 은혜가 있는 것처럼 보입니다. 그러나 시간이 흐른 뒤에는 울음도 헛것이요, 회개도 헛것입니다. 물이 다 빠지고 남은 빈 독처럼 텅 비어 있습니다.

교회 안에서 내 편, 네 편 만들고 다닙니까? 지연이나 학연으로 모여 단체행동을 하고 있습니까? 자신이 옳다고 인정받기 위해 교회를 비판하고 다른 성도들의 동조를 구합니까?

우리는 말씀 앞에서 마음에 쌓인 모든 찌꺼기, 자칫 숨은 동기가 될 수 있는 찌꺼기, 다른 사람을 해치고 교회 안에 분쟁을 일으킬 수 있는 찌꺼기를 완전히 씻어내야 합니다. 교회가 하나 되는 데 방해가 될 수 있는 개인의 습관이나 집단의 전통이라면 과감히 버릴 수 있어야 합니다. 성령을 근심하게 만드는 찌꺼기들이 굳어지지 않도록 항상 기도하고 주의합시다.

아름다운 사도 베드로

베드로는 지금 예루살렘교회 앞에서 비난을 받고 있습니다. 인간의 법을 내세워 사도를 비난하는 할례파가 베드로 앞에 의기양양하게 서 있습니다. 이런 상황에서 베드로가 어떤 태도를 보였는지 주의 깊게 살펴봅시다.

먼저 베드로는 자신을 비난하는 자들의 연약함을 나무라지 않았습니다. 나무라지 않았다는 것은 참 중요합니다. 특별히 교회에서 중요한 역할을 담당하고 있는 평신도 지도자들과 교역자들에게 굉장히 중요한 자세입니다. 자기가 잘못하는 줄도 모르는 사람을 나무라면 역효과가 납니다. 이런 사람은 성령이 주시는 지혜를 의지하며 조심스레 대할 수밖에 없습니다.

둘째로 베드로는 비난하는 자들을 향해 변론하지 않았습니다. "아니, 할례 받지 않은 사람의 집에 들어가면 어때? 성경에 그런 말이 있나?" 하고 따지려 했다면 얼마든지 그럴 수 있었습니다. 그러나 베드로는 일체 그런 말을 하지 않았습니다. 변론하지 않았습니다. 사실 교회 안에서 토론이나 변론을 하는 것은 무익합니다.

셋째로 베드로는 자기 권위를 가지고 상대방을 누르지 않았습니다. 사실 베드로의 권위는 대단했습니다. 예수님의 수제자 아닙니까? 오늘로 말하면 교황에 해당하는 최고의 권위를 가지고 있었습니다. 그 권위로 "야, 내가 알아서 한 일인데 너희가 무슨 잔소리냐?"라고 말한다 해도 아무도 뭐라 하지 못했을 것입니다. 그러나 베드로는 절대 자신의 권위를 남용하지 않았습니다. 권위로 누르는 대신 어떻게 했습니까? 사실 그대로 자세히 설명해주었습니다. 변론도 아니요, 권위를 내세운 강요도 아니었습니다.

베드로의 이런 자세는 우리에게 교훈하는 바가 큽니다. 일반적으로 사람들은 자기와 대등한 관계에 있는 사람과 무슨 문제가 있을 때는 설명을 아끼지 않습니다. 상대방을 이해시키고자 노력합니다. 그러나 자기보다 좀 낮은 사람, 대수롭게 보이지 않는 사람에게는 어떻습니까? 되도록이면 설명을 생략해버리고 적당히 한마디로 끝내버리고 싶어 합니다.

대표 사도라는 엄청난 권위를 가진 베드로가 할례파 몇 사람한테 트집 잡히고, 해명까지 할 필요가 있었겠습니까? 하지만 베드로는 자초지종을 설명해줍니다. 납득이 되도록, 오해가 풀리도록, 그들이 하나님께 영광 돌리는 자리까지 가도록 인내심을 갖고 이끌어주었습니다.

다른 사람과 불편한 감정이 생겼다든지 오해가 생겼을 때는 절대 변론하지 말기 바랍니다. 특히 과거에 어떠했는지 들추지 말고 그저 사실을 그대로 이야기해주며, 서로가 납득할 수 있는 방향으로 끌고 가기 위해 기도하면서 노력해야 합니다. 이것이 베드로가 우리에게 가르쳐준 아름다운 자세입니다.

최고의 권위, 최후의 결정

이런 베드로에게도 절대 양보할 수 없는 한 가지가 있었습니다. '하나님이 시키는 대로' 했다는 점입니다.

> 그런즉 하나님이 우리가 주 예수 그리스도를 믿을 때에 주신 것과 같은 선물을 그들에게도 주셨으니 내가 누구이기에 하나님을 능히 막겠느냐 하더라(11:17).

기가 막힌 말씀입니다. "내가 누구이기에 하나님이 시키시는 일을 안 된다고 할 수 있으며, 하나님이 직접 하시는 일을 막을 수 있겠느냐? 나는 하나님이 지시하신 대로 했을 뿐이다"라고 베드로는 분명하게 말합니다. 또한 베드로는 이 모든 것이 절대 거짓이 아님을 증명하기 위해 고넬료 집에서 증인 여섯 명을 데리고 왔습니다. 사람들이 그의 말을 의심하지 않고 받아들일 수 있도록 미리 준비했습니다. 당시 헬라 문화권에서는 일곱 명의 증인만 있으면 완전무결한 진실로 인정받을 수 있었기에, 고넬료 집에서 데려온 여섯 명과 베드로 자신이 증인이 되어 이 일을 증언한 것입니다.

"나는 하나님이 하시는 일을 막을 수 없는 사람이다. 하나님이 말씀하시는 대로 했다"라는 베드로의 말은 "최고의 권위는 하나님께 있다"라는 진리를 선포한 것입니다. 아무리 교회가 소란하고 복잡해도 이것은 하나님이 시키시는 일이요, 하나님의 뜻이라는 사실만 분명해지면 반대하던 사람들도 그 뜻에 동의하게 됩니다. 이것이 한 성령을 마시고 한 몸을 이룬 교회의 진면목입니다.

그런데 문제는 어떻게 하면 "이 일은 분명히 하나님의 뜻이다, 이렇게 하는 것을 하나님이 기뻐하신다"라고 자신 있게 말할 수 있느냐는 것입니다. 베드로는 환상을 보았고, 하늘의 소리를 들었고, "가라!" 하시는 성령의 명령을 들었습니다. 또 하나님이 고넬료에게 직접 성령을 부어주시는 역사를 똑똑히 목격한 사람들이 있었기 때문에 아무도 부인할 수 없었지만, 지금은 그때와 다릅니다.

그러므로 어떤 문제를 놓고 서로 의견이 다를 때 이것이 과연 하나님의 뜻이라고 분명하게 내세울 수 있을 만큼 그 뜻을 분명하게 붙잡는 것은 정말 어려운 일입니다.

1980년대 중반, 사랑의교회 예배당을 건축할 때 본당을 지하로 넣어 화제가 된 일이 있습니다. 상업지역의 소란함으로부터 교회를 지키고, 교회가 주변 주민들에게 끼칠 수 있는 불편을 최소화하자는 의도가 반영된 설계였습니다. 그러나 당시만 해도 예배실을 땅속에 배치한 교회는 우리나라는 물론 전 세계적으로도 찾아볼 수 없었기에, 이런 시도는 그야말로 모험이었습니다.

다행히 건축 설계를 맡은 분이 지하 예배당 아이디어에 대단한 호감을 보였습니다. 사실 그가 믿지 않는 사람이요, 교회를 설계해 본 일이 한 번도 없다는 점이 긍정적으로 작용했던 것 같습니다. 만약 믿음 좋은 건축가였다면 교회에 대한 고정관념 때문에 고개를 내저었을지도 모를 일입니다. 아무튼 설계 사무소로부터 한번 시도해 볼 만한 작품이라는 통보를 받은 건축위원회는 성도들에게 이 사실을 알리고 의견을 물었습니다. 놀랍게도 아무도 반대하는 사람이 없었습니다.

우리 교회를 보고 반해버린 어느 목회자가 자기 교회 신축을 앞두고 예배실을 지하에 넣자는 제안을 했다가 교회 안에서 찬반 의견이 갈렸다고 합니다.

"땅 밑에는 술집이나 좀 으슥한 것들만 들어가는 것 아닙니까? 예배실이 왜 지하로 들어갑니까? 하나님의 전인데 제일 높은 자리에 올려놔야지."

"교회가 지하로 들어가면 공간을 활용할 수 있고 잡음도 적어 주변 사람들도 교회 때문에 피해를 덜 보지요. 냉난방비도 절약할 수 있고, 얼마나 좋아요? 그러니까 지하로 들어갑시다."

이럴 때 과연 어느 것이 하나님의 뜻이라고 분별할 수 있겠습니까? 교회에 갈등이 생기고 성도들 간에 의견이 대립될 때 과연 무엇이 하나님의 뜻이라고 확신할 수 있을까요? 이런 애매모호한 문제들로 교회 안에 분쟁이 일어납니다. 성령께서 그저 한마디만 해주시면 깨끗하게 순종할 텐데 성령은 절대 그렇게 하지 않으십니다.

이런 상황에서 우리에게 필요한 것은 겸손입니다. 내 생각만 성령의 뜻이라고 주장하는 자세를 취하면 안 됩니다. 아무도 하나님의 뜻을 100퍼센트 안다고 말할 수 없기 때문입니다. 계속 그 문제를 놓고 기도하면서 하나님이 어떤 방향으로 성도들의 마음을 끌고 가시는지 지켜보아야 합니다.

하나님은 핏값을 치르고 사신 교회를 결코 그냥 내버려두지 않으십니다. 그분은 자신이 정하신 방향대로 교회를 이끌어가실 것입니다. 우리에게는 하나님의 뜻에 순종하겠다는 겸손한 마음만 있으면 됩니다.

48

이방인으로
이방 교회를 세우시다

그중에 구브로와 구레네 몇 사람이 안디옥에 이르러 헬라인에게 도 말하여 주 예수를 전파하니 주의 손이 그들과 함께하시매 수많은 사람들이 믿고 주께 돌아오더라(행 11:20-21)

스데반의 순교 이후 핍박이 시작되어 예루살렘 성도들은 사방으로 흩어졌습니다. 어떤 사람은 배를 타고 구브로라는 섬에 들어갔고, 어떤 사람은 육로를 따라 북상해서 안디옥에 이르렀습니다. 안디옥은 지중해 연안 북서쪽에 있던 이방 도시입니다. 주전 300년에는 시리아의 행정수도였고, 사도행전 당시인 주후 1세기에는 로마와 알렉산드리아에 이어 로마제국에서 세 번째로 큰 도시였습니다. 한편으로는 성적 문란으로 얼룩진 곳이기도 했습니다. 도덕적으로 타락한 이곳에 이방의 첫 교회가 세워졌다니 놀라울 따름입니다.

안디옥은 자유도시였습니다. 다양한 국적과 혈통을 가진 사람들이 모인 일종의 국제도시로, 그 안에 유대인들끼리 모여 사는 마을이 있었습니다. 핍박을 피해 안디옥에 도착한 유대인들은 동족이 살고 있는 마을로 가서 예수 그리스도를 전했습니다. 비록 복음은 유대인들에게 선포되었지만 말씀은 날선 검이 되어 곁에 있던 이방인들의 마음도 움직이기 시작했습니다. 몇 명의 구브로와 구레네 사람들이 복음을 듣게 된 것입니다. 예수를 믿게 된 이들은 복음을 혼자 간직하지 않았습니다. 그들은 안디옥에 이르러 예수 그리스도를 전파했습니다(11:20). 무명의 헬라인이 자기와 같은 헬라인에게 복음을 전한 것입니다.

사실 유대인이 유대인에게 '나사렛 예수가 우리의 구원자'라고 전하기는 쉬웠을 것입니다. 유대인들은 메시아가 오기만을 수천 년간 기다려왔기 때문입니다. 복음을 들은 유대인들은 '우리가 기다리던 메시아가 이미 왔단 말인가? 그분이 나사렛 예수란 말인가? 아, 그렇다면 내가 그분을 믿어야겠다'라고 생각했을 것입니다. 반면 유대교 신앙이나 구약에 대한 상식이 전혀 없는 이방인에게 예수가 메시아라는 것을 전하기란 대단히 어려웠을 것입니다. 과거 우리나라에 들어온 선교사들이 불교나 유교에 심취해 있던 우리 조상들에게 복음을 전할 때 얼마나 어려움을 겪었습니까? 무명의 헬라인들에게 복음을 전할 때도 같은 어려움을 겪었을 것입니다.

그럼에도 다행히 인간에게는 한 가지 공통점이 있습니다. 수많은 잡신을 섬기는 헬라인들이 애타게 찾던 것이 바로 '생의 의미'였습니다. 이 문제는 복음을 먼저 들은 몇몇 헬라인이 다른 헬라인에게 예수를 전할 수 있는 접촉점이 되었을 것입니다.

교회를 세운 무명의 이방인들

이방인에게 복음을 전한 이방인에게 '개척자'라는 이름과 상을 주고 싶지만 성경은 그들의 이름조차 밝히고 있지 않습니다. 어떤 면에서는 가장 큰 상을 받아야 할 개척자들을 무명으로 기록한 이유는 무엇일까요? 물론 13장 1절을 보면 구브로 출신의 루기오라는 사람이 안디옥교회 지도자로 나오고 그가 개척자 중 한 명이었을 가능성이 대단히 크지만, 일단 그들이 처음 등장하는 11장 20절에는 이름이 나와 있지 않습니다. 아마도 특별한 뜻이 있을 것입니다.

사실 이 세상의 명성이라는 것은 참 허무합니다. 유명한 사람은 어떤 면에서는 무명한 사람보다 더 불행합니다. 유명이라는 것이 그리 오래가지 못하기 때문입니다. 명성에 매달릴수록 인간은 초라하고 불쌍해집니다. 정상에 오른 사람일수록 인생의 허무함과 허탈감을 더 크게 느낍니다. 이는 성경이 가르쳐주는 진리요, 또한 우리의 경험으로도 충분히 알 수 있는 진실입니다.

이 세상에서 유명해지는 것, 이름을 날리는 것이 모두 자랑스러운 일 같지만, 그 명성을 잘 관리하지 못하면 혹은 명성에 걸맞은 인격을 갖추지 않는다면 금세 비참한 지경에 이르고 맙니다.

세계적인 스타였던 어떤 분의 간증을 읽은 적이 있습니다.

> 한창 이름을 날릴 때는 거리에서 사람들이 나를 쳐다보지 않으면 그렇게 기분이 나쁠 수 없었다. 모두 나를 쳐다봐야 기분이 좋았고, 그렇지 않을 때는 마음이 몹시 상했다. 방에 혼자 있을 때는 거울 앞에서 여러 가지 표정과 몸짓을 지어 보이는 연습을 하기도 했다. 언제나 사람들이 나를 보고 있다는 생각을 하며 그런 연습을 했던 것 같다.

얼마나 불쌍한 사람입니까? 정상에 서서 늘 다른 사람을 의식하던 그에게 복음이 들어가자 큰 변화가 일어났습니다. 그는 이후 철없이 잘난 척하던 과거를 생각하면 얼굴이 붉어진다고 고백합니다.

하나님은 어지간해서는 명성이라는 것을 우리에게 주시지 않습니다. 빌리 그레이엄 목사는 명성보다 인격이 훌륭한 분입니다. 그는 전 세계에 많은 유력자들을 친구로 두고, 수많은 정치 지도자들과 접촉하고, 수많은 사람들에게 영향을 끼친 사람입니다. 그런 그가 어떻게 몇십 년간 한결같은 성실로 주님의 일을 할 수 있었을까요? 어떻게 명성이 조금도 흐트러지지 않을 수 있었을까요? 만약 그가 세상 권력에 조금이라도 아부를 한다든지 항상 자신의 명성을 의식하고 살았다면 몰락하고 말았을 것입니다.

빌리 그레이엄 목사처럼 명성을 잘 감당할 수 있는 사람에게는 하나님께서 명성을 주실 것입니다. 그러나 백에 아흔아홉은 명성을 감당할 만한 인격이 못 됩니다. 목회자들 중에도 무명으로 실패하는 경우는 드뭅니다. 주로 명성을 얻은 목회자가 몰락하기 쉽지요. 자신이 감당할 수 있는 분량 이상의 명성을 얻기 때문입니다.

그래서 성경에는 오히려 무명으로 잠깐 등장했다가 소리 없이 사라지는 이름들이 많습니다. 그러나 하나님은 그들의 이름을 기억하시고 하나님 나라에서 별과 같이 영원토록 빛나게 하실 것입니다.

> 지혜 있는 자는 궁창의 빛과 같이 빛날 것이요 많은 사람을 옳은 데로 돌아오게 한 자는 별과 같이 영원토록 빛나리라(단 12:3).

주의 손이 함께하시매

교회를 개척하는 이들의 마음에는 간절한 소원 두 가지가 있습니다. 첫째는 하나님의 손이 함께해주시기를 바라는 것입니다. 또 하나 간절히 원하는 것은 개척한 교회가 모범적으로 성장하는 것입니다. 안디옥의 개척자들에게 주의 손이 함께하신 것과 그들의 소원대로 교회가 성장했던 것은 기가 막힌 복이 아닐 수 없습니다. 그렇다면 하나님이 함께하신다는 증거는 무엇일까요? 바로 복음의 열매입니다.

> 주의 손이 그들과 함께하시매 수많은 사람들이 믿고 주께 돌아오더라(11:21).

주의 손이 안디옥의 개척자들과 함께하셔서 수많은 사람들이 주께 돌아왔습니다. 전도의 열매가 놀랍게 나타난 것입니다. 많은 불신자가 복음을 듣고 변화를 받아 교회에 모인다면 이것은 사람의 일도 아니요, 악령의 역사도 아니요, 오직 하나님만이 하실 수 있는 성령의 역사입니다. 안디옥교회에 이와 같은 역사가 일어난 것입니다.

지금 속한 교회의 과거와 현재를 돌아봅시다. 하나님의 손이 함께하셨습니까? 함께하셨다는 증거가 있습니까? 예수를 흐릿하게 믿던 사람이 변화를 받아 새사람이 된 것도 증거가 되겠지만, 그보다 더 좋은 증거는 믿지 않던 사람들이 얼마나 와서 믿고 새사람이 되었느냐 하는 것입니다.

믿음의 터 다지기

안디옥에 예수 믿는 이방인들이 많다는 소문을 들은 예루살렘교회는 바나바를 보내 소문의 진상을 확인합니다. 착한 사람, 성령과 믿음이 충만한 사람 바나바가 이방인 성도들을 보고 기뻐하며 권면하니 큰 무리가 더해졌습니다. 바나바는 이들에게 하나님의 말씀을 가르치고 양육할 지도자가 필요하다고 판단했습니다.

> 바나바가 사울을 찾으러 다소에 가서 만나매 안디옥에 데리고 와
> 서 둘이 교회에 일 년간 모여 있어 큰 무리를 가르쳤고 제자들
> 이 안디옥에서 비로소 그리스도인이라 일컬음을 받게 되었더라
> (11:25-26).

대부분의 개척교회가 사람들이 조금 모였을 때 실패하는 이유는 안디옥교회의 모범을 따르지 않기 때문인 것 같습니다. 성도들에게 말씀을 철저하게 가르쳐서 믿음의 기초를 닦아주어야 합니다. 그리고 주님의 뜻대로 살려면 어떻게 해야 하는지 말씀으로 확실히 정립해주어야 합니다. 그러나 많은 목회자들이 이 부분을 등한시하는 것 같아 걱정이 됩니다. 심방하는 데 시간을 다 보내지는 않습니까? 한 번이라도 더 찾아가서 인간적인 정을 나누고 오면 성도들이 교회에 남아 있을 것이라고 생각하지는 않습니까?

인간의 정만큼 얄팍한 것은 없습니다. 관계가 끈끈한 것 같고 무언가 통하는 것이 있어 보여도 조그마한 문제 하나만 생기면 당장 돌아설 수 있는 것이 인간의 정입니다. 정으로 묶을 수는 없습니다. 그럼 무엇으로 묶어야 합니까? 하나님의 말씀을 가르치고 배우는 일로 함께 해산의 수고를 겪어야 합니다. 그래서 새 생명이 태어나는 역사가 일어날 때, 해산한 자와 태어난 자 사이에 끊을 수 없는 사랑이 생깁니다.

심방이 필요 없다는 말은 결코 아닙니다. 지난 120년간 한국교회가 이만큼 부흥한 요인 중의 하나가 심방이었다는 것은 다들 잘 알고 있습니다. 그러나 한 가지 분명한 것은 심방이 양육은 아니라는 사실입니다. 공동체로 모여서 강해설교를 듣고 또 소그룹으로 모여 성경 공부와 묵상, 나눔을 통해 말씀을 배우지 않으면 영적으로 자

라지 않습니다. 영적 성장은 교역자가 심방한다고 이루어지는 것이 아닙니다.

양육에 힘쓴 안디옥교회는 나중에 어떤 교회로 성장합니까? 구제하는 교회, 이방 선교를 제일 먼저 시작한 교회, 가장 모범적인 교회가 되었습니다. 우리 역시 안디옥교회의 모범을 따라야 합니다.

하나님께서는 한국교회에 복을 주셨습니다. 이렇게 은혜를 주신 이유는 하나님 나라의 일을 맡기기 위해서입니다. 교회는 성도들을 선교사로 내보내고, 정치가로도 내보내고, 경제인으로도 내보내고, 군인으로도 내보내고, 과학자로도 내보내야 합니다. 각 분야에서 하나님의 자녀답게 시대의 사명을 감당할 그리스도의 제자를 양육해 내는 산실이 되어야 합니다.

조용히 교회들을 바라보면 떠오르는 생각이 있습니다. '하나님께서 이제 우리 한국교회에 무슨 일을 맡기실까? 하나님이 하라고 하실 때 참된 기쁨으로 감당할 수 있을까? 만약 지기 어려운 십자가를 지라고 하시면 잘 감당할 수 있을까?'

세상에서 하나님의 일을 하기란 정말 쉽지 않습니다. 고통과 눈물 없이는 할 수 없습니다. 그렇기에 주님도 이 세상에서 하나님 나라의 일을 하실 때 통곡하셨고, 핍박을 견디셨습니다. 교회가 하나님의 사랑을 받은 자들로서 하나님이 명하시는 일을 하길 원한다면 십자가도 져야 합니다. 안디옥교회가 할 수 있었다면 오늘날 한국교회도 반드시 할 수 있습니다.

49

믿음과 착한
양심을 가진 지도자

바나바는 착한 사람이요 성령과 믿음이 충만한 사람이라 이에 큰 무리가 주께 더하여지더라(행 11:24)

안디옥교회는 무엇보다도 지도자의 모범이 돋보이는 교회입니다. 안디옥교회의 지도자 바나바는 착한 사람이요, 성령과 믿음이 충만한 사람이었습니다. 한 사람의 지도자를 말하고 있는 11장 24절이 제 마음을 꽉 붙잡고는 쉽게 놓아주지를 않습니다.

　이 말씀을 단순히 목회자에게만 해당되는 내용이라고 생각하고 넘어갈 수도 있겠지만, 목회자에게 해당되는 것이면 평신도 지도자들에게도 해당되는 것입니다. 평신도 지도자들에게 해당되는 것이면 지금은 지도자가 아니더라도 앞으로 성장하여 지도자가 될 성도들에게 해당되는 이야기라고 생각합니다. 또 더 넓은 의미에서 모든 성도에게 해당되기도 합니다. 교회 지도자의 됨됨이에 따라 성도들의 됨됨이가 어느 정도 결정되기 때문입니다.

자연 인격과 신앙 인격

바나바는 성경에서 착한 사람, 성령과 믿음이 충만한 사람이라고 소개됩니다. 착한 사람과 성령의 사람, 이 둘을 구별할 수 있을까요? 사람들은 대체로 착하면 성령 충만하고, 성령 충만하면 착하다고 생각합니다. 저는 이 둘을 '자연 인격'과 '신앙 인격'으로 구분해서 이야기하고 싶습니다.

문제는 두 인격이 일치하지 않는 사람이 많다는 데 있습니다. 어떤 사람은 성령 충만하긴 한데 착하지 않습니다. 가능한 일입니다. 반대로 사람은 굉장히 착한데 믿음은 너무나 약할 수 있습니다. 교회 지도자의 경우, 성령 충만하고 믿음은 굉장히 좋아 보이지만 사람 됨됨이가 착하지 못하다면 문제가 더 심각할 수 있습니다.

자연 인격이라는 것은 선천적인 기질과 후천적인 영향으로 형성됩니다. 그런 만큼 자라난 환경이나 교육 수준이 상당히 중요하게 작용합니다. 물론, 신앙생활을 통해 영적으로 은혜를 받고 새사람이 되면 바뀌는 부분도 많습니다. 하지만 자연 인격이 갖는 개성은 잘 바뀌지 않는 것 같습니다. 성도가 500명인 교회에는 500개의 개성이 있다고 보면 틀림없습니다. 그래서 신앙은 좋지만 착하다고 말할 수 없는 인품도 있고, 또 특별히 영적인 능력은 있는데 됨됨이나 인격은 신뢰할 수 없는 지도자도 있습니다.

착한 양심을 가진 지도자

믿음과 착한 양심을 가지라…(딤전 1:19).

사도 바울은 젊은 지도자 디모데에게 보낸 편지에서 이렇게 권면했습니다. 디모데처럼 훌륭한 젊은이에게 굳이 이런 충고를 할 필요가 있었을까요? 믿음이 좋으면 당연히 착한 양심을 가지고 있을 것이요, 성령 충만을 체험한 사람이라면 보나 마나 깨끗한 양심을 가졌을 텐데 말이지요. 그럼에도 바울이 디모데에게 이런 조언을 했다면, 오늘날 우리에게는 얼마나 더 필요한 조언이겠습니까?

순진한 성도들은 은혜만 받으면 모든 것이 완벽해질 거라고 생각합니다. 목사의 경우 설교를 아주 잘하면 다른 면도 완벽할 거라는 착각을 합니다. 어떤 사람이 무슨 체험을 했다고 하면 그가 완전한 사람이 된 것으로 오해합니다. 어떤 부흥사가 한 주일 동안 은혜를 많이 끼치고 돌아가면 그가 하늘에서 내려온 천사인 양 착각합니다.

천만의 말씀입니다. 오늘날 말씀은 은혜롭게 전하면서도 인격적인 면에서는 신뢰를 받지 못하는 목회자들이 있습니다. 설교자이기 전에 착한 사람이라는 인정을 받을 수 있느냐, 성령 충만한 사람이라는 말을 듣기 전에 착한 사람이라는 말을 들을 만큼 살고 있느냐가 사실 설교자에게 가장 무거운 짐입니다.

한 교회에서 10년, 20년, 심지어는 종신토록 목회하는 사람에게 가장 중요한 것은 강단 목회가 아니고 인격 목회입니다. 단기간에 부흥회를 인도하고 가는 사람은 얼마든지 은혜를 끼치고 갈 수 있습니다. 설교자는 한두 시간 정도는 쉽게 설교할 수 있고, 성도들은 설교를 들으면서 은혜를 받을 수도 있습니다. 그러나 오랜 세월을 함께 지내다 보면 설교자의 삶과 인격이 성도들에게 자연스럽게 드러나고, 이 부분에서 문제가 생기면 강단에서 어떤 천사 같은 말을 해도 아무런 소용이 없습니다. 그러니 착한 사람이라는 말이 얼마나 중요합니까?

성경은 바나바를 가리켜 '완벽한 사람'이라고 말하지 않습니다.

다만 착하고 양심적인 사람이라고 했습니다. 자신의 부족함을 솔직히 시인할 수 있는 사람이요, 부끄러움을 무릅쓰고 하나님과 형제들 앞에 고백할 줄 아는 사람이요, 자신의 약함을 인정할 줄 아는 사람이라는 말입니다. 성령께서는 바나바와 같은 착한 양심을 가진 사람을 기쁘게 사용하실 것입니다.

하나님의 일꾼이 되기 원한다면 성령 충만한 것, 믿음 좋은 것만 생각해서는 안 됩니다. 그것은 기본입니다. 목사치고 믿음 안 좋은 사람이 어디 있겠습니까? 목사치고 성령의 은혜를 모르는 사람이 어디 있겠습니까? 우리가 자칫 등한시할 수 있는 것이 '착한 양심'입니다. 각자 이 부분을 놓고 스스로 살피며 기도해야 합니다.

동역하는 지도자

자연 인격과 신앙 인격이 잘 갖추어진 바나바로 인해 "큰 무리가 주께 더하여"졌습니다. 훌륭한 인격에 좋은 믿음을 갖춘 지도자가 이끄는 교회는 생명의 역사도 풍성합니다. 교회가 영적으로 부흥하는 데 지도자의 책임이 크다는 것이 안디옥교회의 이야기에서 발견할 수 있는 진실입니다.

바나바가 인격적으로 얼마나 멋진 사람인지 알 수 있는 장면이 뒤이어 나옵니다. 큰 무리가 주께 더해지는 복을 맛본 바나바는 어떤 모습이었습니까? "예수님을 믿는 사람들이 많아졌구나. 이제 이만하면 됐어" 하며 자족하는 마음을 가졌나요? 아닙니다. 바나바는 사울을 찾으러 급히 다소로 갔습니다.

그가 사울을 찾으러 간 이유는 자신의 한계를 잘 알았기 때문입니다. 갑자기 교회가 커지고 많은 사람들이 몰려와 지도자인 바나바를 기대에 찬 눈으로 바라보았습니다. 그러나 바나바는 그들 앞에서 자신이 대단한 사람인 양 으스대거나 대접받으려 하지 않았습니다. 오히려 이 많은 무리를 어떻게 말씀으로 가르칠까 고민하다가 자기보다 더 나은 지도자를 찾아 나섰습니다.

바나바는 '나 혼자서는 안 돼, 내가 아무리 성령 충만하고 착하다 해도 이렇게 몰려드는 사람들을 혼자서 양육할 수는 없지' 하는 마음으로 사울을 찾아 다소로 내려갔습니다. 자신의 한계를 인정할 줄 아는 정직한 사람입니다.

이렇게 결단을 내리는 것이 쉬워 보여도 지도자의 입장에서는 대단히 어려운 일입니다. 성도가 많이 모일수록 '나 때문에 많이 모이는 것이다' 하는 생각이 은근히 듭니다. 그러면서 자꾸만 마음이 높아집니다. 자기가 없으면 이 교회는 안 되고, 자기가 없으면 이 양 떼가 다 굶어 죽거나 흩어질 것이라고 착각합니다. 지도자가 빠지기 쉬운 함정입니다.

양 떼를 생각해서 '나는 부족한 사람이야. 나 혼자선 안 돼. 동역자가 필요해' 하는 마음으로 먼 길을 찾아 나설 만큼 솔직 담백한 지도자가 된다는 것은 참으로 어렵습니다.

바나바가 사울을 찾으러 갔다는 구절에서 '찾는다'는 말의 원어를 살펴보면 단순히 어떤 곳을 방문했다는 뜻이 아닙니다. 소재지가 불분명한 사람을 찾아 헤맨다는 뜻입니다.

당시 사울의 근황은 어떠합니까? 그는 복음을 힘써 전하다가 유대인들에게 거부당하고 생명의 위협을 느껴 잠시 고향에 내려가 있었습니다. 사울의 가문은 철저한 바리새파였으니 아마 고향에 내려가서도 마음 편히 쉬지 못했을 것입니다. 오히려 문중의 질타를 받고 일가친척들의 핍박에 시달렸을 것입니다. 어쩌면 문중에서 쫓겨나 정처 없이 떠돌면서도 동족에게 복음을 전하려고 애쓰던 중이었는지 모릅니다. 이런 사울을 찾아 나섰으니 바나바로서는 쉽지 않은 여정이었을 것입니다. 교회의 유익을 위해 몸소 다소로 내려간 바나바를 보며 저는 그의 인격에 감탄을 금할 수 없습니다.

지도자는 자신의 한계를 잘 알고 있어야 합니다. 그리고 필요할 때는 언제든지 동역자를 찾아 나설 수 있어야 합니다. '나 아니면 안 된다, 나 아니면 이 일을 못 한다' 하는 사고방식으로 일하지 않기를 바랍니다. 형제와 동역하는 것이 성령이 일하시는 방법입니다.

바나바는 동역자를 찾아오되 자기보다 월등히 나은 사람을 데려왔습니다. 사실 여러 면에서 바나바는 사울을 따라잡을 수 없습니다. 사울은 유대교의 상류 지식층인 가말리엘 문하에서 율법을 배운, 그야말로 엘리트 중의 엘리트였습니다. 가문으로 보나 학식으로 보나, 당시 유대교 최고 지도자인 대제사장이 인정한 사람이었습니다.

그것을 알면서도 바나바가 자기보다 월등히 나은 사람을 동역자로 초청할 정도면 그의 인격을 짐작할 수 있지 않습니까? 지도자에게 이런 관용이 있다면 주님께서 그 교회를 얼마나 귀하게 사용하시겠습니까?

50

비로소 그리스도인이라 일컬어지다

바나바가 사울을 찾으러 다소에 가서 만나매 안디옥에 데리고 와서 둘이 교회에 일 년간 모여 있어 큰 무리를 가르쳤고 제자들이 안디옥에서 비로소 그리스도인이라 일컬음을 받게 되었더라
(행 11:25-26)

다소에서 사울을 찾아 데려온 바나바가 중점적으로 한 일은 '가르치는 것'이었습니다. 두 지도자는 예수님을 믿겠다고 작정한 사람들에게 1년간 하나님의 말씀을 부지런히 가르쳤습니다. 그도 그럴 것이 당시 안디옥교회의 성도들은 말씀에 허기증을 가진 이방인이 대부분이었습니다.

사울이 한번 성경을 펼쳐 들고 가르치기 시작하면 새벽이 되어서야 끝이 났습니다. 요즘 우리로서는 도저히 상상할 수 없는 일입니다. 그들은 그렇게 말씀 속에 깊이 잠겼습니다. 가르치는 사람이나 배우는 사람이나 말씀 안에 풍덩 빠졌습니다. 이 정도 열심으로 1년간 가르치고 배웠으니 그 깊이와 너비가 아마 대단했을 것입니다. 안디옥 성도들은 이렇게 배우고 훈련받았습니다. 말씀을 통해 예수 그리스도를 닮아가려고 힘썼습니다.

가르쳐 지키게 하라

우리 주님도 세상에 계실 때 많은 무리에게는 주로 설교하시고, 소수의 제자들에게는 질문과 토론으로 가르치시지 않았습니까? 설명하고, 질문하고, 대답해주시면서 제자들이 하나님 나라의 백성으로 살아가는 데 꼭 필요한 진리들을 가르쳐주셨습니다.

또한 승천하시면서 남기신 말씀을 보십시오. "너희는 가서 모든 민족을 제자로 삼아 아버지와 아들과 성령의 이름으로 세례를 베풀[라]"에서 끝나지 않고, "내가 너희에게 분부한 모든 것을 가르쳐 지키게 하라"까지였습니다(마 28:19-20). 대단히 어려운 명령입니다. 가르치는 것으로 끝내기란 쉬운 일이지만 그것을 지키게 하는 것은 참 어렵습니다.

'지키게 하라'는 것은 '훈련시키라'는 말입니다. 훈련이란 배운 것을 그대로 생활에 적용할 수 있도록 구체적으로 지도하는 것을 말합니다. 주님은 제자들에게 서로 가르치고 배운 것을 지킬 수 있도록 도우라고 하신 것입니다. 사도 바울도 이렇게 권면했습니다.

> 그리스도의 말씀이 너희 속에 풍성히 거하여 모든 지혜로 피차 가르치며 권면하고 시와 찬송과 신령한 노래를 부르며 감사하는 마음으로 하나님을 찬양하고(골 3:16).

여기서 '너희'는 누구를 가리킵니까? 목회자입니까? 평신도입니까? 골로새교회의 성도들입니다. 마찬가지로 오늘날 우리에게도 '너희 속에' 하나님의 말씀이 풍성히 거하도록 하라고 권면합니다. 우리 속에 하나님의 말씀이 풍성히 거하여 많은 것을 깨닫게 되면,

그 말씀을 통해서 우리는 기쁨을 누리게 되고, 우리의 생활이 바뀔 수 있습니다.

그러니 먼저 말씀을 부지런히 배워야 합니다. 그러면 하나님의 말씀이 내 안에 풍성히 거합니다. 그것으로 피차 가르치는 것입니다. 서로 가르치고, 서로 돕고, 서로 붙들어주라는 말입니다. 이렇게 피차 가르치고 권면하는 공동체가 될 때 그 모임에서 감사와 찬양이 나옵니다. 그 안에서 드디어 말에나 일에나 하나님 아버지께 영광을 돌리는 아름다운 코이노니아(κοινωνία)가 이루어져, 조화와 선한 뜻이 다스리는 이상적인 사회가 형성됩니다.

반대로, 열심히 배우지 않으면 마음에 말씀이 풍성히 거할 수 없고, 마음에 말씀이 풍성히 거하지 않으면 피차 가르치고 싶어도 그러지 못할 것이요, 피차 가르치지 못하면 하나님을 찬양하며 하나님 앞에 영광 돌리는 공동체를 경험할 수 없게 됩니다. 그러니 배우고 가르치는 일이 얼마나 중요합니까? 이방 교회의 첫 열매인 안디옥 교회가 이 일의 모범이 되었습니다.

마음에 말씀을 가득 담아야

한국교회 초창기 모습도 마찬가지였습니다. 성도들이 배우는 일에 얼마나 부지런했는지 모릅니다. 사경회도 요즘 같지 않았습니다. 강사는 성경을 펴놓고 칠판에 써가면서 정신없이 가르쳤습니다. 듣는 성도들은 연필을 들고 받아 적느라 정신이 없었습니다. 연필이 좋기나 했나요? 조금만 써도 뚝 부러지고, 뚝 부러지고, 그러면 칼로 깎아가며 썼습니다. 또 종이는 어땠나요? 시커먼 갱지라 잘 적히지도 않았고, 행여 글씨를 잘못 써서 지우개로 지울라치면 찢어지기 십상이었지요. 그래도 다들 한 자도 놓치지 않으려고 정신없이 받아 적었습니다. 게다가 그 시절 어른들이 글이나 제대로 알았나요? '가갸거겨' 겨우 배워서 그냥저냥 그어대는 수준이었지만, 부끄러움을 무릅쓰고 그저 열심히 쓰면서 배우던 사람들이 바로 우리 신앙의 선조들입니다.

그들은 어느 지역에서 사경회가 열린다는 소식이 들리면 일주일이건 열흘이건 농사일, 집안일 제쳐둔 채 30~40리 길도 마다 않고 달려갔습니다. 한국교회의 초창기 모습이 그랬습니다. 그런 밑바탕이 있기에, 그것을 거름으로 삼아 오늘날 한국교회가 이처럼 성장할 수 있었습니다.

그런데 그 후손인 우리는 지금 어떤 모습입니까? 말씀을 배우는 일에 얼마나 게으릅니까? 설교도 좀 딱딱하게 하면 재미가 없다며 하품을 합니다. 그나마도 주일 설교 한 번 듣는 것으로 그만인 경우가 대부분이지요. 그러고는 교회가 이렇다느니 저렇다느니 비판만 합니다.

말씀을 배워야 합니다. 하나님의 말씀이 우리 마음에 풍성히 거할 때까지 배워야 합니다. 배워야 묵상할 수 있습니다. 배워야 말씀을 사모하게 됩니다. 배우기를 싫어하면 말씀 묵상도 안 됩니다. 성경을 읽을 때도 형식적으로 읽습니다. 이런 것들은 우리 자신에게 아무런 유익도, 삶의 변화도 주지 못합니다.

하나님의 말씀이 우리 마음에서 메말라버리면 서로 권면하는 일이 사라집니다. 성도 간에 서로 관심도 없고 마음이 사나워지고 냉랭해집니다. 그런 교회는 피아노 반주에 맞춰 목소리로 '할렐루야'를 부를 수는 있겠지만 영혼의 울림으로 터져 나오는 찬송은 부를 수 없습니다.

배우기를 사모하는 자에게는 하나님께서 그의 마음에 성령의 감동을 가득 담아주십니다. 우리 마음에 말씀이 풍성해지면 만나는 사람마다 말씀을 나누게 됩니다. 서로 말씀을 주고받으면서 깨닫고 권면하며 하나님의 은혜에 젖어들게 됩니다. 어려운 일을 당한 성도를 만나면 자기도 모르게 같이 손잡고 기도하게 됩니다. 기도할 때 하나님이 부어주시는 은혜를 체험하면 어느새 찬양이 터집니다. 이것이 코이노니아입니다. 이것이 믿는 자들의 모임입니다.

그리스도인이라는 별명

> … 제자들이 안디옥에서 비로소 그리스도인이라 일컬음을 받게 되었더라(11:26).

안디옥교회가 얼마나 잘 가르치고 얼마나 잘 배웠는지는 세상이 평가했습니다. 안디옥교회는 세상 사람들에게 '그리스도인'이라는 별명을 얻었습니다. '기름 부음을 받은 사람', '그리스도를 닮은 사람'이라는 뜻입니다. '작은 예수'라고 할 수 있지요.

우리가 하나님의 말씀을 배워서 얼마나 그리스도를 닮은 사람이 되었는지 확인하려면 어떻게 해야 합니까? 교회 안에서 묻거나 거울 앞에서 자신을 쳐다보고 물어볼 필요가 없습니다. 세상에 나가서 사람들이 나에 대해 어떻게 말하는지를 들어보면 가장 정확하게 알 수 있습니다.

안디옥교회는 '그리스도인'이라는 별명, 그리스도를 닮은 사람들이라는 평가를 얻는 데 성공했습니다. 그처럼 세속적인 도시에 사는 사람들이 믿는 자들에게 그리스도인, 작은 예수란 이름을 붙여주었다니 이것이 진짜 성공 아닙니까?

오늘날 교회 밖에 있는 사람들에게서 "예수 닮았구나!" 하는 말을 듣는다면, 남편이나 아내가 그렇게 말한다면, 직장 동료가 그렇다고 인정한다면 그는 성공한 인생입니다. 세상 사람들이 우리를 향해 하는 말은 우리 신앙의 모습을 비추는 거울입니다.

51

예언하는 은사,
말씀을 깨닫는 은사

그중에 아가보라 하는 한 사람이 일어나 성령으로 말하되 천하에 큰 흉년이 들리라 하더니 글라우디오 때에 그렇게 되니라(행 11:28)

사도행전 11장 말미에는 사도행전에서 처음으로 '예언하는 은사'가 등장합니다. 초대교회에 나타났던 여러 가지 성령의 은사들 중에서도 예언의 은사는 좀 특별했습니다. 이 은사를 가진 사람은 상당히 많은 사람들에게 존경을 받고 높은 평가를 받았습니다. 또 '어떤 은사보다도 예언하기를 사모하라'고 한 사도 바울의 말을 문자적으로 해석한다면, 예언의 은사는 당시 교회 안에서 상당한 비중을 차지하고 있던 것으로 보입니다.

그도 그럴 것이 초대교회 당시는 아직 신약성경이 완성되지 않았고, 사도행전이나 서신서는 아예 없던 때였습니다. 그 시절 성도들은 순전히 구약성경과 사도들의 입에서 나온 말씀만 가지고 신앙생활을 할 수밖에 없는 형편이었습니다. 그래서 이 시기에는 하나님은 교회 안에 특별히 진리를 깊이 깨닫는 사람들을 일으키시고, 또 말씀에 근거해서 앞으로의 일을 예언하게 하셨습니다.

그런데 이렇게 중요한 은사였음에도 사도행전에는 실제 사례가 그다지 많지 않다는 것이 좀 이상하게 생각됩니다. 무슨 이유가 있을까요?

사도행전에 나오는 예언들

사도행전에 나타난 예언의 실례는 세 개밖에 없습니다. 11장에 등장하는 선지자 아가보가 사도행전에서 두 번 예언을 했습니다. 하나는 글라우디오 황제 때 흉년이 든다는 것이고, 또 하나는 예루살렘으로 올라가는 바울에게 한 예언입니다. 아가보는 바울의 띠를 가져다가 자기 손발을 꽁꽁 묶고 "성령이 말씀하시되 예루살렘에서 유대인들이 이같이 이 띠 임자를 결박하여 이방인에게 넘겨주리라"(21:11) 예언했습니다.

아가보는 예언의 은사를 가진 사람이 틀림없습니다. 그러나 내용을 살펴보면 사도행전의 핵심 사건에 영향을 미칠 만한 예언을 한 경우는 거의 없습니다. 다른 예언자들도 마찬가지입니다. 전도자 빌립 집사의 네 딸도 예언자로 소개되어 있지만 그들이 무슨 예언을 했는지는 성경에 전혀 나오지 않습니다.

사도 바울도 예언을 한 적이 있습니다. 사도행전 27장에 나오는 대로 죄수의 신분으로 로마 황제에게 재판을 받으러 가는 길에 한 예언입니다. 바울은 죄수들을 인솔하는 지휘관에게 "지금 우리가 출항하면 반드시 폭풍을 만나서 생명의 위협까지 받을 수 있으니 지금 출항하지 맙시다"라고 권합니다. 그러나 지휘관은 바울의 예언을 묵살했고, 선장과 선주의 말을 따라 항해를 계속했습니다. 결국 배에 타고 있던 사람들은 2주간이나 폭풍 속에서 생사를 넘나들어야 했습니다.

사도행전에 기록된 예언을 들여다보면 한마디로 사도행전 안에 있는 극적인 사건들과는 별로 관계가 없고, 오히려 중요해 보이지 않는 부분에서만 예언이 나오는 것을 알 수 있습니다.

예를 들면, 스데반의 순교나 그 순교로 인해 예루살렘교회에 무서운 핍박이 임하리라고 예언한 사람은 없었습니다. 교회를 박해하던 사울이 하나님의 부르심으로 거꾸러져 사도가 되리라는 예언을 한 사람도 없었습니다. 베드로와 사도들이 투옥되었을 때 천사가 와서 옥문을 열어주리라고 예언한 사람도 없었습니다.

이런 점들을 보면 당시 예언은 상당히 제한적인 은사였고, 성령께서 크게 쓰시지 않은 은사였음을 알 수 있습니다.

제한적인 은사

사실 앞날을 내다보는 예언만큼 인간이 감당하기 어려운 은사도 없습니다. 인간은 깨어지기 쉬운 질그릇에 불과합니다. 그래서 너무 큰 것을 받으면 쉽게 망가져버립니다.

예언의 은사를 받은 사람이 그것을 성숙하게 감당하지 못하면 '점쟁이'가 되고 맙니다. 마귀의 도구로 쓰일 수 있습니다. 예언을 받다가 성령이 침묵하시면 잠잠히 견디지 못하고 이내 마귀에게 호소하는 것이 인간입니다. 무언가를 알아맞히려고 몸부림을 치다 보면 마귀에게 이용당할 수밖에 없습니다. 요즘도 이런 사례가 얼마나 많습니까? 기가 막히게도 십자가를 세워놓고 점을 치는 곳이 있을 정도입니다.

기독교 2,000년 역사를 돌아보면 예언의 은사를 가지고 교회에 대단한 기여를 한 인물은 한 사람도 없습니다. 예언을 한답시고 교회 밖에서 이단 행세를 하다가 쓰러진 사람들은 있을지 모릅니다.

그러나 면면히 흐르는 기독교의 원줄기에는 어디를 보아도 예언의 은사로 하나님의 뜻을 이루었다는 인물을 찾을 수 없습니다.

예언의 은사가 없다는 말이 아닙니다. 예언의 은사라는 것이 있기는 하지만, 이는 성경적으로 보나 역사적으로 보나 특별한 경우가 아니면 성령께서 잘 허락해주시지 않는 제한적 은사라는 것입니다. 더욱이 신구약 성경이 완성된 오늘날에는 더더욱 예언의 의미가 미미하다고 말할 수 있습니다.

말씀을 깨닫는 은사

만약 예언의 은사가 있다면 제일 먼저 알아내고 싶은 사실은 자신이 얼마나 살 수 있는지와 주님이 언제쯤 오시는지 이 두 가지가 아닐까요? 인간이 얼마나 간사합니까? 은사가 있으면 엉뚱한 것만 알려 하고, 자꾸 남의 속을 들여다보려 하지 않을까요? 인간이 얼마나 추합니까? 그러니 하나님께서 그런 능력을 아무에게나 허락하실 리 없습니다.

지금은 예언이 하나님의 말씀으로 대치되었다고 해도 틀린 말이 아닙니다. 예언의 은사는 하나님의 말씀을 깊이 깨닫는 은사라고 해석해도 전혀 잘못이 없습니다.

오늘날 우리는 성경을 읽으면서 하나님의 말씀을 깨닫게 됩니다. 말씀을 깨달아 알 때 비로소 하나님의 뜻에 대한 윤곽도 잡을 수 있습니다. 또 말씀에 비추어 앞날을 내다보는 눈도 열립니다.

그래서 이 세대가 어떻게 될까, 말세는 어떤 모양으로 펼쳐질까, 예수 그리스도가 재림하실 시기는 어느 정도 무르익어가는가, 오늘날 그리스도인들에게 사탄이 어떤 부분을 집중적으로 공격하고 있는가 하는 것들을 성경을 통해 하나하나 깨칠 수 있다면 그 사람은 분명 예언의 은사를 받은 자라고 말해도 됩니다.

이 얼마나 큰 은사입니까? 얼마나 귀한 예언입니까? 그 이상 귀한 예언이 어디 있겠습니까? 그런 의미에서 저는 사도 바울이 한 말을 다시 한번 되풀이하고 싶습니다.

> 사랑을 추구하며 신령한 것들을 사모하되 특별히 예언을 하려고 하라(고전 14:1).

52

그리스도인의 구제 원칙

제자들이 각각 그 힘대로 유대에 사는 형제들에게 부조를 보내기로 작정하고 이를 실행하여 바나바와 사울의 손으로 장로들에게 보내니라(행 11:29-30)

아가보의 예언대로 흉년이 들었습니다. 글라우디오는 주후 41년부터 54년까지 로마제국을 지배한 황제인데 참 복이 없는 사람입니다. 그가 다스리는 동안 로마제국 곳곳에서 흉년이 끊이지 않아 민심이 무척 소란했기 때문입니다. 그런 때에 왕좌에 있었으니 얼마나 가시방석 같았겠습니까?

특히 안디옥보다 예루살렘이 있는 유대 지역이 더 극심했던 것 같습니다. 유대에 사는 형제들이 자신들보다 훨씬 더한 고난을 당한다는 소문이 들리자 안디옥교회에서는 구제 운동이 일어났습니다.

하나님은 왜 하필이면 그리스도인들이 많이 사는 유대에 극심한 흉년이 들도록 내버려두셨을까요? 예수 믿으면 만사형통한다는 철학을 가진 사람들이 보면 도무지 이해할 수 없는 본문입니다. 그 지역은 베드로와 사도들을 비롯해 성령 충만을 받아서 핍박을 무릅쓰고 예수 그리스도를 전하는 제자들이 가득한 땅 아닙니까?

사실 예수 믿는다고 해서 꼭 만사가 형통한 것은 아닙니다. 예수 믿는 사람은 병에 안 걸립니까? 예수 믿는 사람에게는 전쟁도 피해 갑니까? 예수 믿는 사람은 물질적으로 손해 보는 일이 전혀 없습니까? 만약 그럴 것이라고 기대한다면 성경을 전혀 모르는 것이고, 하나님을 너무 모르는 것입니다.

자신에게 고난이 많다 싶을 때 주님이 얼굴을 돌리셨다고 생각하지 마십시오. 성령 충만하여 이적과 기사를 행하는 사도들도 흉년으로 굶주릴 때가 있었다는 사실을 기억합시다. 때로 하나님은 우리에게 필요하다면 우리가 사망의 골짜기를 지나가게 하신다는 것을 알아야 합니다. 동시에 우리가 감당하지 못하는 것은 하나님께서 미리 막아주신다는 사실도 굳게 믿어야 합니다.

영적 가족을 먼저 돕는다

예루살렘교회가 흉년으로 고생할 때 안디옥교회에서 구제금을 보내기로 한 이유는 두 가지 정도로 생각해볼 수 있습니다. 첫째, 복음의 빚을 졌다는 마음으로 그렇게 했을 것입니다. 고린도후서 8-9장에서 사울은 이렇게 권면합니다. "안디옥 성도들아, 너희는 값으로 따질 수 없는 복음을 유대인 형제들에게 받았다. 그러니 그들이 곤궁할 때 물질적으로 돕는 것은 당연히 해야 할 일이다."

이것은 교회와 교회 사이에만 적용되는 것이 아닙니다. 개인 사이에도 얼마든지 적용됩니다. 우리 각자에게는 예수를 믿도록 도와준 믿음의 선배들이 있습니다. 예수님을 믿도록 나를 이끌어준 사람, 내 영혼이 거듭나도록 해산의 수고를 아끼지 않은 형제자매가 어려움에 처했다면 다른 누구보다도 발 벗고 나서서 도와야 하지 않겠습니까?

안디옥교회가 구제금을 보낸 또 다른 이유는 다음의 원칙 때문이었을 것입니다.

> 그러므로 우리는 기회 있는 대로 모든 이에게 착한 일을 하되 더욱 믿음의 가정들에게 할지니라(갈 6:10).

그리스도인들이 이 세상에서 구제하고 도울 일은 참 많습니다. 그러나 우선순위로 삼아야 할 것은 믿는 자들끼리 돕는 일입니다. 믿는 형제들을 돕지 못하는데 어떻게 믿지 않는 이웃을 도울 수 있겠습니까? 성경을 가만히 들여다보면 신약교회가 했던 대부분의 구제는 교회 내에서 이루어진 것을 알 수 있습니다. 즉, 믿는 사람이 믿는 사람을 도와주는 구제였습니다. 교회가 교회 밖에서 벌어진 일에 특별히 구제를 했다든지, 교회 밖에 있는 불쌍한 자들을 위해 구호물자를 모았다는 기록은 성경 어디에도 보이지 않습니다. 왜 그랬을까요?

신약교회는 세상에 대해 항상 복음 전도를 우선순위로 두었습니다. 그에 반해 교회 안에서는 사랑의 봉사를 우선순위로 삼았습니다. 구제가 복음 전도에 앞설 수 없고, 교회 내의 구제가 교회 바깥의 구제보다 앞설 수 없습니다. 이것이 성경의 질서요 순서입니다.

그러므로 구제나 사회운동을 너무 앞세우는 것은 어떤 면에서 성경적이지 않을 수 있습니다. 어떤 성도들은 특별히 구제에 관심이 많아서 십일조를 구제금으로 내거나 개인적으로 남을 돕는 일에 씁니다. 그러면서 스스로 선한 일을 많이 한 것처럼 생각하고 헌금을 제대로 했다고 착각합니다.

구제 헌금을 하는 두 가지 방법

신약교회는 구제금을 모을 때 두 가지 방법을 사용했습니다. 하나는 특별한 명목 없이 그냥 하나님 앞에 드리는 것입니다. 사도행전 4장에서는 바나바를 비롯한 예루살렘 성도들이 자기 재산을 팔아 사도들의 발 앞에 두는 장면이 나옵니다. 사도들은 성도들이 자유롭게 헌금한 것을 각 사람의 필요에 따라 나누어 주었습니다. 하나님의 뜻에 맞게 적절히 사용한 것입니다.

또 다른 방법은 안디옥교회나 소아시아의 교회들처럼 특별한 목적을 두고 헌금을 모아 구제비로 사용한 경우입니다. 이런 경우 목적이 분명하니까 다른 데 쓸 수 없습니다. 하나님 앞에 구제비라고 헌금을 했으면 오직 그 용도로만 써야 합니다.

오늘날에는 일반적으로 첫째 방법을 많이 사용합니다. 성도들이 십일조도 드리고 주일헌금, 감사헌금도 드립니다. 하나님 앞에 드리고 싶은 만큼 자원하는 마음으로 합니다. 교회는 적정한 선을 정해 구제비와 선교비로 사용합니다. 그러면 모든 성도가 구제에도 동참하고, 선교에도 동참한 것이 됩니다.

사도행전 12장

이 세상에서 먼저 죽느냐 나중에 죽느냐, 편히 죽느냐 괴롭게 죽느냐보다 더 중요한 것이 있습니다. '최후의 심판대 앞에서 하나님께 인정받는 사람이 되느냐, 헤롯처럼 영원히 수치스런 이름을 남기고 사라지느냐'입니다.

53

핍박자의 칼날이 부러지다

그때에 헤롯 왕이 손을 들어 교회 중에서 몇 사람을 해하려 하여 요한의 형제 야고보를 칼로 죽이니(행 12:1-2)

사도행전 12장을 읽다 보면 마음속에 격분이 일기도 하고 한편으로는 우울하기도 합니다. 이 세상은 참 요지경인 것 같습니다. 하나님의 사람이 있는가 하면 사탄의 자손이 있고, 마땅히 선한 사람이 승리해야 할 것 같은데 오히려 무참히 희생당하기도 합니다. 이런 모순이 성경에도 그대로 나타나고 있습니다.

12장 사건은 세상에서 얼마든지 일어날 수 있는 비극의 서두에 지나지 않습니다. 야고보가 피를 쏟고 죽은 이후 얼마나 많은 그리스도인들이 목숨을 잃었습니까? 얼마나 많은 피가 이 땅 위에 무참히 쏟아졌는지 모릅니다.

오늘날까지도 의로운 자들이 흘린 피가 하늘에 사무치도록 울부짖고 있습니다. 하늘 보좌에 계신 하나님께서 "더 이상은 안 된다. 이제는 참을 수 없어. 이들의 하소연을 더 이상 듣고만 있을 수 없다!" 하시며 벌떡 일어나시는 그날이 바로 세상의 종말입니다.

헤롯의 집은 저주받은 가문입니다. 하나님과 원수 된 집안입니다. 헤롯 1세 헤롯 대왕은 아기 예수를 죽이려는 목적으로 베들레헴의 죄 없는 아기들을 눈 하나 깜짝 안 하고 몰살한, 아주 지독한 사람이었습니다. 아버지의 피를 그대로 이어받은 헤롯 2세 헤롯 안디바는 자기 딸 앞에서 체면을 세우느라 당대의 의인 세례 요한의 목을 친 고약한 사람입니다. 이들의 피는 헤롯 3세 헤롯 아그립바 1세에게도 그대로 흘렀습니다.

헤롯 3세는 사도 야고보를 단칼에 베어버리고는 그것도 모자라 베드로까지 죽이겠다고 감옥에 보냈습니다. 헤롯 3세는 유대인들에게 인기를 끌어보겠다는 정치적 야심을 가진 사람입니다. 의인의 피를 흘리고서도 일말의 가책이나 두려움조차 없었습니다. 세상 기준으로 볼 때 권력을 잡았으니 성공했다고 할 수 있고, 사치를 누렸으니 호강했다고 할 수 있을지 모르지만, 그들에게 주어진 권력과 지위, 영화는 하나님 나라를 해치고 핍박하는 도구였습니다.

첫 순교자 야고보

이런 헤롯 3세의 탐욕에 희생당한 야고보는 어떤 사람이었나요? 예수님이 야고보와 요한 형제에게 "나를 따라오라" 하셨을 때 "그들이 곧 배와 아버지를 버려두고" 주님을 따랐다고 합니다(마 4:21-22). 형제는 예수님의 부르심에 주저 없이 자신의 소유를 던져버릴 만큼 용기 있는 젊은이들이었습니다.

사실 야고보는 동생 요한의 그늘에 가려 빛을 보지 못한 형입니다. 형제라고 해서 다 비슷한 건 아니지 않습니까? 동생보다 못한 형도 있고, 동생이 형보다 주목받는 경우도 있습니다. 이들 형제가 그랬던 것 같습니다. 동생인 요한이 예수님께 더 인정을 받았습니다. 사복음서나 사도행전을 보면 예수님의 열두 제자 중 요한과 베드로의 이야기는 많이 나오지만, 요한의 형 야고보는 자주 등장하지 않습니다.

야고보는 요한을 질투하거나 불평할 수도 있었을 것입니다. 그러나 성경에는 그런 흔적이 전혀 없습니다. 오히려 그는 항상 동생과 짝이 되어 다니기를 조금도 주저하지 않았고, 사람들이 자기를 인정하든 안 하든 예수님의 제자가 된 것 자체로 만족하며 변함없는 믿음으로 주님을 따랐습니다. 사도행전을 보면 베드로와 요한이 두 차례 투옥을 당했는데, 그때마다 야고보가 예루살렘교회를 이끄는 지도자 역할을 했을 것입니다.

어떤 학자들은 베드로와 요한이 옥에 갇힌 밤에 기도하던 모임을 인도한 것도 야고보였다고 봅니다. 사도행전 4장에는 그 사건과 관련된 유명한 기도문이 나옵니다. 석방된 베드로와 요한이 돌아오자 거기 모인 사람들이 크게 기뻐하며 큰 소리로 합심기도를 합니다.

> 그들이 듣고 한마음으로 하나님께 소리를 높여 이르되 대주재여 천지와 바다와 그 가운데 만물을 지은 이시요 … 주여 이제도 그들의 위협함을 굽어보시옵고 또 종들로 하여금 담대히 하나님의 말씀을 전하게 하여주시오며 손을 내밀어 병을 낫게 하시옵고 표적과 기사가 거룩한 종 예수의 이름으로 이루어지게 하옵소서 (4:24-30).

이 기도가 끝나자 "모인 곳이 진동하더니 무리가 다 성령이 충만하여 담대히 하나님의 말씀을"(4:31) 전했습니다. 야고보는 드러나지 않게 섬기다가 열두 사도 중 처음으로 순교의 자리에 앉는 영광을 얻었습니다.

마태복음 20장에서 예수님과 살로메가 나눈 대화가 떠오릅니다. 가만히 눈을 감고 요한과 야고보의 어머니 살로메를 떠올려봅니다. 무척이나 복스럽고 아름다우면서, 무엇보다 자녀들을 향한 열정과 사랑이 남다른 어머니였을 것입니다. 그래서 살로메는 아마도 예수님이 예루살렘에 가서 잘되면 누구보다도 자기 아들들을 잘 봐주지 않을까 기대했을 것입니다. 그는 확답을 얻어놓으려고 예수님을 찾아가 부탁했습니다.

> … 나의 이 두 아들을 주의 나라에서 하나는 주의 우편에, 하나는 주의 좌편에 앉게 명하소서(마 20:21).

하지만 예수님의 대답은 기대와 달랐습니다.

> … 너희는 너희가 구하는 것을 알지 못하는도다 내가 마시려는 잔을 너희가 마실 수 있느냐 … 너희가 과연 내 잔을 마시려니와 …
> (마 20:22-23).

의롭게 산다는 것

예수님은 야고보의 장래를 내다보고 계셨던 것 같습니다. 결국 야고보는 열두 제자들 중 순교의 면류관을 제일 먼저 받았습니다. 성도에게 최고의 명예는 순교 아닙니까? 아무나 하는 것이 아닙니다. 원한다고 되는 것도 아니고, 원하지 않는다고 찾아오지 않는 것도 아닙니다. 하나님이 주시기로 작정한 자에게만 허락되는 영광입니다.

가룟 유다와 사도 요한을 제외한 나머지 사도들은 모두 야고보의 뒤를 이어 순교자가 되었습니다. 베드로와 안드레와 가나나인 시몬은 십자가에 달려 죽었습니다. 베드로는 감히 예수님과 같은 모습으로 죽을 수는 없다며 십자가에 거꾸로 매달렸습니다. 안드레 역시 같은 이유로 엑스(X)자 모양의 십자가에 달렸습니다. 시몬도 십자가에서 죽었습니다. 마태와 야고보는 칼에 죽었고, 작은 야고보는 톱에 켜임을 당해 죽었습니다. 유다(다대오)는 화살에 맞아 죽었습니다. 빌립은 참수형을 당했고, 도마는 창에 찔려 죽고, 바돌로매는 산 채로 가죽이 벗겨져 죽었습니다. 그들은 지금 금 면류관을 쓰고 예수님의 보좌 좌우편에 앉아 있을 것입니다.

> 그 성의 성곽에는 열두 기초석이 있고 그 위에는 어린양의 열두 사도의 열두 이름이 있더라(계 21:14).

새 예루살렘 성곽에는 머릿돌 열두 개가 있는데, 돌 하나하나에는 열두 사도의 이름이 적혀 있습니다. 물론 가룟 유다 대신 맛디아라는 이름이 새겨져 있을 것입니다. 이 영광스러운 죽음의 첫 테이프를 야고보가 끊었습니다. 주님이 마시는 잔을 마시고 주님의 오른편에 앉는 영광을 얻은 것입니다.

기독교 역사는 피의 역사입니다. 기독교는 피의 종교입니다. 지금까지 피 흘림 없이 기독교가 자란 역사는 없습니다. 복음 때문에 피 흘린 적이 없는 지역에서는 교회가 잘 자라지 않습니다. 한국교회가 이만큼 부흥한 것도 우리 선조들이 피를 흘렸기 때문입니다.

우리도 그들의 뒤를 따라야 합니다. 하나님이 우리의 종말을 어떻게 계획해두셨는지는 아무도 모르지만 우리는 살아도 주를 위해 살고 죽어도 주를 위해 죽기를 각오해야 합니다. 언제 죽어도 죽는 것이 인생 아닙니까? 몇 년 더 산다고 해서 무슨 특별한 것이 있고, 남들보다 조금 먼저 간다고 해서 대단히 손해 볼 것이 뭐 있겠습니까? 그저 하나님이 살게 하신 만큼 살다가 오라 하시면 끝나는 것이 이 땅의 삶입니다. 잠시 머물렀다 거두어들이는 장막생활입니다. 한 번뿐인 인생, 또 누구나 한 번은 맞게 될 죽음 앞에서 우리도 야고보처럼, 스데반처럼, 이름 없이 빛도 없이 스러져간 이 땅의 순교자들처럼 죽을 각오로 삽시다.

오늘날 그리스도인들이 왜 약하다는 소리를 듣습니까? 잘 죽어보겠다는 의욕이 없기 때문에 속물이 되어버렸습니다. 복음을 모르던 우리 선조들은 비록 유교 사상에 젖어 있었지만 오히려 지금의 우리보다 더 정신 똑바로 차리고 잘 죽어야겠다는 생각을 많이 했습니다. 더럽게 사는 것보다는 차라리 깨끗하게 죽기를 원했고, 의롭게 죽기를 바랐습니다. 또한 의롭게 죽기 위해서 의롭게 살려고 노력했습니다.

그런데 오늘 우리에게는 그런 뜨거운 열정과 희망이 없습니다. 개처럼 살아도 그저 오래, 병들지 않고 행복하게 살기만 바랍니다. 그러다 결국 허망하게 죽습니다.

**옥에 갇혀도
평안한 베드로**

야고보의 죽음 이후 베드로마저 체포되었습니다. 베드로가 체포되는 과정에서 마음을 끄는 세 장면이 있습니다. 하나는 감옥에서 태평스럽게 잠자는 베드로의 모습이고, 또 하나는 감옥 밖에서 밤잠을 자지 않고 모여 간절히 기도하는 성도들의 모습입니다. 그리고 마지막은 천사가 내려와서 베드로를 끌고 나가는 모습입니다. 마치 영화의 한 장면 같습니다.

> 헤롯이 잡아내려고 하는 그 전날 밤에 베드로가 두 군인 틈에서 두 쇠사슬에 매여 누워 자는데…(12:6).

지금 베드로가 목전에 두고 있는 상황은 어떻습니까? 감옥에 갇혀서 사형을 하루 앞둔 시점입니다. 사형 집행 전날인데 어떻게 맘 편히 드러누워 잘 수 있었을까요? 혈혈단신 같으면 그럴 수 있을지 모르겠지만 베드로에겐 가족도 있었습니다. 나중에 선교하러 다닐 때 가족을 데리고 다녔다는 기록이 있습니다. 게다가 당시 예루살렘에는 베드로를 지지하는 성도들이 수천 명도 더 있었습니다.

베드로의 추종자들이 감옥을 부수고 들어올지도 모른다는 두려움 때문에 헤롯은 베드로를 쇠사슬로 묶고, 군인 둘을 좌우에 붙이고, 문 밖에는 파수꾼들을 줄줄이 세워놓았습니다. 그런 상황에서 베드로는 천하태평으로 잠을 자고 있었습니다. 얼마나 깊이 잠들었는지 천사가 와서 옆구리를 쳐 깨울 정도였습니다. 참으로 복을 받은 사람이라고 할 수 있습니다. 우리는 언제쯤 이 같은 평안에 사로잡힐 수 있을까요?

> 아무것도 염려하지 말고 다만 모든 일에 기도와 간구로, 너희 구할 것을 감사함으로 하나님께 아뢰라 그리하면 모든 지각에 뛰어난 하나님의 평강이 그리스도 예수 안에서 너희 마음과 생각을 지키시리라(빌 4:6-7).

베드로도 사람인데 아무래도 염려가 되기는 했을 것입니다. 그래서 잠자기 전에 이렇게 기도하며 하나님께 모든 염려를 다 맡겼을 것 같습니다.

> 오, 하나님 아버지, 주를 위해서 쇠사슬에 매일 수 있게 해주심을 감사합니다. 살든지 죽든지 모든 것을 주님께 맡깁니다. 내 생명이 주님 손에 있습니다. 가정도 교회도 다 주님 손에 있사오니 저는 아무것도 염려하지 않겠습니다.

베드로는 모든 염려를 감사함으로 하나님께 아뢰고 눈을 감았을 것입니다. 하나님은 그런 그의 눈꺼풀을 살짝 덮어주시고, 마음에 염려되는 것을 하나하나 다 흩어버리시고는 푹 잠들 수 있는 은혜를 주셨습니다. 이런 평안을 맛본 적이 있습니까? 평안은커녕, 베드로가 겪은 위기와는 비교도 안 될 만큼 작고 사소한 염려와 고통 때문에 잠을 이룰 수 없는 경우가 많지 않습니까? 그럴 때 베드로처럼 일어나서 기도합시다.

> 오, 하나님 아버지, 아버지께 다 맡깁니다. 다 맡깁니다. 제게 잠을 좀 주세요. 사랑하는 자에게 잠을 주신다고 하셨는데 저에게 잠 좀 주세요.

베드로에게 주셨던 그 평안을 가지고 이 세상을 살 수 있다면 얼마나 행복할까요?

핍박자의 칼날은 부러지고

한편, 교회 밖에서는 베드로를 위해 성도들이 간절히 기도하고 있었습니다.

> 이에 베드로는 옥에 갇혔고 교회는 그를 위하여 간절히 하나님께 기도하더라(12:5).

그들의 간절한 기도는 기가 막히게 응답되었습니다. 천사가 내려와 베드로를 깨워서 감옥 밖으로 데려간 것입니다.

오늘날 우리도 고난당하는 성도를 위해, 위험에 처한 선교사를 위해 간절히 기도해야겠습니다. 우리의 기도를 하나님이 들으시고 놀랍게 역사하실 것입니다. 우리가 어떤 사람을 위해 구체적으로 기도할 때 하나님께서는 우리의 기도를 들으시고 그 사람에게 구체적으로 역사하신다고 믿습니다.

이제 헤롯이 야고보를 죽인 이야기로 시작된 12장이 어떤 결말을 맺는지 봅시다.

> 헤롯이 영광을 하나님께로 돌리지 아니하므로 주의 사자가 곧 치니 벌레에게 먹혀 죽으니라 하나님의 말씀은 흥왕하여 더하더라 (12:23-24).

헤롯이 죽었습니다. 세상의 권력자는 갔습니다. 야고보는 하나님 나라에서 별과 같이 빛나는 사람이 되었습니다. 이 세상에서 먼저 죽느냐 나중에 죽느냐, 편히 죽느냐 괴롭게 죽느냐보다 더 중요한 것이 있습니다. '최후의 심판대 앞에서 하나님께 인정받는 사람이 되느냐, 헤롯처럼 영원히 수치스런 이름을 남기고 사라지느냐'입니다. 당장은 교회가 괴로움을 당하고 약자의 자리에 서 있는 것 같지만 결국에는 핍박자의 칼날이 부러지고 하나님의 말씀은 반드시 흥왕합니다. 반드시 승리합니다.

사도행전 13장

우리가 전하는 말이 서툴 수 있고, 어떤 때는 마음만큼 다 말하지 못해 아쉬울 수도 있지만, 그런 중에도 예수 그리스도의 이름이 누군가의 마음에 꽉 들어가 박혀 굉장한 일이 벌어집니다. 안 믿을 것 같은 사람이 믿고 돌아옵니다.

54

이상적인 팀워크를 이루다

안디옥교회에 선지자들과 교사들이 있으니 곧 바나바와 니게르라 하는 시므온과 구레네 사람 루기오와 분봉 왕 헤롯의 젖동생 마나엔과 및 사울이라(행 13:1)

교회를 향한 성령의 시선은 안디옥교회에서 잠시 예루살렘교회로 옮겨 갔다가 사도행전 13장부터 다시 안디옥교회로 돌아옵니다.

안디옥교회에는 선지자들과 교사들이 있었습니다. 성경은 그중에서도 바나바, 시몬, 루기오, 마나엔, 사울 등 다섯 명의 지도자를 주목하여 언급합니다. 이 본문을 보며 '이상적인 팀워크'라는 말이 떠올랐습니다. 한 가지 목적을 위해 팀을 이루어 교회를 섬기는 아름다운 교역자상이 눈앞에 그려집니다.

이들 중에서도 바나바는 부요한 가정에서 자란 탓인지 모난 데가 없고 사람들을 아우르는 포용력이 있었습니다. 그의 개성과 신앙 인격을 이모저모 뜯어보면 안디옥교회 지도자 팀을 인도할 자격이 충분한 사람이었습니다. 그렇다고 바나바에게 부족한 점이 전혀 없었다는 것은 아닙니다. 그에게도 동역할 사람들이 절실했습니다. 자신의 부족함을 솔직히 인정하고 다른 형제들에게 기꺼이 도움을 받으려는 자세가 그를 더욱 포용력 있는 인물로 만들었을 것입니다.

하나님의 교회는 세상에서 가장 값지고 존귀합니다. 주님이 자신의 피로 사서 세우신 것이기 때문입니다. 우리 중 교회를 위해 단 한 방울의 피라도 흘린 사람은 없습니다. 그러므로 우리에게는 하나님의 교회를 어지럽힐 권리가 없습니다. 특히 교회의 지도자들은 교회를 섬길 때 부들부들 떨며 행여나 자신의 결점이 하나님의 교회에 걸림돌이 되지 않을까 두려워하는 마음으로 형제들의 도움을 받아 최선을 다해야 합니다. 이는 교회를 대하는 모든 성도가 가져야 할 마음 자세이기도 합니다.

다양성의 힘

바나바 다음에 나오는 사람은 "니게르라 하는 시므온과 구레네 사람 루기오"입니다. 이들은 아프리카 출신으로 보이는데, 사실 이러한 조건은 그때나 지금이나 별로 좋은 배경이 아니었습니다. 그런데 그들은 안디옥교회의 지도자가 되었습니다. 이것이 하나님 나라의 모습입니다.

마나엔은 '헤롯의 젖동생'이라고 소개됩니다. 헤롯이 누구입니까? 예수님을 죽이려고 달려들던 헤롯, 세례 요한의 목을 베어 쟁반에 담아 오라고 한 그 헤롯입니다. 안디옥교회의 지도자 마나엔은 헤롯과 어린 시절을 같이 보낸 사이입니다. 젖동생이라는 것은 유모의 젖을 먹고 같이 자란 형제를 말합니다. 그러니까 마나엔의 어머니는 헤롯의 유모였던 것 같습니다.

마나엔과 헤롯, 두 사람은 어릴 때 한솥밥을 먹고 자랐지만 몇십 년이 흐른 후 그들의 인생은 엄청나게 달라졌습니다. 한 사람은 하나님 나라의 원수가 되었습니다. 당대에 가장 악한 이름이 되었습니다. 반면 다른 한 사람은 천국의 일꾼이 되었습니다. 이 땅에 하나님 나라를 개척해나가는 안디옥교회의 지도자가 되었습니다.

어린 자녀들이 상에 둘러앉아 있는 것을 보면, 그 모습이 비슷한 것 같으면서도 다르고, 성격도 각양각색 아닙니까? 같은 부모 아래서 동일한 교육을 받지만 다른 모습으로 자라나는 것을 봅니다. 심지어 극과 극이 되기도 합니다. 그러니 자녀를 위해 부모가 기도하지 않을 수 있겠습니까? 12장 끝에서 헤롯의 종말을 보고 13장 초두에 나온 마나엔을 생각하니 마나엔의 영광이 더욱 돋보입니다.

사울에 대해서는 우리가 이미 잘 알고 있습니다. 엄격한 교육을 받은 바리새파 출신입니다. 날카로운 지성인이었습니다. 바나바, 시므온, 루기오, 마나엔, 사울 등 안디옥교회의 다섯 지도자는 이처럼 다양성을 띠고 있었습니다. 배경이 달랐고, 신분이 달랐으며, 교육 수준도 달랐습니다. 몹시 다른 다섯 사람이 한 팀이 되어 안디옥교회를 이끌었습니다. 참 멋있습니다.

하나님 나라의 일을 할 때는 단일성보다는 다양성을 갖는 것이 더 큰 힘을 발휘합니다. 어떤 사람도 자신과 같지 않다고 전제하고 다양한 사람들을 포용하며 한 팀이 되어 하나님 나라를 향해 달릴 때, 하나님의 능력이 나타나 사람의 힘으로 할 수 없는 일들이 가능해집니다.

가르치기에 힘쓰는 교회

안디옥교회 지도자들의 명칭은 선지자와 교사였습니다. '선지자'는 구약시대의 개념으로서 예언과 선포를 담당했던 하나님의 사람이었습니다. 예언과 선포는 의미가 다릅니다.

세례 요한을 보면 차이를 쉽게 알 수 있습니다.

> 내 뒤에 오시는 이는 나보다 능력이 많으시니 나는 그의 신을 들기도 감당하지 못하겠노라 그는 성령과 불로 너희에게 세례를 베푸실 것이요 손에 키를 들고 자기의 타작마당을 정하게 하사 알곡은 모아 곳간에 들이고 쭉정이는 꺼지지 않는 불에 태우시리라(마 3:11-12).

> 그때에 세례 요한이 이르러 유대 광야에서 전파하여 말하되 회개하라 천국이 가까이 왔느니라 하였으니(마 3:1-2).

마태복음 3장 11-12절은 예언입니다. 예수 그리스도가 오시면 이런 역사가 일어난다는 것을 예언했습니다. 마태복음 3장 1-2절은 선포입니다. 자신이 말하고 있는 그 시간, 그 장소에 있는 사람들에게 하나님의 뜻을 전하는 것입니다. 다시 말해 예언과 선포는 설교와 교육에 해당한다고 할 수 있습니다.

선지자가 담당했던 두 가지 기능 중에 예언은 세례 요한에 이르러 끝났습니다. "모든 선지자와 및 율법의 예언한 것이 요한까지니"(마 11:13). 구약의 예언이 예수 그리스도를 통해 완전히 성취됐기 때문입니다. 그래서 예언과 선포 중 예언에 비중을 더 많이 두었던 구약의 선지자와는 달리 신약의 세례 요한을 보면 예언이 아닌 선포에 많은 비중을 두었습니다. 베드로가 오순절 설교에서 "너희의 자녀들은 예언할 것이요"(2:17)라고 한 것은 앞날에 대해 점을 친다는 이야기가 아니라, 이미 이루어진 하나님의 예언을 선포하는 말씀의 도구가 될 것이라는 이야기입니다.

선지자와 교사로 통칭되어 불렸던 안디옥교회 지도자들은 그 명칭에서 알 수 있듯 전파하는 교회요, 가르치는 교회의 지도자들이었습니다. 설교와 교육, 또 설교와 훈련에 중점을 두고 은사를 다양하게 받은 지도자들이었다는 것을 알 수 있습니다.

이는 참 놀라운 일이 아닐 수 없습니다. 어떻게 당시에 설교와 교육 중심의 목회를 했을까요? 더 쉬운 길이 있었는데도 말입니다. 은사 중심의 목회를 할 수도 있지 않았을까요? 오히려 당시에는 바람직하다 여겨졌을지도 모릅니다. 구약 외에는 기록된 성경이 없었기 때문입니다. 성경이 없으니까 은사를 중심으로 은사집회를 하는 것이 훨씬 더 바람직하다는 생각이 주류를 이루었을 것입니다. 게다가 당시의 성도들은 성령의 역사를 직접 체험하지 않았습니까? 그때는 성령의 역사가 온 교회에 강하게 임했습니다. 그저 교회 안에 들어가 성도들과 한자리에 앉으면 자신도 모르게, 몸이 떨릴 정도로 성령의 역사가 강했던 시대입니다. 안디옥교회라고 예외가 아니었을 것입니다.

또 '축복성회' 중심의 목회도 쉬웠을 것입니다. 성도들 대부분이 가난하고 억눌린 사람들이었습니다. 그러나 모든 것을 뒤로하고 하나님의 말씀을 중심으로 예수가 구원자 되심을 철저히 가르치고, 그리스도를 통해 우리가 어떤 은혜를 받았는지 가르치고, 어떻게 하면 그리스도인으로서 바른 삶을 살 수 있는지를 가르쳤습니다.

> 그러므로 너희는 가서 모든 민족을 제자로 삼아 아버지와 아들과 성령의 이름으로 세례를 베풀고 내가 너희에게 분부한 모든 것을 가르쳐 지키게 하라 볼지어다 내가 세상 끝 날까지 너희와 항상 함께 있으리라 하시니라(마 28:19-20).

바나바를 포함한 다섯 지도자는 마태복음의 이 말씀을 안디옥교회에 그대로 적용했습니다. 그들은 '가르쳐서 지키게 하라'는 말씀에 순종했습니다.

합심기도의 힘

사도행전 13장 2절을 보면 "주를 섬겨 금식할 때에"라는 말이 나옵니다. 가르치기에 힘쓰는 교회 지도자들이 빠지기 쉬운 약점이 있다면, 기도와 성령의 역사에 소극적으로 반응하는 것입니다. 그런데 안디옥교회는 그러지 않았습니다.

> 주를 섬겨 금식할 때에 성령이 이르시되 내가 불러 시키는 일을 위하여 바나바와 사울을 따로 세우라 하시니(13:2).

'주를 섬겨'라는 말은 하나님께 예배를 드리는 것으로 해석할 수도 있고, 교회를 섬기는 것으로 볼 수도 있습니다. 원어 자체가 약간 애매한 말입니다. 그러나 3절에서 '금식하며 기도하고'라는 표현이 이어지는 것을 보면 안디옥교회 지도자들은 주님을 섬기면서, 기도하면서, 성령의 은혜를 깊이 체험했음을 짐작할 수 있습니다.

안디옥교회의 다섯 지도자는 합심기도를 통해 영적으로 결속되어 있었습니다. 서로 자기가 더 잘났다고 하며 각자 마음대로 하는 지도자들이 아니었습니다. 금식하고 기도하면서 하나가 되는 일에 열정을 쏟았습니다.

사도행전 1장부터 13장까지 우리는 교회가 합심해서 기도하는 것을 많이 보았습니다. 1장에서 120명이 다락방에 모여 합심기도를 하는 중에 새 일꾼을 세우고, 2장에서는 말씀을 읽고 기도하는 중에 오순절 성령이 임하셨습니다. 4장에서는 감옥에 갇혔다 풀려난 베드로와 요한을 가운데 두고 성도들이 한목소리로 하나님께 찬양과 기도를 드리는 장면도 있습니다. 6장에서는 예루살렘교회에 일곱 집사를 세우고 난 뒤, 사도들이 오로지 기도하는 일과 말씀 사역에 힘쓰는 장면이 나옵니다. 또 12장에서 베드로가 다시 옥에 갇혔을 때 교회가 한자리에 모여 밤새 기도하는 장면이 나옵니다. 드디어 13장, 안디옥교회 지도자들이 하나가 되어 금식하며 기도하고 성령의 지시에 순종하는 모습을 보입니다.

교회 안에서 다양한 지체가 하나 됨을 이룰 수 있는 가장 확실한 길이 있다면, 오직 한마음으로 기도하는 것입니다. 합심해서 기도하는 자리를 만드는 것이 교회가 하나 되는 지름길입니다. 합심기도는 중보기도입니다. 합심기도 시간은 자신을 위한 기도보다는 남을 위한 중보기도에 초점이 맞춰집니다. 내 옆에 있는 사람, 어려움이 있는 사람, 자리에 함께하지 못한 사람 등 서로를 위해 기도하는 것이 합심기도의 특징입니다.

평안의 줄로 묶인 교회

바나바, 마나엔, 시므온, 루기오, 사울 이렇게 다섯 지도자가 조그마한 다락방에 둘러앉아 합심하여 금식하며 기도했다고 합시다. 그 기도는 어떤 것이었을까요? "너는 내 기도해라. 나는 네 기도할게" 혹은 "너는 네가 좋아하는 사람 위해서 기도해라. 나는 내가 좋아하는 사람 위해 기도할게"라고 했을까요?

다섯 교역자가 한자리에 모여 드린 기도는 서로를 위한 진심 어린 기도였을 것입니다. 아무리 의견 대립이 있다 할지라도, 아무리 성격 차이가 있다 할지라도 그 시간만큼은 자신이 아닌 다른 사람을 위해 간절한 기도를 올렸을 것입니다. 그러는 동안 인간관계에서 생길 수 있는 찌꺼기가 다시 한번 깨끗이 정리되고, 일체감을 느끼며 서로를 섬기고자 하는 역사가 일어났을 것입니다.

교회 안에서 인간관계가 비뚤어지는 이유는 어떤 조직이나 행사를 중심으로 사람을 묶어놓으려고 하기 때문입니다. 할 수 없어서 회장, 부회장, 총무 등을 세워놓지만 사실 가장 이상적인 공동체는 조직 자체가 없는 것입니다. 즉, 필요하다면 모두 회장 역할을 하고, 다 총무 역할을 하는 것입니다. 교회의 조직은 그저 흩어져 무너져 내리지 않을 정도로만 존재하는 것이 좋습니다. 어떤 형식이나 틀이 아닌 모인 사람들 자체의 응집력으로 하나가 될 수 있어야 합니다. 그 비결이 바로 합심기도입니다.

사랑의교회 초창기를 돌이켜볼 때 가장 소중한 기억은 장로들과 순장들이 모여 기도하는 시간을 가진 것입니다. 일주일에 단 한 번이었지만, 함께 모여 교회를 위해 한마음으로 기도했습니다. 또 옆 사람을 위해 기도해주었습니다. 그렇게 기도할 때마다 하나님께서 우리를 얼마나 강하게 묶어주셨는지 모릅니다. 공간이 좁아서 바닥에 촘촘히 둘러앉아 같이 말씀을 읽고 은혜를 나누며 손잡고 기도하던 장면이 그려집니다. 교회가 커지고 공간도 넓어지면서 이런 풍경은 아련한 추억이 되었습니다.

분명히 말씀드릴 수 있습니다. 교회 일 하느라 뛰어다닐 때 자꾸 요란한 소리가 나면 그 자리에 조용히 앉으십시오. 일하면서 서로 하나 되지 못해 잡음이 계속 나면 다 그만두고 조용히 앉아 기도하십시오. 하나 되기를 간구하는 기도의 자리를 만드십시오. 일은 안 해도 됩니다. 안디옥교회 지도자들처럼 금식하며 기도하는 현장을 만든다면 그 안에서 하나 되지 못할 이유가 무엇이 있겠습니까? 하나 되게 하시는 성령의 능력이 교회 위에 있는데 왜 안 되겠습니까?

뛰어다니는 것보다 앉아 있는 것이 훨씬 더 하나님 앞에 귀할 때가 있습니다. 합심하여 기도하는 조용한 시간에 성령의 더 큰 역사가 나타나는 것을 볼 수 있습니다. 우리는 다 부족합니다. '형제여, 당신이 나를 도와주지 않으면 나 혼자서는 안 됩니다' 하는 겸허한 마음이 필요합니다. 이런 마음으로 안디옥교회 지도자들이 금식하고 기도할 때 성령께서 말씀하셨습니다. '내가 불러 시키는 일을 위하여' 바나바와 사울을 따로 세우라고 명령하셨습니다.

기도를 게을리하는 사람, 기도를 잘 안 하는 사람 그리고 기도가 막혀 있는 사람은 영적으로 크게 손해를 봅니다. 오순절 성령이 임하시는 첫 시간부터 함께 모여 오로지 기도에 힘쓰는 무리에게 성령이 임하셨음을 기억합시다. 그리고 기도하는 사람들에게 임한 성령의 교통하심은 이 세상 끝 날까지 계속될 것입니다.

55

성령의 뜻을 헤아리다

주를 섬겨 금식할 때에 성령이 이르시되 내가 불러 시키는 일을 위하여 바나바와 사울을 따로 세우라 하시니(행 13:2)

성령께서 과연 어떠한 방식으로 안디옥교회에 말씀하셨을지는 상상하기 어렵습니다. 당시 예언의 은사를 가진 선지자들의 입을 통해 말씀하시지 않았나 싶습니다. 그러나 오늘날에는 이렇게 직접적으로 말씀하시는 경우가 드뭅니다. 거의 없다고 봐야 할 것 같습니다.

그렇다면 하나님은 오늘날 우리에게 어떻게 말씀하실까요? 하나님의 뜻을 알려야 되는데, 초대교회 때처럼 직접적으로 말씀하시지 않으면 교회가 어떻게 알 수 있을까요? 구체적인 사안을 놓고 어떤 결정을 내려야 할 때 하나님의 뜻이 무엇인지 우리가 어떻게 알 수 있습니까? 당회로 모였을 때, 순장들이 모였을 때 "이것이야말로 성령의 뜻이다"라고 어떻게 분별합니까?

성령이 이르시되

신앙생활과 목회를 해오면서 확신하는 원

칙이 하나 있습니다. 성도들이 한마음이 되어 모이고, 기도하면서 하나님의 뜻을 찾고 하나님의 일을 이야기하는 자리에는 반드시 성령도 함께하신다는 사실입니다.

성령이 함께하시지 않는다면 모임을 시작할 때 기도할 필요도 없습니다. 문제를 가지고 서로 의논하다가 답이 잘 안 나올 때 왜 합심해서 기도하자고 합니까? 왜 결정을 며칠 미루고 기도해본 뒤 다시 모이자고 합니까? 성령께서 그 자리에 함께하시기 때문입니다. 성령이 함께하시는 모임이라면 그 자리에 성령의 도구로 사용되는 사람이 한둘은 꼭 있기 마련입니다. "이것이 성령의 뜻이다" 하고 말할 수 있는 도구가 그 안에 있습니다. 성도가 한마음으로 모이면 성령의 뜻을 말하는 자가 나오게 되어 있고, 그 사람의 말에 이상하게도 모두 "과연 그렇구나!" 하고 동의하게 됩니다.

우리 가운데 한 성령이 거하시기 때문에, 각자의 마음에 성령께서 역사하시기 때문에, 내가 설혹 다른 의견을 냈다 하더라도 다른 사람의 의견을 듣고 보니 "과연 옳구나", "과연 하나님이 기뻐하실 일이구나" 하고 자기도 모르게 동의가 됩니다. 성령의 뜻이 드러나면 모든 사람이 한마음으로 동의하게 됩니다.

저는 이 사실을 믿습니다. 이런 원리가 없다면 교회 안에서 이루어지는 많은 일들이 무의미해져버립니다. 성령의 역사하심은 분명합니다. 어떤 경우에는 자그마한 어린아이의 입을 통해서 말씀하실 수 있습니다. 그 아이의 말에 온 교회가 동의하고 기뻐한다면 그것은 성령의 말씀입니다.

성령의 역사는 성도의 모임 가운데 드러나기 때문에 요즘에는 투표라는 제도를 주로 활용합니다. 성령 충만한 성도들만 모였다면 따로 투표할 필요가 없습니다. 순수하고 이상적인 교회라면 누군가 바른 의견을 내놓았을 때 모두 "아멘" 하고 받아들일 것입니다. 그러나 지상교회는 그 정도로 순수하지 못합니다. 혼탁한 부분이 있습니다. 또 성령의 뜻을 거역하고 교회를 어지럽혀 무너뜨리려고 하는 사탄의 도구가 섞여 있을 수 있습니다. 그래서 성령의 뜻이 어디에 있는지 보기 위해 성도들이 모여 투표를 합니다.

그러나 안타까운 것은 이 투표까지도 타락해버렸다는 사실입니다. 교회가 너무 세속화된 게 아닌가 생각됩니다. 성령의 뜻이 누구를 통해, 어떻게 나타날지 참 헷갈릴 때가 있습니다. 교회에서 이루어지는 투표에서 공작을 하는 사람도 있고, 선거운동을 하는 사람도 있고, 별의별 장난을 다 합니다. 또 그렇게 한 사람이 당선되어 중요한 자리에 서는 것을 보면 참 한심하다는 생각이 듭니다.

골방의 기도, 다락방의 기도

성령의 뜻을 헤아리며 그 뜻대로 교회를 섬기길 원합니까? 그렇다면 많이 기도하십시오. 그리고 하나가 되십시오. 사사로운 감정을 품거나 형제와 담을 쌓지 마십시오. 그러면 영적으로 크게 손해를 봅니다. 자신에게도 대단한 손해일뿐더러 교회에도 큰 손해입니다. 만일 여러분이 교회에서 어떤 책임을 맡고 있는데 기도도 하지 않고 옆 사람과도 막혀 있다면 성령께서 여러분을 통해 일하실 수 없습니다.

또한 성령의 뜻을 알고자 한다면 혼자 기도하는 골방보다는 여러 명이 함께 기도하는 다락방이 훨씬 낫습니다. 합심해서 기도하고, 합심해서 서로의 생각을 나눌 때 혼자 기도하는 것보다 훨씬 성령의 뜻을 잘 분별할 수 있습니다.

권력이 커지면 부패합니다. 교회에도 이 말이 적용됩니다. 교회 지도자의 힘이 커지면 독재를 하게 되어 있습니다. 자기 힘이 크니까 다른 사람과 의논을 안 합니다. 자기가 원하는 대로, 자기의 생각대로 밀고 나갑니다.

골방의 결단은 다락방의 결단보다 성령의 뜻에 가깝지 못할 때가 많습니다. 성경은 교회를 가리켜 '주님의 몸'이라고 말합니다. 교회는 다양한 지체들이 모여서 이루는 공동체입니다. 특정한 한 사람으로 가능한 모임이 아닙니다. 어떤 문제가 생겼을 때, 혼자 골방에서 기도하는 것도 필요하지만 마음이 통하는 형제들과 같이 기도하는 것도 필요합니다.

다락방에 모여 합심해서 기도할 때 성령의 도구가 되어 말할 줄 아는 은혜도 필요하고, '이것이 성령의 음성이구나' 하고 들을 줄 아는 은혜도 필요합니다. 다른 형제들의 견해를 들으면서 하나님의 뜻이 어디로 흐르고 있는지 분별할 줄 아는 경청의 은혜, 이것이 참 중요합니다.

안디옥교회의 다섯 지도자는 이 두 가지 은혜가 있었기 때문에 "성령이 이르시되" 할 때 모두 한마음으로 순종할 수 있었습니다.

56

바울에게 임한
성령 충만

바울이라고 하는 사울이 성령이 충만하여 그를 주목하고(행 13:9)

선교사는 성령이 택한 사람이어야 하고, 성령이 보낸 사람이어야 합니다. 신약에 나온 최초의 선교사 파송 전례가 그랬기 때문입니다. 성령이 바나바와 사울을 선택하시고 안디옥교회는 그들을 선교사로 파송했습니다. 성령이 부르고 보내시는 것은 일반 소명에도 적용되지만, 특별 소명에는 더욱 확연히 드러납니다.

바나바와 사울의 경우는 특별 소명에 해당합니다. 안디옥교회 성도가 몇백 명이었는지, 몇천 명이었는지는 모르지만, 그들이 모두 바나바와 사울처럼 파송을 받은 것은 아닙니다. 그러므로 기독교 역사가 계속되는 한, 선교사에게는 "성령이 나를 부르셨습니다. 성령이 보내서 갑니다. 성령이 보내서 여기에 왔습니다" 하는 분명한 고백이 있어야 합니다.

성령의 부르심과 인도하심

오늘날 한국교회에서 선교의 열기가 대단히 강한 것에 대해 하나님께 감사를 드립니다. 과거 영국과 미국에서 불붙었던 선교의 열정이 한국교회에 전달되어, 하나님께서 우리를 통해 마지막 뜻을 이루길 기뻐하신다는 것을 볼 때마다 얼마나 마음이 벅차고 감격스러운지요. 아무것도 내세울 것 없고, 아무것도 수출할 것 없는 박토에 세워진 나라지만, 120년 전에 우리가 전해들은 그 복음이 이제는 30배, 60배, 100배의 열매를 맺어 젊은이들이 선교에 대한 꿈을 꾸고 하나님 앞에 기도하며 준비하는 역사가 이곳저곳에서 일어나고 있습니다.

그러나 좋은 일에 사탄의 시험이 따르는 것처럼, 선교지로 가는 이들 가운데 인간적인 욕심으로 나아가는 사람도 있습니다. 그러므로 교회는 대단히 주의해야 합니다. 선교사로 가겠다고 해서 무조건 교회가 파송해주어서는 안 됩니다.

한국의 선교 역사는 대략 100여 년이지만 젊은이들이 해외선교에 열정을 갖게 된 것은 불과 30년 안팎입니다. 많은 선교사들이 지금도 위험한 정글에서, 문화와 언어가 다른 원주민들 틈에서, 가난한 나라에서 함께 헐벗고 굶주리며 복음을 전하고 있습니다만, 몇몇 사람들은 부끄러운 자취를 남겨놓았습니다.

선교하러 간다고 해놓고는 막상 너무 힘드니까 어디론가 도망가 버리고, 선교를 위해 공부하러 가서는 좀 더 수월한 길을 찾아 돌아오는 사람들도 없지 않습니다. 이런 행태는 성령을 근심되게 할 뿐만 아니라 그들을 보내고 기도한 교회의 뒤통수를 치는 것이나 다름없습니다.

그러므로 한국교회는 선교사를 파송할 때 과연 성령이 불렀느냐,

과연 성령이 보냈느냐를 철저히 확인해야 합니다. 또한 최고의 지도자가 될 만한 사람, 최고의 수준을 가진 사람들을 선별하여 보낼 수 있도록 기도해야 하겠습니다.

다음 말씀에서 안수와 소명의 관계를 생각해볼 수 있습니다.

> 주를 섬겨 금식할 때에 성령이 이르시되 내가 불러 시키는 일을 위하여 바나바와 사울을 따로 세우라 하시니 이에 금식하며 기도하고 두 사람에게 안수하여 보내니라(13:2-3).

안수가 먼저입니까, 소명이 먼저입니까? 성령이 부른 사람을 안수했지, 안수를 했기 때문에 성령이 부른 것이 아닙니다. 안수가 곧 소명은 아니라는 말입니다.

안수라는 것은 성령께서 부른 사람을 공적으로 확인하는 하나의 의식에 지나지 않습니다. 또한 부름받은 사람의 입장에서는 성령이 자신을 불렀다는 것을 확실히 고백하는 기회입니다. 목사나 장로로 안수를 받는 것도 마찬가지입니다. 안수를 받았기 때문에 소명을 받는 것이 아니라 소명을 받았기 때문에 안수를 받는 것입니다.

바나바와 사울이 성령의 보내심을 받았습니다. 실루기아로 내려가서 배를 타고 구브로섬으로(지금의 사이프러스) 갔습니다. 구브로는 밤빌리아(지금의 터키) 바로 아래에 있는 섬으로, 바나바의 고향이기도 합니다. 그들은 구브로섬의 동쪽 끝에 위치한 살라미에서 복음을 전파한 후 섬을 가로질러 남서쪽으로 내려가 섬의 수도인 바보항에 이르렀습니다. 그곳에서 총독 서기오 바울에게 하나님의 말씀을 전했습니다. 그러고 나서 바나바 일행은 배를 타고 밤빌리아로 건너갔습니다.

여기에는 우리가 전도나 선교를 계획할 때 참고할 만한 원리가 있습니다. 전도 대상을 정할 때 지연이 있는 곳, 연고가 있는 곳을 먼저 고려하라는 것입니다. 우리가 전도를 하고 싶다면 어디부터 살펴봐야 합니까? 내가 잘 아는 곳, 나와 가까이 지내는 사람들 아닙니까? 하나님께서는 언제나 가까운 곳부터 시작하도록 하셨습니다.

> 두 사람이 성령의 보내심을 받아 … 살라미에 이르러 하나님의 말씀을 유대인의 여러 회당에서 전할새…(13:4-5).

살라미에 이른 전도자들은 누구에게 먼저 복음을 전했습니까? 회당에 들어가서 유대인을 먼저 만났습니다. 비교적 접근이 쉬운 회당이라는 장소와 환경을 이용해 복음을 전했습니다.

전도자에게 임한 성령 충만

전도를 하려고 하면 사탄의 역사가 필연적으로 따릅니다. 사탄은 전도하는 자를 쫓아다니는 버릇이 있습니다. 그래서 전도하러 나갈 때 무방비 상태로 가면 오히려 영적으로 크게 해를 입고 돌아오는 수가 있습니다. "아, 내가 주님을 위해 이렇게 복음을 들고 나가는데, 감히 사탄이 나를 시험하겠느냐?" 하고 제법 용기를 내어 나갑니다. 하지만 사탄의 방해는 그렇게 단순하지 않습니다. 아주 간교한 방법으로 내가 하는 일에 끼어듭니다.

바나바와 사울이 전도할 때도 예외는 아니었습니다. 구브로섬의 총독 서기오 바울에게 하나님의 말씀을 전할 때 유대인 거짓 선지자가 방해했습니다.

이 마술사 엘루마는(이 이름을 번역하면 마술사라) 그들을 대적하여 총
독으로 믿지 못하게 힘쓰니(13:8).

성령 충만한 바울은 그를 주목하여 꾸짖습니다.

이르되 모든 거짓과 악행이 가득한 자요 마귀의 자식이요 모든
의의 원수여 주의 바른 길을 굽게 하기를 그치지 아니하겠느냐
(13:10).

바울은 엘루마에게 '모든 거짓과 악행이 가득한 자', '마귀의 자식', '모든 의로운 일에 원수가 된 사람'이라고 호통을 쳤습니다. 복음 전도를 방해하는 자의 실체는 이렇게 악합니다.

전도할 때 복음을 반대하는 사람을 가볍게 여기면 안 됩니다. 이들은 고의로 복음을 반대하고 거역하며, 나중에는 전도자를 핍박하기도 합니다. 사탄은 이런 사람들을 사용하여 전도자가 피를 흘리게 하고, 때로는 모든 것을 잃게 만들기도 합니다.

그러나 사탄의 방해에 누가 맞서 역사합니까? 성령께서 바울에게 충만히 임하셨습니다. 위험을 무릅쓰고 헌신하는 그곳에 서 있는 자를 성령께서 지체 없이 사로잡으시며, 충만하게 역사하십니다. 안일한 자리에서 그저 자기 한 몸 편한 것만 생각하고, 복음과 교회를 위해 그 어떤 희생이나 수고가 없는 사람은 성령 충만을 기대해서는 안 됩니다. 몸으로 섬기는 봉사는 하지 않으면서 날마다 기도만 열심히 하고 있는 사람도 마찬가지입니다.

성경을 보십시오. 언제, 누구에게 성령이 충만히 임합니까? 주님의 영광을 위해 희생하는 현장에서 최선을 다하는 그때, 성령이 그

를 사로잡습니다. 그러므로 봉사하지 않는 사람은 성령 충만을 체험하기 어렵습니다.

이름과 리더십이 바뀌다

> 바울이라고 하는 사울이 성령이 충만하여 그를 주목하고(13:9).

여기서 중요한 대목이 나옵니다. 사울의 이름이 바울로 바뀝니다. 이후부터 사울은 '바울'이라는 이름으로 계속 불리게 됩니다. 왜 갑자기 이름이 바뀐 것일까요? 어떤 사람은 이렇게 이야기합니다. "사울이 변하여 바울이 된 것이다. 예수 믿기 전에는 사울이었으나 예수 믿고 바울이 된 것처럼, 우리도 예수 믿고 변화 받자." 그러나 이것은 잘못된 해석입니다. 바울은 안디옥교회에서도 '사울'이었고, 예루살렘교회에서도 '사울'로 불렸습니다.

사울은 유대식 이름이고, 바울은 로마식 이름입니다. 바울이 지금 어느 지역으로 들어갔는지 먼저 확인해봅시다. 팔레스타인을 떠나서 안디옥을 거쳐 헬라 지역으로 들어갔습니다. 이 지역 사람들에게는 '사울'이라는 유대식 이름이 굉장히 어색하게 들렸을 것입니다. 그래서 '바울'이라는 로마식 이름으로 바꾼 것입니다.

당시 헬라 지역에서 이민 생활을 하던 유대인들은 자녀에게 두 개의 이름을 지어주는 전례가 있었습니다. 생후 8일 만에 받는 할례식에서 유대식 이름을 짓고, 9일째에 로마식 이름을 지었습니다. 바울도 마찬가지였을 것입니다. 바울이라는 이름은 '작은 자'라는 뜻입니다. 아주 겸손한 이름입니다. 그래서 "나는 바울입니다" 하는 것은 "나는 소인입니다"라는 말과 같습니다.

사실 13장 9절에서는 사울의 이름이 바울로 바뀐 것보다 더 중요한 사건이 있습니다. 마술사가 복음 전도를 방해하자 사울에게 성령이 충만히 임했고, 그러면서 전도단의 리더십이 바뀐 것입니다. 이전까지는 바나바가 리더였습니다. 이름을 나열할 때 '바나바와 사울'이라고 나온 것을 보면 그렇습니다. 그러나 13장 9절부터 바나바는 뒤로 물러났으며, 바울이 리더십을 갖고 일행을 인도하게 됩니다. 13절을 보면 아예 바나바의 이름이 나오지 않습니다. 성령이 바나바에게 임하지 않고 바울에게 역사하신 그때를 기점으로 리더십이 바뀐 것입니다.

모든 것은 하나님의 뜻이었습니다. 하나님께서 이방의 그릇으로 택하신 사람은 바나바가 아닌 바울이었기 때문입니다. 그러므로 하나님께서 당신의 의도대로 리더십을 옮기신 것이라 볼 수 있습니다. 여기서 두 사람의 우애는 논할 것도 없습니다. 바나바가 깨끗이 하나님의 뜻에 복종하고 바울을 도와 전도 여행을 계속한 것을 보면 알 수 있습니다.

교회 안에는 성령께서 세우시는 리더십이 있습니다. 물론 인간적으로 리더가 되고 싶은 마음에 그저 애써서 리더가 되는 사람도 있지만, 일반적으로 교회 안의 리더십은 성령께서 세우십니다.

인간적인 마음으로는 당연히 비교가 됩니다. '내가 잘못된 것도 없고, 못난 것도 없는데 왜 교회에서는 항상 나보다 저 사람이 인정을 받을까?' 하는 생각에 시험이 들 수도 있습니다. 그러나 우리는 겸손해야 합니다. 성령께서 쓰시는 사람이 분명하다면 우리는 복종해야 합니다. 그것이 성령께 복종하는 것이요, 교회의 질서에 복종하는 것이요, 자신이 은혜 받는 길입니다. 바나바처럼 말입니다.

57

전도자에게
고난과 능력을 주시다

바울과 및 동행하는 사람들이 바보에서 배 타고 밤빌리아에 있는 버가에 이르니 요한은 그들에게서 떠나 예루살렘으로 돌아가고(행 13:13)

바울과 바나바 일행의 1차 전도 여행은 주후 46년에서 48년까지 약 2년 동안 진행된 것으로 보입니다. 예수님이 승천하시고 15년 후쯤의 일입니다.

> 그들은 버가에서 더 나아가 비시디아 안디옥에 이르러 안식일에 회당에 들어가 앉으니라(13:14).

14절을 주의 깊게 살펴봅시다. 버가에서 출발하여 비시디아 지방의 안디옥이라는 성에 이르렀다는 짤막한 말씀은 우리에게 중요한 진리를 알려줍니다. 적어도 세 가지 사실 때문에 그렇습니다.

첫째는 "마가 요한이 버가에서 왜 갑자기 중도 하차하고 말았을까?"입니다. 마가가 떠나버린 해안 도시 버가에서는 도대체 어떤 일이 있었는지 그리고 전도단 일행은 왜 버가를 황급히 떠나 비시디아 안디옥으로 이동했는지 의문을 갖게 됩니다.

둘째는 "바울 일행이 왜 버가와 그 주변 지역인 밤빌리아 지방에서는 전혀 전도하지 않았을까?"입니다. 우리 생각에는 버가에 상륙했으면 그 지역 일대를 복음화하고 그 후에 다음 지역으로 이동하는 것이 자연스러워 보입니다. 예를 들어, 인천에 상륙했다면 경기도 지역에서 어느 정도 복음을 전한 다음 강원도로 넘어가야 마땅할 것입니다. 그러나 바울 일행의 행보는 인천에 상륙해서 경기도는 건너뛰고 바로 강원도 태백으로 직행한 것이나 다름없습니다.

셋째는 더 쉬운 코스들이 있는데도 산길을 따라 어느 도시를 찾아가듯, "왜 하필이면 소아시아에서 여행하기 제일 험난한 길을 택했을까?"입니다. 비시디아 안디옥은 해발 1,200m나 되는 고원지대로, 지형이 험준할 뿐 아니라 때때로 강도가 출몰하여 상당한 고생을 각오하지 않고는 들어설 수 없는 곳이었습니다.

이 세 가지 측면을 고려할 때 무언가 곡절이 있었구나 하는 추측을 하지 않을 수 없습니다.

병을 얻은 바울과 좌절한 마가

바울이 나중에 갈라디아 지방에 편지를 썼습니다. 갈라디아 지방은 바울 일행이 복음을 전하지 않고 건너뛴 버가와 해안 지역을 가리킵니다. 그곳에 편지를 쓰면서 바울은 '내가 너희를 처음 만났을 때 너희가 시험에 들 수 있을 정도로 나에게 어떤 육체적인 결함이 있었다'고 했습니다. 또 편지에는 '그런데도 너희는 나를 천사와 같이 맞이해주었다'는 말이 있습니다(갈 4:13-14). 아마도 버가에서 있었던 일을 말하는 것 같습니다.

이 말씀을 근거로 추측했을 때, 바울 일행이 버가에 도착하자마자 해안 도시 특유의 습기와 기후 때문에 바울의 몸에 심각한 이상이 생긴 것으로 보입니다. 보통 기후와 풍토가 맞지 않아 생기는 병은 그 지역을 빨리 벗어나야 나을 수 있습니다.

그래서 일행은 가능한 한 빨리 그 지역을 벗어나야겠다는 판단을 했을 것입니다. 그러고는 바울의 병세를 호전시키기 위해 습기가 적고 공기도 쾌적한 고원지대인 비시디아 안디옥으로 속히 이동한 것이라고 보는 견해가 일반적입니다.

고원지대로 가는 길은 어떤 위험을 당할지 알 수 없는 난코스였습니다. 게다가 병자를 데리고 산맥을 넘어가야 하니 이런 현실 앞에 누가 가장 좌절했겠습니까? 수행원인 마가 요한입니다. 그래서 그는 적당한 구실을 찾아 예루살렘으로 돌아가버리고 말았습니다.

바울이 얼마나 서운했던지 두고두고 이 일을 잊지 못했습니다. 사실 그렇지 않겠습니까? 수종자로 데려간 사람이, 가장 가까이에서 어려운 고비를 함께 넘겨주리라 믿었던 사람이 자기가 병들어 있을 때 포기하고 떠나버렸으니 마음에 얼마나 상처를 입었겠습니까? 그러니 바울이 오랫동안 마가를 용서하지 못한 것도 이해할 수 있을 것 같습니다.

은혜를 감당할 사람

주를 위해 나선 여행에서 왜 이 같은 악조건이 처음부터 따랐을까요? 하나님의 영광을 위해 누구보다 뜨거운 마음으로 헌신하려는 자의 앞길에 왜 이 같은 난제들이 겹겹이 쌓일까요?

하나님의 뜻은 뒤로 미루고 자기가 원하는 대로 살아도 별 어려움 없이 사는 사람이 많은데, 남은 생애를 바쳐 헌신하겠다고 출발한 바울에게 왜 이런 일이 생긴 걸까요? 더욱이 성령의 부르심을 따라 출발한 전도 여행길인데 하나님은 왜 건강을 지켜주지 않으신 걸까요? 바울과 같은 입장에 놓인다면 혼란에 빠지지 않을 사람이 누가 있겠습니까?

마가 요한을 책망만 할 수는 없습니다. 그에게도 젊은 패기가 있고, 그야말로 '나를 대신하여 십자가에 못 박히신 예수 그리스도를 위해 내 젊음을 불태우리라' 하는 뜨거운 열정이 있었을 텐데, 그런 열정으로 헌신했으면 적어도 시작이 순조롭기를 기대하지 않았을까요? 어찌 보면 버가에서 일이 꽉 막히는 것을 보고 마음에 동요가 일어난 것은 당연해 보입니다. 그는 아직 경험이 부족한 젊은이였기 때문입니다.

여기서 우리는 하나님의 숨은 뜻이 있다고 생각하지 않을 수 없습니다. 바울은 어느 누구와도 견줄 수 없이 중요한 일을 맡았습니다. 하나님이 마땅히 천사를 시켜서 일하시든지 아니면 당신 스스로 하셔야 할 일을 연약한 인간에게 맡기셨으니 바울이 그 큰일을 감당하기 위해서는 엄청난 은혜가 필요했습니다. 잘못하면 질그릇처럼 깨져버릴 위험이 있었기 때문입니다. 그래서 하나님은 고난을 통해 위험을 막으셨습니다. 바울의 말을 들어봅시다.

> 형제들아 내가 그리스도 예수 우리 주 안에서 가진 바 너희에 대한 나의 자랑을 두고 단언하노니 나는 날마다 죽노라(고전 15:31).

바울이 왜 죽습니까? 누가 죽이는 것입니까, 아니면 스스로 죽는 것입니까? 따지고 보면 하나님이 죽이는 것입니다. 하나님께서는 날마다 바울이 자기 발로 일어서지 못하도록 그를 눌렀습니다. 살

소망이 없을 만큼 큰 고통 가운데서 바울은 드디어 하나님의 능력, 하나님의 은혜를 받아 다시 살아났습니다. 그 은혜가 클수록, 하나님이 맡기시는 일의 무게가 무거워집니다. 이것이 하나님의 독특한 방법입니다.

어떤 사람은 한평생 건강 문제로 씨름하기도 하고, 또 어떤 사람은 어려운 환경 때문에 진통하기도 합니다. 심지어 어떤 사람은 하나님이 가족을 먼저 불러 가셔서 큰 절망에 빠져 있던 중에 하나님을 만나기도 합니다.

내게 능력 주시는 자 안에서

이렇듯 하나님이 고난을 허락하시는 이유는 우리가 하나님의 능력으로 일하게 하기 위함입니다. 사람의 힘으로 하지 않고, 하나님의 능력만 갖고 일하도록 하기 위함입니다. 자신의 건강을 믿습니까? 지식을 믿습니까? 결백을 믿습니까? 하나님은 우리가 자신을 믿는 어떠한 근거도 남겨두지 않도록 철저히 파헤쳐버리십니다. 다 비워내고, 텅텅 빈 항아리가 된 다음 하나님의 능력으로 가득가득 채워주시기 위해서입니다. 자기 자신은 없고, 하나님이 전부라는 공식이 언제든지 적용되도록 하나님의 사람들을 다루십니다. 바울은 이것을 알았습니다. 그래서 일평생 어떤 어려움이 닥쳐도 하나님을 원망한 적이 없습니다.

이쯤 되면 우리 가운데 한둘은 "오 주여, 쓰임받지 않아도 좋사오니 제발 그런 고난은 나에게 주지 마옵소서" 하는 염원을 가질지도 모르겠습니다. 걱정 마십시오. 하나님은 그런 시시한 기도를 하는 사람을 사용하지 않으십니다.

하나님이 교회에서 누구를 쓰실지, 누구에게 중요한 일을 맡기실지 아무도 모릅니다. 누구에게 가장 귀중한 역할을 맡기실까요? 하나님이 쓰시는 사람들을 가만히 보면, 남모르게 연단된 기간이 있었던 것을 알 수 있습니다. 이들은 고난을 통해 믿음에 붙어 있던 불순물이 깨끗이 제거되고 순금처럼 정제된 사람들입니다.

우리는 흔히 빌립보서 4장 13절 말씀을 잘 알지도 못한 채 암송합니다. "내게 능력 주시는 자 안에서 내가 모든 것을 할 수 있느니라" 하셨는데, 그러면 언제 능력을 주신다는 말입니까? 사실 이 구절 앞에 더 중요한 내용이 있습니다.

> 나는 비천에 처할 줄도 알고 풍부에 처할 줄도 알아 모든 일 곧 배부름과 배고픔과 풍부와 궁핍에도 처할 줄 아는 일체의 비결을 배웠노라(빌 4:12).

언제 능력을 주십니까? 내가 비천에 처할 때입니다. 또 언제 주십니까? 내가 풍부에 처할 때입니다. 배부르고 배고플 때, 풍부와 궁핍에 처할 때입니다. 도무지 생활에 안정이 없습니다. 이런 것이 바로 고난입니다.

일평생 가난하게 산다면 그것은 고난이 아닙니다. 왜냐하면 그런 생활이 몸에 익어서 자연스러워지기 때문입니다. 오히려 그런 사람은 단칸방에 살다가 갑자기 50, 60평 아파트에 들어가면 적응을 못합니다. 바울은 가난했다 부했다, 비천했다 높아졌다 하는 식의 도무지 안정이 안 되는 환경에서 연단을 받으며 진리를 깨달았습니다.

고난이 없는 자리라면 하나님의 능력을 체험할 수 없습니다. 하나님의 능력이 필요하지 않은 자리에서 어떻게 그 능력을 체험할 수 있겠습니까?

요지는 이것입니다. 누구나 말 못할 자신만의 고난이 있습니다. 예수를 믿는데도 잘 풀리지 않는 인생의 문제가 있습니다. 또 예수 믿고 모든 것이 잘되리라 생각했는데 오히려 더 악화되는 것을 경험하고 있는지도 모릅니다. 그럴 때 하나님의 비밀스런 뜻이 고난 가운데 들어 있음을 기억합시다. 그리고 이렇게 기도합시다.

> 하나님 아버지, 제가 당신이 원하시는 일을 할 수 있도록 이런 연단을 주시는 것이라면, 하나님이 원하시는 수준이 될 때까지 저를 연단시켜주옵소서. 그리고 하나님이 '이제 됐다' 하실 정도가 되었을 때, 제가 일생 동안 하나님께 영광 돌릴 수 있는 귀한 일을 저에게 맡겨주옵소서.

반짝반짝 빛나는 믿음

주를 위해 일하려고 하면 많은 어려움이 생깁니다. 그것이 부담스럽습니까? 도망가면 됩니다. 이 교회가 싫으면 저 교회로 가고, 저 교회가 싫으면 또 다른 교회로 가면 됩니다. 어떤 일을 맡았다가 힘들면 그만두고 또 다른 쉬운 일을 맡으면 그만입니다. 그러나 마가 요한 같은 태도로 어떻게 주님 앞에 설 수 있겠습니까? 바울처럼 자기 몸에 병이 나도, 여행 코스가 험난해도, 하나님의 일을 하는 이상 도중에 절대로 포기하지 않고, 목숨 바쳐 끝까지 이 길을 가리라는 자세가 필요합니다.

예수를 믿는데도 고난이 찾아옵니까? 의미 있는 고난입니다. 기도하고 말씀대로 살려고 애쓰는데도 고난이 몰려옵니까? 의미 있는 고난입니다. 낙망하지 마십시오. 낙망할 이유가 하나도 없습니다.

언제 믿음이 반짝반짝 빛나겠습니까? 고난 속에 있을 때입니다.

연단될 때입니다. 간증하는 분들을 가만히 보십시오. 그들의 믿음이 언제 반짝반짝 빛났습니까? 남편이 실직당할 때, 갑자기 생활이 불안정해졌을 때, 자녀에게 문제가 생겼을 때, 건강을 잃었을 때 주님과 더 가까워졌다는 이야기를 수도 없이 듣지 않았습니까? 아직 믿음이 신통치 않다면, 크고 작은 고난을 통해 강도 높은 믿음을 갖기 바랍니다. 모든 성도가 고난을 통해 순도 높은 믿음을 갖도록 주님의 이름으로 축언합니다.

하나님은 절대로 우리를 어리석게 다루시지 않습니다. 하나님이 우리를 얼마나 사랑하십니까?

> 여인이 어찌 그 젖 먹는 자식을 잊겠으며 자기 태에서 난 아들을 긍휼히 여기지 않겠느냐 그들은 혹시 잊을지라도 나는 너를 잊지 아니할 것이라 내가 너를 내 손바닥에 새겼고 너의 성벽이 항상 내 앞에 있나니(사 49:15-16).

그분의 사랑이 얼마나 큰지요. 그런데 하나님이 손가락 끝으로 살짝 튕기기만 해도 금방 사라져버릴 고난들이 왜 계속 우리에게 남아 있습니까? 왜 하나님이 그 고난을 거두시지 않습니까? 왜 우리의 기도를 속히 이루어주시지 않습니까? 무언가 더 크고 비밀스런 은혜를 주시기 위한 하나님의 계획 가운데 우리가 서 있음을 잊지 마십시오. 우리를 향한 하나님의 생각은 평안이요, 재앙이 아닙니다. 우리에게 "미래와 희망을"(렘 29:11) 주시는 것입니다.

58

거절하는 유대인,
기뻐하는 이방인

바울과 바나바가 담대히 말하여 이르되 하나님의 말씀을 마땅히 먼저 너희에게 전할 것이로되 너희가 그것을 버리고 영생을 얻기에 합당하지 않은 자로 자처하기로 우리가 이방인에게로 향하노라(행 13:46)

바울과 바나바가 안식일에 비시디아 안디옥에 있는 회당에 들어갔습니다. 회당에 들어가 앉아 있던 바울 일행에게 말할 기회가 주어졌습니다. 이 장면은 당시 유대의 문화적 배경을 알면 좀 더 쉽게 머릿속으로 그림이 그려집니다.

회당에서 열리는 집회는 먼저 하나님께 찬양을 드리고, 구약성경 두 곳을 낭독하는 순서로 진행되었습니다. 율법서 중에서 한 곳과 선지서 중 한 곳을 차례로 읽습니다. 그러고 나서 집회에 참석한 유명인이나 특별 방문한 손님 그리고 특별히 할 말이 있다고 요청하는 사람들 중 회당장이 적절한 사람을 선택해 말할 기회를 줍니다. 발언할 기회를 얻은 사람은 낭독한 말씀에 대한 해석이나 교훈을 나누기도 하고, 자신의 생각을 연설하기도 했습니다.

비시디아 안디옥의 회당이 얼마나 컸는지는 모르지만 수십 명 정도는 모여 있지 않았나 싶습니다. 그런데 뒤에 앉은 바울과 바나바가 아무래도 좀 낯선 손님 같고, 또 무엇인가 할 말이 있어 보여서 회당장이 이들에게 기회를 준 것 같습니다.

… 형제들아 만일 백성을 권할 말이 있거든 말하라 하니(13:15).

회당에서 말할 기회를 얻다

바울은 가는 곳마다 회당의 전통을 잘 이용했습니다. 이번에도 기다렸다는 듯이 '일어나 손짓을 하며' 청중에게 복음을 전하기 시작합니다.

바울과 바나바가 전도할 때 성령은 누구에게 더 강하게 역사했습니까? 바울입니다. 왜냐하면 이방 지역은 바울의 '교구'이기 때문입니다. 다락방이나 주일학교, 교회의 어떤 부서에서 일할 때 자신에게 기회가 주어지고 '내가 해야 되겠다' 하는 마음이 일어나면 성령께서 나를 사용하신다고 믿고 자신 있게 하십시오. 큰일이나 작은 일이나 하나님은 일을 맡기실 때 절대 혼동하지 않으십니다.

또 어떤 사람이 일을 하도록 하나님께 허락을 받았으면 모두 그 사람의 권위에 순종해야 합니다. 바나바는 하나님의 뜻에 순종했습니다. 아무리 나이가 많아도 바울을 따르고, 그에게 순종하며 협조했습니다.

교회 안에서 이 같은 질서를 지키려면 얼마나 수준 높은 영성이 필요한지 모릅니다. 사탄은 어떻게 해서든 이런 영적 질서를 깨뜨리려고 합니다. 인간적으로 보면 어디까지나 바나바가 선임자요 윗사람이기에 바울이 대표로 나서서 말하는 것은 어찌 보면 기분 상할 일입니다. 만약 바나바가 화를 내며 "왜 네가 자꾸 나가니? 내가 나가서 말할 수도 있는데, 기회가 올 때마다 너만 나서니?" 하며 옥신

각신 싸웠다고 상상해보십시오. 이 얼마나 추태입니까? 그러나 바나바는 성령이 누구를 지목하고 계신지 분명히 알았고 질서에 따랐습니다. 바나바가 순종한 대상은 바울이 아니라 성령이었습니다.

바울이 회당 안을 메운 사람들을 쓱 훑어보니 두 부류가 앉아 있었습니다. 복음을 전하기에 앞서 대상을 파악한 것입니다. 이처럼 상대를 파악하는 것은 중요합니다.

바울은 청중을 의도적으로 구분했습니다. '이스라엘 사람들'과 '하나님을 경외하는 사람들'로 나누었습니다. '이스라엘 사람들'은 이방 지역에 흩어져 사는 유대인 교포들을 부르는 말이고, '하나님을 경외하는 사람들'은 이방인이면서도 유대교로 개종한 사람들을 의미합니다. 당시 유대인 회당에는 이렇게 두 부류가 섞여 있었습니다. 이방인이라도 할례를 받고 몇 가지 절차만 거치면 유대인과 함께 살 수 있었으며, 하나님께 예배를 드릴 수 있는 사람으로 인정받았습니다.

바울은 이스라엘 사람들이 복음을 거의 믿지 않으리라는 것을 예측하고 있었습니다. 뿐만 아니라 오히려 강한 반대가 일어나리라는 것도 미리 알고 있었고, 만약 믿는 사람들이 나온다면 이방인 출신의 유대교인 가운데서 나오리라고 보았습니다. 그래서 처음부터 청중을 두 부류로 나누어 선을 그어놓고 이야기한 것입니다. 굉장한 전략입니다. 바울은 이후에도 일부러 유대인과 유대교를 믿는 이방인 간에 갈등을 일으켜 싸움을 붙이는 전략을 썼습니다.

메시아가 이미 오셨다

바울이 설교를 얼마나 많이 했을까요? 가는 곳마다, 도시마다, 회당마다, 심지어 로마 감옥 안에서까지 얼마나 많은 메시지를 전했겠습니까? 그러나 성경에 내용이 처음부터 끝까지 온전히 기록된 것은 그가 안디옥 회당에서 전한 이 첫 메시지뿐입니다. 아마도 이후의 설교들은 이 메시지와 대동소이하지 않을까 생각됩니다.

바울이 어떠한 호흡으로 메시지를 전했는지 간단히 살펴보겠습니다. 바울은 우선 구약사를 요약했습니다. '구약 역사는 분명한 목적이 있다'는 것을 말하기 위해서입니다. 그 목적은 무엇일까요?

> 하나님이 약속하신 대로 이 사람의 후손에서 이스라엘을 위하여 구주를 세우셨으니 곧 예수라(13:23).

구약 역사는 완성되었습니다. 예수 그리스도가 이 땅에 오심으로써 하나님의 약속이 실현된 것입니다. 사실 이 메시지는 회당에 앉아 있는 유대인들을 강하게 찌르는 말이었습니다. 유대인들은 아직도 메시아를 기다리며 모세오경과 선지서를 읽고 있었기 때문입니다. 아마도 바울의 눈에 그들은 얼굴에 수건을 쓰고 있는 사람처럼 답답해 보였을 것입니다.

바울이 말합니다. "예수라는 분이 오셨는데, 그는 다윗의 씨에서 난 자요, 하나님께서 보내겠다고 약속하신 인류의 메시아다. 구약은 메시아를 우리에게 보내주기 위한 하나의 통로로서 수천 년간 이어 내려왔지만 이제 예수 그리스도가 오셨으니 구약이 완성되었다. 구약은 그만 보고, 오신 메시아 예수를 바라보라!" 이런 뉘앙스가 메시지에 강하게 담겨 있습니다.

구약은 이미 달성된 역사의 기록입니다. 그렇다면 신약은 어떤 목적을 가지고 있을까요? 재림하실 예수 그리스도를 바라보고, 그분을 통해 이뤄질 하나님 나라를 대망하는 것입니다. '주후 몇 년' 하면서 이어온 역사가 그러합니다. 기독교는 불교가 말하는 윤회설처럼 끝없이 무의미하게 반복되는 역사가 아닙니다. 분명히 끝이 있고 목적이 있습니다.

세상 사람들과 예수 믿는 사람들의 차이점은 역사를 보는 눈이 다르다는 것입니다. 세상 사람들은 역사란 흐르고 흘러 그저 옛일이 다시 반복될 뿐, 어떤 정착점에 이르는 것이 아니라고 생각합니다. 반면 그리스도인은 목적의식을 가지고 사는 사람입니다.

입시를 준비하는 학생에게는 합격이라는 분명한 목표가 있습니다. 생활 방식이 완전히 달라집니다. 뚜렷한 목표가 눈앞에 있고, 그것을 이루기 위해 몸부림칩니다. 때로는 잠도 잘 못 자고, 먹고 싶어도 못 먹고, 놀고 싶어도 못 놉니다. 아무리 하고 싶은 것이 있어도 참습니다. 길을 가면서도 무언가 외우느라 중얼중얼합니다. 삶의 자세가 다릅니다.

믿는 사람과 안 믿는 사람의 삶도 당연히 다릅니다. 믿는 사람은 다시 오실 주님을 기다리는 사람이요, 세상의 종말이 온다는 사실을 알고 있는 사람입니다. 그날에 세상이 분명히 심판받을 것도 확신하고 있습니다. 그러니 어떻게 세상 사람들처럼 살겠습니까? 잠자는 것이, 먹고 즐기는 모습이 어떻게 세상 사람과 같겠습니까?

그리스도인이라고 하면서도 목적의식이 분명하지 않다면 신앙생활은 짐이 될 뿐입니다. 무슨 재미로 신앙생활을 합니까? 남들처럼 즐기면서 살고 싶은데 무엇 때문에 말씀대로 살겠다고 애를 쓰겠습니까? 그러니 믿음이 없이, 확신 없이 신앙생활을 하는 것만큼 피곤한 인생도 없을 것입니다.

예수가 바로 그 메시아다

바울은 그의 메시지에서 먼저 구약이 완성되었음을 선포하고, 뒤이어 예수 그리스도 바로 직전에 세례 요한이 예수님을 전했다는 사실을 이야기합니다. 바울이 이 이야기를 특별히 한 이유가 있습니다. 당시 세례 요한이 워낙 유명했기 때문에 이 방에 있는 유대인들과 유대교를 믿는 사람들이 그와 관련된 소문을 들었고, 세례 요한이 메시아일지도 모른다고 착각하는 사람들도 많았기 때문입니다. 바울은 세례 요한이 누구인지 분명히 말했습니다. 세례 요한은 스스로 "나는 그리스도가 아니요 내 뒤에 오시는 이가 있는데 그분이 그리스도다"라고 말한 것을 입증했습니다(13:25). 그리고 나서야 바울은 복음의 핵심을 그들에게 전하기 시작했습니다.

> 예루살렘에 사는 자들과 그들 관리들이 예수와 및 안식일마다 외우는 바 선지자들의 말을 알지 못하므로 예수를 정죄하여 선지자들의 말을 응하게 하였도다(13:27).

참 기가 막힌 말씀입니다. 예수 그리스도가 오셨고 또 하나님이 예수님을 통해 구원의 말씀을 우리에게 보여주셨지만, 예루살렘에 사는 자들과 관원들, 즉 유대인들은 성경을 많이 알고 외웠어도 선지자의 말을 알지 못했습니다. 유대인들이 성경을 얼마나 많이 외웁니까? 웬만한 구절은 다 외울 정도로 어릴 때부터 훈련합니다. 그러니 그 내용을 얼마나 철저히 알겠습니까? 그런데도 선지자들의 말을 알지 못했다니 기가 막힐 따름입니다.

읽어도 모르는 말씀이 있습니다. 외워도 모르는 말씀이 있습니다. 교회 나와서 말씀을 듣는다고 다 아는 것도 아니요, 성경을 펴놓고 읽는다고 다 이해하는 것도 아니요, 외운다고 말씀을 다 깨닫는 것도 아닙니다. 당시에 비하면 오늘날의 우리가 훨씬 낫습니다. 성령이 우리 안에서 일깨워주시기 때문입니다.

유대인들은 성경을 다 암기하다시피 했지만 말씀의 진수를 몰랐습니다. 말씀에 담긴 깊은 진리를 몰랐습니다. 선지자들의 글을 알지 못했다는 것은 예수 그리스도에 대해 전혀 몰랐다는 이야기입니다. 유대인들은 "주여, 주여" 하며 안식일마다 말씀을 외웠지만 구약을 바로 이해하지 못했기 때문에 예수를 알 수 없었습니다. 그러한 무지 때문에 그들은 메시아를 십자가에 못 박아 죽이고 만 것입니다. 그렇지만 하나님은 절대로 패하시는 법이 없습니다. 하나님은 예수를 죽은 자 가운데서 살리셨다고 했습니다.

> 하나님이 죽은 자 가운데서 그를 살리신지라(13:30).

바울이 전한 메시지는 상당히 논리적입니다. "유대인들이 몰라서 예수를 죽였지만 하나님은 절대로 패하시지 아니하며 거기에 굴복하시지 않고 그를 죽음에서 일으켰다"면서 "그리고 예수는 죽음에서 일어나신 다음에 사랑하는 제자들에게 여러 날 보이셨고 제자들은 가는 곳마다 예수 그리스도가 살아나셨다는 것을 증언하는 증인이 되었다"라고 말합니다. 그다음 32절 이하에서는 예수님이 죽음 가운데서 부활하신 것은 즉흥적으로 생긴 일도 아니요, 우연하게 일어난 사건도 아니라 구약에서 하나님이 예언한 그대로 이루어진 사실임을 성경을 들어 논증합니다. 13장 41절까지를 살펴보면 바울은 일곱 번이나 구약을 인용했습니다. '시편에서 이렇게 말씀하시기를', '선지자에게 이렇게 말씀하시기를', '주님께서 이렇게 말씀하시기를', '다윗을 통해서 이렇게 말씀하시기를' 하는 식으로 성경을 인용하면서 하나님께서 말씀하신 그대로 예수 그리스도가 부활하셨다는 논증을 펼칩니다.

논증을 하는 바울의 모습을 한번 그려봅시다. 당시의 성경은 두루마리 형태였습니다. 그러므로 말씀을 찾아내는 것은 요원한 일이었을 것이며, 인용한 성경 구절은 그가 전부 다 외운 말씀이었을 것입니다. 바울이 날카로운 눈매로 사람들을 꿰뚫어 보면서 예수님의 십자가와 부활을 전합니다. 13장 34-37절은 이런 말입니다. "자, 구약에 이렇게 말씀하지 않았느냐? 말씀대로 예수 그리스도가 장사되었다가 살아나셨다. 다윗의 입을 통해서 하신 말씀을 보라. 내가 사랑하는 자를 썩지 않게 하시겠다고 하신 말씀이 누구를 가리키는 것이냐? 다윗이 아니다. 예수 그리스도다. 예수님이 살아나셨다."

그리고 예수님의 십자가와 부활을 전한 다음 결론을 맺습니다.

> 다윗은 당시에 하나님의 뜻을 따라 섬기다가 잠들어 그 조상들과 함께 묻혀 썩음을 당하였으되 하나님께서 살리신 이는 썩음을 당하지 아니하였나니 그러므로 형제들아 너희가 알 것은 이 사람을 힘입어 죄 사함을 너희에게 전하는 이것이며(13:36-38).

바울은 37절까지 구약의 역사를 배경으로 예수 그리스도를 쭉 설명하고는, 이렇게 소개한 예수 그리스도가 우리와 무슨 관계인지를 '그러므로' 이후에 설명합니다. 그리고 전하고자 하는 복음은 바로 "모세의 율법으로 너희가 의롭다 하심을 얻지 못하던 모든 일에도 이 사람을 힘입어 믿는 자마다 의롭다 하심을 얻는 이것이라"고 말합니다.

바울은 율법에 정통한 자였습니다. 율법에 대해 분명하고도 너무나 잘 알고 있었기 때문에 더 힘주어 말했을 것입니다. 그는 아무리 율법을 지켜도 의로워질 수 없다는 것을 분명히 이야기합니다. 그의 메시지에 반박할 사람은 한 명도 없었습니다. 왜냐하면 율법은 아무리 지키려고 해도 지키지 못할 뿐 아니라, 오늘은 지킨다 하더라도 내일은 장담할 수 없기에 자기가 용서받았다는 확신이 전혀 안 생기기 때문입니다. 유대인들도 율법의 이와 같은 속성에서 자유롭지 못했습니다. 바울은 유대인의 이 부분을 찔렀습니다.

"너희가 아무리 율법을 성전에서 외우고 읽고 그대로 지킨다고 하지만, 그 율법 때문에 너희들이 의롭다 함을 받은 일이 있느냐? 한 번도 없지 않으냐? 그러므로 예수 그리스도를 믿으라. 그리하면 너희의 모든 죄가 사함을 받을 것이요 하나님 앞에 의롭다 함을 얻을 것이라."

바울은 아마도 이런 형태로 메시지를 전하지 않았을까 생각됩니다. 그리고 이 말씀을 하고 나서 침묵한 것 같습니다. 사람들을 가만히 쳐다보고 있었을지도 모릅니다.

말씀을 마친 바울의 눈에 비친 사람들은 두 부류였습니다. 말씀을 듣고 깨달은 사람과 그렇지 않은 사람이었습니다. 성령께서 구원하기를 기뻐하신 사람의 마음은 환히 열려 마음 깊숙한 곳에서 고백이 흘러나왔을 것입니다. "아, 예수님이 메시아로 오셨구나. 이때까지 우리가 모르고 있었구나. 메시아가 오셨다면 그는 나의 죄를 용서하실 수 있는 분이구나. 내가 그분을 믿어야 되겠다." 얼굴에 굉장히 진지한 모습이 나타났을 것입니다.

반면 회당장을 포함해 일부 유대인들은 피식피식 웃으면서 옆 사람과 무엇인가 속닥거리고 받아들이지 않는 기색이 역력했을 것입니다. 그래서 바울은 그들을 향해 이 말씀을 멸시하는 사람들, 하나님의 말씀을 멸시하는 사람들은 나중에 하나님의 심판이 임할 것이라고 한 선지자의 글로 분명하게 경고합니다.

> 그런즉 너희는 선지자들을 통하여 말씀하신 것이 너희에게 미칠까 삼가라(13:40).

바울은 복음을 가지고 사람들에게 절대로 아부하지 않았습니다. 행여나 믿을까 싶어 벌벌 떨지도 않았고, 어떻게든 믿게 만들고자 감언이설로 설명하지도 않았습니다. 오직 "예수를 믿으라. 그리하면 너희가 죄 사함을 받을 것이다. 믿지 아니하면 심판이 임할 것이다"라고 엄숙하게 경고했습니다. 복음을 전하는 자에게는 이와 같은 긍지와 권위가 있어야 합니다. 전도는 세상 사람들에게 아부하는 것이 아닙니다. 세상 사람들의 비위를 맞추는 것은 더더욱 아닙니다. 예수 그리스도의 십자가와 부활을 이야기하고, 그분이 바로 우리의 구원자임을 전하며, 그것을 믿지 않으면 자신이 책임져야 된다는 것을 분명히 밝혀야 합니다.

하나님을 찬송하고 다 믿더라

바울의 설교는 베드로의 설교와 닮았습니다. 베드로도 처음에는 구약의 역사를 들어 설명했고, 이어서 "너희가 몰라서 예수 그리스도를 십자가에 못 박았지만 하나님이 그를 다시 살리셨다"라고 선포했습니다. 그러면서 '이 일에 우리가 증인'이라고 증언했습니다.

성령은 두 가지 말을 하지 않습니다. 전하는 자들이 저마다 지적 수준도 다르고, 문화적 배경도 달라 여러 가지 면에서 차이가 있다 해도, 그들이 전하는 핵심 메시지는 같습니다. 성령이 그렇게 하도록 이끄시기 때문입니다. 베드로가 전하든 바울이 전하든, 구브로에서 전하든 안디옥에서 전하든 복음은 동일합니다.

복음은 항상 하나입니다. 오늘도 성령은 수천, 수만의 성도들 마음속에서 살아 역사하십니다. 그들이 같은 복음을 말하게 하십니다. 그 성령을 찬양합시다. 같은 말을 하게 하시는 성령이 교회 안에 거하심을 찬양합시다.

> 너희는 거룩하신 자에게서 기름 부음을 받고 모든 것을 아느니라
> (요일 2:20).

성령이 깨닫게 하시면 우리는 다 알 수 있습니다. 우리를 하나 되게 하시는 성령의 역사, 같은 말을 하게 하시는 역사가 얼마나 감사한지요. 주도 하나요, 하나님도 하나요, 세례도 하나요, 믿음도 하나요, 교회도 하나입니다. 성령께서 우리를 하나 되게 하시기 때문에 오늘 우리는 함께 기뻐하고 함께 찬양할 수 있습니다.

바나바나 바울이나 베드로나 다른 것이 하나도 없었습니다. 마음속에 성령이 계십니까? 바울의 메시지가 참된 진리라 여겨집니까? 그렇다면 바울의 마음에 역사하신 성령이 오늘 우리 마음에도 역사하고 계십니다. 성령은 세상 끝 날까지 교회를 떠나지 않고 우리를 하나 되게 하실 것입니다.

바울의 설교가 끝나자 사람들이 몰려와 다음 안식일에도 말씀을 전해달라고 부탁했습니다. 심지어 바울과 바나바의 숙소까지 따라와 장시간 토의를 했던 것 같습니다. 그리고 그들이 믿었습니다. 복

음의 능력은 정말 대단합니다. 회당에서 복음을 들은 사람들은 한 주 동안 가만히 있지 못했습니다. 온 성을 다니면서 사방에 소문을 퍼뜨렸습니다. 그 결과 '그다음 안식일에는 온 시민이 거의 다 하나님 말씀을 듣고자' 회당에 모였습니다. 그 성의 규모가 어느 정도였는지는 잘 모르지만 회당이 꽉 차고도 넘쳤을 것입니다.

그래서 바울이 다시 한번 복음을 전하는데 이번에는 반대하는 무리가 일어납니다. 유대인들이 시기가 가득해서 바울의 말을 반박하고 비방했습니다. 그러자 바울은 유대인과 이방인 사이에 싸움을 붙이는 전략을 사용합니다.

> 바울과 바나바가 담대히 말하여 이르되 하나님의 말씀을 마땅히 먼저 너희에게 전할 것이로되 너희가 그것을 버리고 영생을 얻기에 합당하지 않은 자로 자처하기로 우리가 이방인에게로 향하노라(13:46).

유대인들이 반대를 하며 나서니까 "너희에게 복음을 전하고 싶지만 너희가 거부하니까 우리는 이제 이방인에게로 간다"라고 한 것입니다. 이 말을 듣고 이방인들은 좋아했지만 유대인들은 화가 치밀어 올랐습니다.

기뻐한 이방인들에게는 하나님을 찬송하는 역사와 복음을 믿게 되는 놀라운 일들이 벌어졌습니다. 복음의 능력이 이렇습니다. 우리가 전하는 말이 서툴 수 있고, 어떤 때는 마음만큼 다 말하지 못해 아쉬울 수도 있지만, 그런 중에도 예수 그리스도의 이름이 누군가의 마음에 꽉 들어가 박혀 굉장한 일이 벌어집니다. 안 믿을 것 같은 사람이 믿고 돌아옵니다.

우리는 복음의 능력을 짐작할 수 없습니다. 그러니 복음을 전할 때 주저하지 마십시오. 복음은 잠자던 사람을 일으킵니다. 죽은 자를 살립니다. 어두운 마음에 빛을 비춥니다. 예수 그리스도의 십자가와 부활, 누구든지 그를 믿으면 죄 사함을 받는다는 자유의 선언, 믿기만 하면 하나님의 자녀가 된다고 하는 영광스러운 복이 바로 복음입니다. 이 복음이 단단한 돌 같은 마음을 깨뜨리고 들어가기만 하면 그 사람 속에서 새 창조와 기적의 역사가 일어납니다. 이 능력은 오늘도 교회 안에 있습니다.

바울에게 임한 능력이 오늘 우리에게도 역사합니다. 우리가 복음을 전할 때는 이처럼 사람들이 변화되는 역사도 있지만, 동시에 강한 반대와 비방을 일삼는 사람도 나타납니다.

교회는 그들이 던지는 돌멩이를 맞아야 합니다. 교회가 잠잠하면 돌멩이가 날아오지 않습니다. 복음의 능력이 강하게 나타나면 반대하는 세력도 강하게 일어날 수밖에 없습니다. 저항이 커진다는 것은 그만큼 복음이 강력하다는 증거입니다.

사도행전 14장

믿음의 선배들은 이렇게 살았습니다. 예수 믿으면 복 받는다, 예수 믿으면 가정의 골치 아픈 문제가 모두 해결된다, 예수 믿으면 건강이 좋아진다는 식으로 현혹하지 않았습니다. 복음은 솔직해야 합니다. 예수 믿는 길은 좁은 길이지 넓은 길이 아닙니다.

59

구약을 모르는 이방인에게 전도하다

이르되 여러분이여 어찌하여 이러한 일을 하느냐 우리도 여러분과 같은 성정을 가진 사람이라 여러분에게 복음을 전하는 것은 이런 헛된 일을 버리고 천지와 바다와 그 가운데 만물을 지으시고 살아 계신 하나님께로 돌아오게 함이라(행 14:15)

바울의 1차 전도 여행, 즉 소아시아에서의 선교가 막바지에 이르렀습니다. 루스드라는 이 여행의 종착점과도 같습니다. 루스드라에서 돌이켜서 이제까지 걸어온 길로 되돌아가 다시 더베를 지나 고향을 향해 가는 여정이 시작되었기 때문입니다.

바울이 루스드라에서 앉은뱅이를 고친 사건은 베드로가 성전 미문에서 걷지 못하는 사람을 고친 사건과 비교됩니다. 베드로가 예루살렘 성전 미문 앞에서 만난 사람은 믿음이 없었습니다. 돈만 구했을 뿐 전혀 준비가 안 된 사람이었습니다. 그를 하나님이 고치신 것입니다. 그러나 루스드라에서 만난 사람은 바울의 설교를 귀 기울여 듣고 있었습니다.

> 바울이 말하는 것을 듣거늘 바울이 주목하여 구원받을 만한 믿음이 그에게 있는 것을 보고(14:9).

바울이 어디서 설교를 했는지는 모르지만 상당히 많은 사람들이 모여 있었던 것 같습니다. 아마도 도심의 광장이나 시장이 아니었을까 생각됩니다. 왜냐하면 이 사람은 보나 마나 구걸을 하고 있었을 테니까요. 그는 마침 바울과 시선이 잘 마주칠 수 있는 지점에 앉아 있었던 것 같습니다.

루스드라에서 일어난 기적

설교를 하는 바울의 눈길이 자꾸만 걷지 못하는 사람에게 갔습니다. 이것도 성령의 역사입니다. 성령께서 베드로와 요한의 시선을 미문에 앉은 걷지 못하는 자에게로 갑자기 집중시켜서 가던 길을 멈추게 한 것처럼, 성령이 바울의 마음을 지배했습니다. 그 사람이 설교를 진지하게 귀담아듣는 것을 보니 그의 마음에 성령이 일하고 계신다는 사실을 직감적으로 알 수 있었습니다. 그래서 바울이 '구원받을 만한 믿음이 그에게 있는 것을 보았다'고 한 것입니다.

바울에게 사람을 꿰뚫어 보는 신통한 능력이 있었던 것은 아닙니다. 전도를 할 때나 설교를 할 때나 또는 성경 공부를 할 때 자주 느끼는 것이 있습니다. 특별히 그 시간에 마음을 여는 사람은 금세 알아차릴 수 있습니다. '하나님께서 저 사람의 마음에서 일하시는구나' 하는 느낌을 받습니다.

바울은 그 사람의 눈동자와 표정, 그 간절한 모습에서 구원받을 만한 믿음이 있는 것을 보았습니다. '구원받을 만한 믿음'이라는 표현이 마치 영혼의 구원을 받을 만한 믿음인 것같이 보이지만 실제 원문은 '고침을 받을 만한 믿음'입니다. 그를 본 바울이 무슨 설교를 했는지는 모르겠습니다. 예수 그리스도가 이 세상에 오셔서 온갖 병든 자들을 고치시고 죽은 자를 살리시며 바다를 잔잔케 하신 내용이었는지도 모릅니다. 분명히 그 사람은 그 메시지를 들으며 "아, 예수님이 내게 오시면 이 병을 고치실 수 있겠구나" 하는 강한 확신을 가졌을 것입니다. 그리고 바울은 그의 확신 속에서 병 고침을 받을 만한 믿음이 있음을 보았을 것입니다. 그는 큰 소리로 말했습니다. "네 발로 바로 일어서라!"

바울과 베드로가 걷지 못하는 자를 일으킨 두 사건에서 볼 수 있듯이 성경에는 믿음이 있어서 고침을 받는 경우와 믿음이 없는데도 고침을 받는 두 가지 유형이 나옵니다. 왜 하나님께서는 믿음이 없는 경우에도 고치시는 걸까요?

> 두 사도가 오래 있어 주를 힘입어 담대히 말하니 주께서 그들의 손으로 표적과 기사를 행하게 하여 주사 자기 은혜의 말씀을 증언하시니(14:3).

두 사도가 복음을 전할 때 하나님께서 그들의 손으로 표적과 기사를 행하게 해주셨다는 것은, 하나님의 말씀이 더 잘 전파될 수 있도록 표적과 기사가 도구로 사용되었다는 뜻입니다.

걷지 못하는 자가 고침을 받자 희한한 일이 벌어졌습니다. 그 일을 본 사람들이 모여 바울과 바나바를 신처럼 모시기 시작했습니다. 처음에 두 사도는 무슨 일이 벌어지고 있는지 제대로 알지 못했습니다. 원주민의 말을 알아듣지 못했기 때문입니다. 당시 사람들은 자기 지방 말과 공용어인 헬라어 두 가지를 사용했습니다. 그러니 자기들끼리 나누는 일상적인 대화는 자기 고장의 말로 하지 않았겠습니까? 사람들이 하는 말을 못 알아듣다가 가만히 보니 자기들을 신처럼 떠받들어 제사를 지내려는 것을 눈치채고서야 두 사도는 깜짝 놀랐습니다.

이 사건에서 참 재미있는 것은 그들이 바나바를 제우스로, 바울을 헤르메스로 지칭했다는 것입니다. 제우스는 헬라 최고의 신이었고, 헤르메스는 그의 아들로 전령사 역할을 했습니다. 자기 아버지 앞에서 말하는 자요, 선포하는 역할을 하는 신이 헤르메스였습니다. 사람들은 아마도 기회가 있을 때마다 말하는 바울을 보고는 바나바의 대변자로 알았던 모양입니다. 이와 더불어 바나바가 바울보다 풍채가 훨씬 좋았던 것 같습니다. 말 안 하고 가만히 있어도 사람들에게 은근히 좋은 인상을 주었던 모양입니다. 그래서 사람들은 "야, 저 사람은 정말 제우스 신 같구나" 하고 느꼈을 것입니다.

영광은 하나님의 것

> 두 사도 바나바와 바울이 듣고 옷을 찢고 무리 가운데 뛰어 들어가서 소리 질러(14:14).

사람들이 모여들어 제사를 지내려고 할 때 바나바와 바울의 태도를 보십시오. 얼마나 당황합니까? 옷을 찢고 군중 속으로 뛰어 들어갔습니다. 적극적으로 말렸습니다. 걷지 못하는 자를 고친 신이 바울입니까? 그렇지 않습니다. 하나님입니다. 두 사도가 알고 그랬든 모르고 그랬든 하나님께서 받으셔야 할 영광을 자신들이 받는다면 그것은 하나님 앞에 큰 죄가 되었을 것입니다. 그래서 바울과 바나바는 옷을 찢고 뛰어 들어가 말렸습니다.

예수님께서 가르쳐주신 주기도문의 마지막 부분을 떠올려봅시다. 나라와 권세와 영광이 누구에게 있습니까? 언제 있습니까? '아버지께' 그리고 '영원히'입니다. 이것은 하나님의 자녀가 항상 지향해야 할 최고의 삶입니다. 내가 전도해서 아무리 많은 사람이 구원을 받았다 해도 영광은 오직 하나님께 돌려야 합니다. 수많은 표적과 기사가 내 손을 통해서 나타난다 할지라도 영광은 오직 하나님의 손에 드려야 합니다. 만약 그렇게 안 되면 바울처럼 자기 옷을 찢어야 합니다.

하나님께서 은혜를 주셔서 교회가 크게 부흥하고 또 그 교회를 통해 하나님의 일이 온 사방에 퍼질 때, 그 교회 담임목사가 너무 호화로운 대접을 받고 하나님처럼 떠받들리는 인상을 풍긴다면 참 큰일입니다. 모든 영광은 하나님께 돌아가야 하는데 인간이 부각된다면 문제가 심각합니다. 이것은 교회에도 불행한 일이요, 자신에게도 불행한 일입니다.

우리는 모두 작은 일에든, 큰일에든 쓰임을 받고 있습니다. 하나님께 돌려야 할 영광이 조금이라도 내게 온다고 느껴질 때는 옷을 찢을 각오를 해야 합니다. '오직 영광은 하나님께'라는 정신이 없다면 하나님 나라의 일을 할 자격이 없습니다. 자신이 무엇을 좀 했다고 대우받기를 바란다든지, 마땅히 자신이 대가를 받아야 될 것처럼 거드름을 피운다면 그는 일할 자격이 없는 사람입니다. 차라리 일하지 않는 것이 더 나을지 모릅니다.

바울과 바나바를 보십시오. 그렇게 하나님 앞에 쓰임받는데도 얼마나 기가 막힌 수모를 당합니까? 모든 눈물과 고통은 오직 하나님만이 위로해주실 수 있습니다.

구약을 모르는 이들에게

바울이 전한 메시지는 독특하다고 할 수 있을 정도로 이전과는 전혀 다릅니다. 그도 그럴 것이 마구 악을 쓰고 고함을 치며 전하는 메시지였기 때문입니다. 제사를 막고 사람들을 뜯어말리며 전하는 메시지였습니다. 게다가 전하는 대상 또한 무척 특별했습니다.

지금까지 성경에 나타난 바울의 공식적인 메시지의 대상은 정통 유대인과 유대교로 개종한 이방인들이었습니다. 그들은 어느 정도 바울과 배경이 같고 말이 통했습니다. 그러나 이날 바울 앞에 선 사람들은 이방 종교를 믿는 이교도들이었습니다.

성전이나 회당에서 메시지를 전할 때는 주로 무엇부터 시작했습니까? 이스라엘 역사 곧, 구약을 인용했습니다. 유대인에게 메시아를 보내주겠다는 하나님의 약속이 있었음을 말하고, 그 메시아가 바로 나사렛 예수 그리스도라는 것을 입증했습니다. 그분을 믿어야 죄 사함을 받고 의롭다 함을 받을 수 있다는 메시지였습니다. 그런데 루스드라에서 전한 메시지는 전혀 다릅니다.

> 이르되 여러분이여 어찌하여 이러한 일을 하느냐 우리도 여러분과 같은 성정을 가진 사람이라 여러분에게 복음을 전하는 것은 이런 헛된 일을 버리고 천지와 바다와 그 가운데 만물을 지으시고 살아 계신 하나님께로 돌아오게 함이라(14:15).

메시지 내용이 왜 이렇게 달라졌나요? 듣는 대상이 구약의 하나님을 모르고 우상숭배에 빠져 있는 사람들이었기 때문입니다. 그래서 바울은 창조주 하나님에 관한 이야기부터 시작했습니다.

너희가 하늘을 보지 않느냐? 이 하늘을 지으시고 때를 따라 비를 내리시는 분이 있다. 그리고 너희에게 음식을 주어 배불리 먹게 하시고 기쁨을 주시는 분이 있는데 그분이 바로 하나님이시다. 하나님을 믿으라. 하나님께로 돌아오라.

바울은 누구나 쉽게 이해하고 공감할 수 있는 이야기부터 시작했습니다. 사람들의 눈에 보이는 자연환경을 가지고 눈에 보이지 않는 하나님의 존재를 설명합니다.

이교도들을 대상으로 한 바울의 설교는 17장에 한 번 더 나옵니다. 지금 이 메시지와 아주 유사합니다. 이들 메시지의 특징은 첫째, 창조주의 존재를 알려주고 둘째, 이방인들이 날마다 누리는 좋은 것들이 다 창조주 하나님으로부터 온 것임을 알려줍니다. 셋째, 그러나 사람들이 하나님을 몰라서 헛된 신을 숭배하고 있으니 넷째, 이제 그것을 버리고 살아 계신 하나님께로 돌아와야 한다고 말합니다.

다른 종교를 믿는 사람들에게, 기독교 상식이 전혀 없는 사람들에게 어떻게 접근해서 복음을 전할 것인가는 많이 연구해야 될 과제입니다. 선교학에서는 두 가지 견해가 항상 대립했습니다. 무조건 선포해야 한다는 주장과 대화를 통해 부드럽게 전해야 한다는 주장입니다. 어느 쪽이 좋다, 혹은 나쁘다 할 수는 없습니다. 우리나라의 경우를 생각해 볼까요? 불교와 유교 문화에 젖어 있던 우리 조상들에게 서양 선교사가 와서 복음을 전할 때, 또 먼저 믿은 자가 믿지 않는 자에게 전도할 때 어떤 스타일이었습니까? 일방적인 선포였습니다. 무조건 예수 믿으라고 했습니다. 성경을 주면서 읽으라고 했습니다. 이런 것을 보면 우리나라 사람들은 참 순수했던 것 같습니다. '예수 천당 불신 지옥'이라는 선포만 듣고도 마음이 찔려 믿겠다고 하는 사람들이 있었으니 말입니다.

선포는 상대방을 이해하고 설득하는 데 목적을 두지 않습니다. "나는 너희와 변론할 필요가 없다. 인류의 구원자는 오직 예수 그리스도 한 분뿐이요, 하나님만이 천지 만물의 주인이시니 너희는 무조건 회개하고 하나님께로 돌아와야 한다."

너희 종교가 어떻다느니 같은 평가나 너희가 믿는 구원자는 어떤 존재인지 한번 들어보겠다 하는 마음이 전혀 없습니다. 무조건 진리만 선포할 따름입니다.

원탁의 대화

1938년 〈타임〉이 선정한 '세계에서 가장 위대한 선교사' 스탠리 존스(E. Stanley Jones)는 '원탁의 대화'로 유명합니다. 그는 자기 집에 둥근 탁자를 준비해놓고 저명한 힌두교도들을 초청했습니다. 그러고는 원탁에 둘러앉아 자유로운 분위기로 신앙 문제를 토론했다고 합니다. 다음은 그가 남긴 글의 일부입니다.

> 누구든지 이 자리에서는 완전한 자유인입니다. 우리는 한곳에, 한 가족처럼 둘러앉아 있습니다. 자, 각자 편안한 마음을 가지십시오. 그리고 한 사람, 한 사람의 말을 경외하는 마음으로 듣기 바랍니다. 이제 자유롭게 이야기하십시오.

이렇게 하여 원탁의 대화가 시작되었다고 합니다. 스탠리 존스는 이런 식으로 선교를 했습니다. 그는 상대방의 견해를 긍휼의 마음으로 이해하고자 노력을 기울였습니다.

만약 불교를 믿는 사람을 만났다고 한다면 우리가 상대하는 것은 불교가 아니라 불교를 믿는 한 영혼입니다. 우리는 그 영혼을 상대하는 것이고, 그 영혼을 구하기 위해 그 사람의 종교 문제를 다루는 것이지, 우리가 직접 어떤 종교와 맞서 싸우는 것이 아닙니다. 그러니 한 영혼을 불쌍히 여기는 마음으로 상대를 보아야 합니다. 만약 내가 이 사람의 입장에 있었다면 나도 이런 종교를 믿었을 것이라는 전제를 가지고, 내가 이해할 것이 있으면 이해하려고 노력하겠다는 태도로 대화를 풀어가는 것이 중요합니다. 이것이 스탠리 존스의 선교 방식입니다.

스탠리 존스는 또 이런 말을 남겼습니다.

> 이 회담에 참가한 모든 사람은 시간이 얼마 지나지 않아 곧 예수 그리스도께서 그 자리에서 벌어지는 모든 상황의 주인이시라는 것을 느끼지 않을 수 없었다. 그렇게 된 것은 누가 큰 소리로 주장을 해서가 아니요, 어떤 영리한 옹호자의 변론을 통해 어느 한쪽의 논리가 정복을 당해서도 아니었다. 단지 예수님 자신이 스스로 갖고 계신 권위와 인격, 그분의 놀라운 사역이 그 시간, 그 자리에 앉아 있는 모든 사람의 마음을 압도했기 때문이다.

한번은 원탁의 대화가 마무리될 즈음 힌두교를 믿는 변호사 한 명이 일어나더니 테이블에 놓인 화병에서 꽃 하나를 뽑더랍니다. 그러고는 예수를 믿는 형제 발 앞에 내려놓고는 그 발을 만지며 "내가 보니 당신은 하나님을 발견했군요. 당신이야말로 나의 선생입니다"라는 고백을 했다고 합니다.

루스드라에서 이교도를 상대로 메시지를 전한 바울의 경우, 대상을 고려하여 접근 방법을 달리했다는 점을 기억합시다. 그들이 사용하는 단어를 써서 그들이 이해할 수 있는 수준으로 메시지를 전했습니다.

그렇다면 오늘날 우리가 타종교에 심취한 사람과 대화할 때 어떻게 하면 좋을까요? 일단 그가 믿는 것이 무엇인지 귀 기울여 들어볼 필요가 있습니다. 그 사람이 무엇을 믿고 있는지, 무엇을 바라고 있는지, 왜 그것을 믿으려고 그렇게 애를 쓰는지 이해하려는 마음으로 들여다볼 필요가 있습니다. 가만히 듣다 보면 결국은 아무것도 아니라는 사실을 발견하게 됩니다. 그러면 그다음에 내가 믿는 예수 그리스도와 그것이 어떻게 다른지 비교하면서 이야기를 해나갈 수 있습니다. 이것이 대화입니다.

전도할 때, 특히 다른 종교에 깊이 빠져 있는 사람을 보면 마음에서부터 거부반응이 먼저 일어나 "너는 예수를 안 믿으니까 나하고 상대할 수 없어" 하고 무조건 꽉 눌러버리려는 자세를 취하진 않습니까? 그러니 전도가 될 리 만무하지요.

사월 초파일을 맞이할 때마다 착잡한 심경을 갖게 됩니다. 진지한 표정으로 염주를 쥐고 불상 앞에 절하는 부인들의 얼굴이 텔레비전 화면에 비칠 때면 더욱 그러합니다. 얼마나 절실하고 얼마나 답답하면 돌멩이나 쇠붙이 앞에서 저럴까 하는 생각이 듭니다. 아마도 몰라서 그러는 것이겠지요. 이제 그런 사람을 만나면 '네 종교가 옳은가, 내 종교가 옳은가' 다투지 말고, 왜 그렇게 그 불상 앞에 가서 마음을 토하며 빌고 절하는지 이야기를 들어보길 바랍니다. 한 번에 대화가 끝나지 않아도 괜찮습니다. 몇 번이고 만나 그의 이야기를 들어 보십시오.

하나님이 살아 계시는 이상, 아무것도 아닌 우상을 믿는 사람 앞에서 우리가 수모를 당할 리 없습니다. 패할 리 없습니다. 자신만만

하게 다 들어주고, 동정할 것은 동정해야 합니다. 상대방을 위하는 마음으로 다가간다면 언젠가는 그들에게도 예수 그리스도가 들어갈 수 있도록 문이 열릴 것입니다. 그렇게 뜨겁고 충만했던 바울도 함부로 무모하게 말하지 않았던 것을 기억합시다.

60

돌더미에서 바울을
일으키시다

제자들의 마음을 굳게 하여 이 믿음에 머물러 있으라 권하고 또 우리가 하나님의 나라에 들어가려면 많은 환난을 겪어야 할 것이라 하고(행 14:22)

바울이 메시지를 전했지만 루스드라에서는 도무지 전도의 열매가 보이질 않았습니다. 오히려 안디옥과 이고니온에서 온 유대인들이 루스드라 사람들을 선동해서 바울을 돌로 치는 사태가 발생했습니다. 얼마 전까지 바울을 신으로 모시려 했던 사람들이 이제는 그를 돌로 쳐서 길바닥에 쓰러뜨린 것입니다. 그러고는 바울이 죽은 줄 알고 성 밖으로 끌고 가 내버렸습니다. 행여나 바울이 로마 시민권을 가진 사람이면 불법 타살로 법적 문제가 되지 않을까 해서 감쪽같이 현장을 수습한 것입니다.

큰 은혜가 임한 다음에는 마귀의 큰 시험이 따라옵니다. 큰 이적을 행하여 신으로 오해받을 정도로 대단한 존재가 된 바울을 이렇게 사정없이 치는 것을 보면 사탄이 얼마나 잔혹한지, 얼마나 섬뜩한지 짐작이 갑니다.

> 유대인들에게 사십에서 하나 감한 매를 다섯 번 맞았으며 세 번
> 태장으로 맞고 한 번 돌로 맞고 세 번 파선하고 일 주야를 깊은 바
> 다에서 지냈으며(고후 11:24-25).

고린도후서에서 바울이 한 번 돌로 맞았다고 말한 것이 바로 이 사건입니다. 사람들이 돌로 어떻게 때렸을지 상상이 됩니까? 아마도 손에 잡히는 대로 집어 들고 바울을 향해 내리쳤을 것입니다. 사도 바울의 몸이 얼마나 만신창이가 되었을까요? 바울이 "이후로는 누구든지 나를 괴롭게 하지 말라 내가 내 몸에 예수의 흔적을 지니고 있노라"(갈 6:17) 하고 말한 것을 보면, 아마 온 몸이 상처와 흉터로 얼룩졌을 것입니다.

돌더미에서 일으키시다

그런데 이 사건을 통해 놀라운 일이 벌어졌습니다. 성 밖으로 바울을 끌어다 내팽개친 폭도들이 모두 사라지자 제자들이 나타난 것입니다.

> 제자들이 둘러섰을 때에 바울이 일어나 그 성에 들어갔다가 이튿
> 날 바나바와 함께 더베로 가서(14:20).

이 제자들은 누구일까요? 바울이 소란 통에 전한 메시지를 듣고 예수님을 믿게 된 사람들이 아니겠습니까? 성령의 강한 역사로 그 자리에서 예수 그리스도를 따르게 된 사람들입니다. 더 놀라운 것은 이들 가운데 바울의 수제자가 될 디모데가 있다는 것입니다. 나중에 바울이 "내 아들아, 내 아들아" 하게 될 디모데를 바로 여기서 얻은

것입니다.

그리고 또 하나의 기적이 일어납니다. 죽었다고 생각될 정도였던 바울이 돌더미에서 일어나 성으로 들어갔습니다. 게다가 이튿날에는 바나바와 함께 더베로 갔다고 성경은 이야기합니다. 뿐만 아니라 그가 더베에서 복음을 전하자 많은 사람들이 회개하고 돌아와서 그곳에 교회가 생기는 놀라운 역사가 일어났습니다. 하나님께서 바울을 통해 일으키신 기적입니다.

더욱 놀라운 사실은 바울이 다시 루스드라와 이고니온과 안디옥으로 갔다는 것입니다. 바울을 돌로 쳐 죽이라고 선동하던 자들이 바로 안디옥과 이고니온에서 온 사람들 아닙니까? 그런데도 바울은 다시 그곳으로 갔습니다. 이 얼마나 대단한 열정과 용기입니까?

> 내가 달려갈 길과 주 예수께 받은 사명 곧 하나님의 은혜의 복음을 증언하는 일을 마치려 함에는 나의 생명조차 조금도 귀한 것으로 여기지 아니하노라(20:24).

이는 그저 하는 말이 아니었습니다. 죽기를 각오하고 충성하는 바울의 모습을 볼 때마다 얼굴이 화끈화끈 달아오르지 않습니까? 우리 중에는 예수님 때문에 돌멩이 한번 맞아 본 사람이 없습니다. 예수님 때문에 뺨 맞고 기절한 사람도 없을 것입니다. 그럼에도 우리는 조금만 힘들면 상을 찌푸리고, 조금만 두려우면 뒤로 물러나 변명하기에 급급합니다. 사람들이 인정해주면 충성하고, 인정하지 않으면 금세 털썩 주저앉아 버리는 게 우리의 모습입니다. 바울처럼 될 수는 없지만 주님의 제자로서 최소한의 결의와 용기는 있어야 될 것입니다.

사람들의 칭찬이 있든 없든, 몸에 상처가 있든 없든, 위험을 당할 수 있는 상황일지라도 성령께서 명령하시면 어떤 희생을 무릅쓰고라도 순종하겠다는 뜨거움이 필요합니다. 지금 우리는 얼마나 이기적인 신앙생활을 하고 있습니까?

마음을 굳게 하여 머물러 있으라

더베나 루스드라나 안디옥에 있는 신자들은 이제 갓 믿게 된 초보 신앙인들이었습니다. 그런데도 바울은 그들에게 솔직하게 말합니다.

> 제자들의 마음을 굳게 하여 이 믿음에 머물러 있으라 권하고 또 우리가 하나님의 나라에 들어가려면 많은 환난을 겪어야 할 것이라 하고(14:22).

무리 가운데 뽑힌 사람들이었지만 그들 또한 초보 신자인 것은 마찬가지였습니다. 그래서 이들은 바울과 함께 "금식 기도하며"(14:23) 하나로 뭉쳐 서로 의지하고 교제했을 것입니다. 그 성에서 극소수에 불과했고, 예수 믿는다고 언제 돌멩이를 맞을지, 어떤 고난을 당할지 모를 상황이었지만 그들은 장로로서 맡은 일에 충성을 다했습니다. 바울이 두 번째 전도 여행에서 다시 이곳을 찾았을 때 그들의 신앙이 얼마나 잘 자라고 있었는지 모릅니다.

믿음의 선배들은 이렇게 살았습니다. 예수 믿으면 복 받는다, 예수 믿으면 가정의 골치 아픈 문제가 모두 해결된다, 예수 믿으면 건강이 좋아진다는 식으로 현혹하지 않았습니다. 복음은 솔직해야 합니다. 예수 믿는 길은 좁은 길이지 넓은 길이 아닙니다. 그러나 오늘날 교회가 좁은 길을 가르치지 않아 많은 신자들이 착각을 합니다.

갓 태어난 어린 신자, 아무것도 모르는 신자, 잘못하면 주저앉을지도 모르고 안 믿겠다고 돌아설지도 모를 사람들에게 바울은 분명히 말했습니다. 처음부터 단단히 무장시켰습니다. 그리고 그들 가운데 어떤 대가를 치르더라도 이 복음, 이 믿음을 놓지 않겠다고 하는 몇 사람을 뽑아 각 교회의 장로로 세웠습니다.

복음을 바로 깨달아야 합니다. 넓은 길로 주님을 따라가겠다는 안일한 생각은 하지 맙시다. 대우받으며 믿겠다는 생각도 하지 맙시다. 예수 믿으면 이 땅에서 복 받고 만사형통할 것이라 기대하는 미련한 그리스도인이 되지 맙시다. 예수 믿는 길은 죽도록 충성하는 길이요, 좁은 길이요, 환난을 각오해야 할 험난한 길입니다.

사도행전 15장

교회는, 특히 지역 교회는 항상 교리가 통일되도록 하고 신앙의 동질성이 흐트러지지 않도록 철저히 감독해야 합니다. 신앙의 동질성이란 교회 지도자의 신앙관이나 교리적 관점이 성도들의 신앙관과 일치하는 것을 말합니다.

61

교리 논쟁이 일어나다

> 어떤 사람들이 유대로부터 내려와서 형제들을 가르치되 너희가 모세의 법대로 할례를 받지 아니하면 능히 구원을 받지 못하리라 하니 바울 및 바나바와 그들 사이에 적지 아니한 다툼과 변론이 일어난지라(행 15:1-2상)

성경에 기록된 범위 안에서 안디옥교회의 절정기는 14장 끝부분인 것 같습니다. 교회가 영적으로 충만하고 양적으로도 성장한 가운데 기도로 보낸 두 선교사가 사역을 마치고 돌아온 시점입니다. 온 교회가 얼마나 은혜 충만했을까요? 바울이 상처투성이의 몸으로 복음을 전하고 많은 사람을 제자 삼았다는 선교 보고를 할 때 온 교회가 감동과 뜨거운 열정으로 확 달아올랐을 것입니다.

목회자의 입장에서는 교회가 너무 소란해도 걱정이고 너무 평안해도 걱정이 됩니다. 교회가 너무 소란스러우면 출혈이 있고, 반대로 너무 조용하면 방심하게 되기 때문입니다. 그래서 교회는 좀 시달릴 때도 있어야 하고, 은혜 충만할 때도 있어야 하고, 고통스러울 때도 있어야 하며, 환희에 찰 때도 있어야 합니다.

흔히들 천국 갈 때까지 날마다 '할렐루야' 하고 그저 은혜 충만하면 좋겠다는 생각을 하지 않습니까? 그런데 그렇지 못한 것이 현실입니다. 우리의 믿음이 시험받을 때가 있습니다. 고난으로 다져지는 때가 찾아옵니다. 항상 지치고 피곤하며, 그야말로 기도 안 하면 안 될 정도로 어려운 상황을 만날지도 모릅니다. 사실 이것이 교회가 살아남는 길입니다. 어려울수록 우리는 하나님께 매달리게 되고 하나님의 은혜가 아니면 아무것도 할 수 없음을 깨닫게 됩니다.

'어떤 사람들'의 시험

바나바와 바울이 전도하러 나가 있는 동안 안디옥교회가 기도를 꾸준히 했으리라고 봅니다. 교회에서 중요한 역할을 하던 두 지도자를 파송했으니 교회가 얼마나 깨어 기도했겠습니까? 다행히 그들의 사역은 성공적이었고 안디옥으로 돌아와 제자들과 은혜를 나누며 오래 머물렀습니다.

얼마 동안인지는 모르겠지만, 선교 활동을 일단락하고 취하는 휴식이었으니 바울과 바나바는 오랜만에 마음을 놓고 긴장을 풀었을 수도 있습니다. 교회 또한 크게 다르지 않았을 것입니다. 별일이 없는 조용한 시간이 오랫동안 계속되었습니다. 그러는 사이 시험이 들어왔습니다. '어떤 사람들'의 시험입니다.

> 어떤 사람들이 유대로부터 내려와서 형제들을 가르치되 너희가 모세의 법대로 할례를 받지 아니하면 능히 구원을 받지 못하리라 하니(15:1).

도대체 '어떤 사람들'은 정말 어떤 사람들이었을까요? 5절을 보면 예루살렘에서 "바리새파 중에 어떤 믿는 사람들이 일어나" 이방인도 할례를 받아야 한다고 주장하는 모습이 나옵니다. 바리새파가 주장하는 이 내용은 '어떤 사람들'의 주장과 일치합니다. 이것을 볼 때, 안디옥교회에 내려온 '어떤 사람들'은 바리새파 출신의 그리스도인들이라는 것을 쉽게 짐작할 수 있습니다.

바리새파 하면 철저한 유대주의자 아닙니까? 이들은 예수 믿고 변화는 받았지만 바울만큼은 아니었던 것 같습니다. 이들이 주장한 교리는 이렇습니다. "유대인이 아닌 이방인이라도 예수 믿고 교회 안으로 들어오면 반드시 할례를 받아야 한다. 그리고 유대인이 지키는 모든 율법을 준수해야 한다. 그래야만 구원받을 수 있다."

유대인들은 원래 이방인을 개처럼 여기고 형편없이 취급했습니다. 얼마나 교만합니까? 그런데 예수를 믿고 교회에 들어와 보니 이방인도 있고 유대인도 있는데, 점점 이방인이 많아지니까 상대적으로 위축감을 느끼게 되었습니다. 그래서 이방인과 유대인을 구별 지으려는 사람들이 고개를 들기 시작했습니다. 그리고 이를 주동하는 세력은 바리새파 성도들이었습니다. '어떤 사람들'이 보기에 이방인들은 할례도 없고 율법도 없는 자들이요 윤리적인 수준도 낮아서, 비록 믿음으로 구원을 얻는다고는 하지만 이방인의 믿음과 유대인의 믿음에는 차이가 있다고 생각했습니다. 그런 이유로 유대인으로서의 체면을 지키려고 이방인 성도들과 담을 쌓았던 것입니다. 이런 과격한 유대인 성도들은 교회 안에서 점점 거북한 존재가 되어갔습니다. 그들이 교회 안에서 얼마나 큰 걸림돌이었는지 보여주는 사례가 있습니다.

믿음이냐 할례냐

갈라디아서 2장을 보면 베드로가 안디옥교회를 방문하는 장면이 나옵니다. 안디옥교회는 이방인이 많은 교회 아닙니까? 그런데 그곳에 대사도인 베드로가 방문했습니다. 온 교회가 얼마나 환영하고 감사했겠습니까? 게다가 베드로는 안디옥에 있는 이방인 성도들과 어울려 자연스럽게 교제하고 음식도 나누어 먹었습니다. 사실 베드로는 10여 년 전에 고넬료 집에서 하나님이 이방인 가정에 성령을 주시고 구원을 베푸신 것을 보았기 때문에 유대인이건 이방인이건 허물없이 대할 수 있었습니다.

그런데 이때 예루살렘에서 내려온 '어떤 사람들'이 베드로를 정면으로 문책합니다. "당신이 유대인으로서, 또 사도 중의 사도로서 체면이 있지, 어떻게 이방인들과 그렇게 허물없이 교제할 수 있느냐?" 하고 따져 물었던 것입니다. 나중에는 베드로가 아주 난처한 지경이 되었습니다. 그래서 그렇게 가까이 지내고 식사도 함께하던 안디옥교회 이방인들과 거리를 두고 피하려 했습니다.

바울이 보니 이건 도무지 용납할 수 없는 일이었습니다. 그래서 그는 사람들 앞에서 베드로를 면책했습니다. 베드로가 얼마나 호되게 당했는지 모릅니다.

> 그러므로 나는 그들이 복음의 진리를 따라 바르게 행하지 아니함을 보고 모든 자 앞에서 게바에게 이르되 네가 유대인으로서 이방인을 따르고 유대인답게 살지 아니하면서 어찌하여 억지로 이방인을 유대인답게 살게 하려느냐 하였노라(갈 2:14).

'어떤 사람들'은 대사도인 베드로가 난처해할 정도로 교회 안에서 골칫거리였습니다. 이들의 말을 들으면 일리가 있는 것 같고, 그렇다고 그대로 따르자니 교회 안에 문제가 생길 게 뻔했습니다. 이들의 말을 따르자니 교회의 하나 됨이 깨어지고, 무시하자니 유대인 성도들의 반발이 거세게 일어날 것은 자명한 일이었습니다.

'어떤 사람들'은 예수님을 구원자로 믿는 것은 틀림없었지만, 유대교의 구습을 버리지 못해 자꾸 율법을 들고 나왔습니다. 그렇다고 그들을 이단이라 단정하고 내쫓을 수는 없지 않았겠습니까?

역사적으로 보면 언제나 이와 비슷한 일이 늘 있는 것을 봅니다. 이단이라고 단정하기는 곤란하지만, 복음의 순수성을 위협하는 존재들이 있습니다. 바울은 그들이 주장하는 바를 '다른 복음'이라고 일컬으며 그들은 저주를 받을 것이라고 했습니다. 처음에는 별다를 바 없어 보이지만 나중에 점점 바른 신앙에서 탈선하는 것을 봅니다. 그래서 교회를 분열시키는 요인이 되고 맙니다.

교리 논쟁에서 감정 대립으로

한국교회 안에도 이와 비슷한 경우가 얼마나 많습니까? 이단이라고 규정하기는 어렵고, 이단이 아니라고 포용하면 복음을 변질할 가능성이 높은 사람들이 있습니다. 그들도 예수를 믿음으로 구원받는다고 확실히 말합니다. 교회가 이런 자들을 포용하다 보면 안디옥교회처럼 소란해질 수 있습니다.

그런데 안디옥교회를 보니 '어떤 사람들'을 지나치게 용납한 것은 아닌가 하는 의구심이 듭니다. 1절을 보면 그들이 형제들을 가르치는 일을 하도록 허용했습니다.

> 어떤 사람들이 유대로부터 내려와서 형제들을 가르치되 … 바울 및 바나바와 그들 사이에 적지 아니한 다툼과 변론이 일어난지라 형제들이 이 문제에 대하여 바울과 바나바와 및 그중의 몇 사람을 예루살렘에 있는 사도와 장로들에게 보내기로 작정하니라(15:1-2).

결국 바울 및 바나바와 '어떤 사람들' 사이에 상당한 '다툼'과 '변론'이 일어났습니다. '변론' 앞에 '다툼'이란 말이 나옵니다. 이것은 분명 공식적인 교리 논쟁이 아니라 노골적인 감정 대립이 있었음을 보여줍니다.

교회 안에서 교리적인 논쟁이 일어나면 서로 감정이 날카로워집니다. 감정적으로 날카롭게 대립하다 보면 성도 간에 사랑이 식습니다. 사랑이 식으면 분위기가 냉랭해집니다. 그리고 여기저기서 저혈압 증세가 나타나다가 온 교회가 마비되어 버립니다.

시작은 교리 논쟁에서 출발합니다. 교리가 잘못되었다면 논쟁할 만합니다. 변론하는 것이 당연하다는 생각이 듭니다. 옳고 그른 것을 따져야 한다는 명분이 생깁니다. 그러나 지역 교회 안에서 교리 논쟁을 하는 것은 백해무익한 일입니다. 지역 교회는 교리 논쟁을 하는 곳이 아닙니다. 교리 논쟁은 교회 지도자들이 모여서 할 일입니다. 지역 교회는 그 교회 지도자가 인도하는 대로 따라가는 것이 맞습니다. 지역 교회 안에서 평신도들끼리, 혹은 교역자들끼리 교리 논쟁이 일어나면 결국에는 사탄에게 승리를 안겨주는 비극이 벌어지기 때문입니다.

신앙의 동질성

교회는, 특히 지역 교회는 항상 교리가 통일되도록 하고 신앙의 동질성이 흐트러지지 않도록 철저히 감독해야 합니다. 신앙의 동질성이란 교회 지도자의 신앙관이나 교리적 관점이 성도들의 신앙관과 일치하는 것을 말합니다.

이런 의미에서 사랑의교회가 중요하게 여기고 지켜온 원칙이 있습니다. 제자훈련을 거치지 않은 사람은 절대 다락방 순장으로 파송하지 않는 것입니다. 먼저 제자훈련을 통해 한 사람의 신앙관을 철저히 점검합니다. 그가 다른 교회에서 교육을 받아 훌륭한 신앙관을 갖고 있다 할지라도 일단 사랑의교회에 들어오면 우리 교회 지도자가 어떤 신앙관을 갖고 있는지, 어떤 면을 특히 중시하는지를 배우는 과정을 밟습니다. 동질화 과정입니다.

그렇게 제자훈련을 받고, 사역훈련을 거치면 서로 눈동자만 쳐다보아도 통할 만큼 투명한 관계가 됩니다. 제자훈련을 마쳤는데도 옛날 습관을 못 고치는 분이 있으면 가서 정중히 인사한 뒤 "그만두십시오"라고 말할 수밖에 없습니다. 그런 분들은 자신에게 맞는 교회를 찾아가야 합니다. 이곳에서 '어떤 사람' 노릇을 하게 해서는 안 됩니다.

이와 더불어 사랑의교회는 어느 교구나 다락방 모임에서 낯선 사람을 데려다 놓고 비공식적으로 기도회를 열거나 성경 공부 하는 것을 절대 허용하지 않습니다. 같은 이유에서입니다. 또 성도들이 어디에 가서 무엇을 배우는 것은 개인의 자유이지만, 그 내용이 자칫 위험하다 싶으면 목사가 찾아가 권면합니다. "지금 배우는 것을 중단하시고 우리 교회에서 열리는 교육 과정을 먼저 이수하십시오." 목사의 권면을 따르면 사랑의교회 성도가 되는 것이고, 그렇지 않다면 자기 신앙에 맞는 교회를 찾아가서 조화를 이루며 신앙생활을 하는 것이 마땅합니다.

교회의 체질이라든지 신앙의 색깔은 목회자를 따라가게 되어 있습니다. 만약 경건생활을 깊이 추구하는 목사를 만나면 성도들도 경건생활을 중요하게 여기게 됩니다. 사랑의교회는 하나님의 은혜를 더 많이 강조합니다. 오직 은혜로만 구원받고, 은혜로만 하나님 앞에 나아갈 수 있는 것이지, 아무리 수준 높은 경건생활을 한다 할지라도 그 자체는 내세울 만한 것이 아님을 너무나 뼈저리게 느꼈기 때문입니다. 그래서 예배 순서라든지 격식을 차리는 부분은 그다지 강조하지 않습니다. 그렇다고 해서 교회의 격식을 잘 갖추고, 여러 가지 의식을 진지하게 다루는 목사가 잘못됐다고 생각하지는 않습니다. 각자 받은 은혜가 다르기 때문에 차이가 있는 것입니다.

그러므로 각자 자신의 신앙 기질에 어느 것이 맞는지를 알아야 합니다. 신앙의 배경이 달라서 하나 되지 못하고 서로 이질감을 느낄 수 있기 때문입니다. 그러나 어느 교회에 적을 두고 거기서 신앙생활을 하기로 결심했다면 그 교회 지도자가 인도하는 방향으로 신앙의 동질성을 맞추어가십시오. 이것이 하나님의 교회를 섬기는 바른 자세입니다.

62

예루살렘 회의로 모이다

사도와 장로들이 이 일을 의논하러 모여 많은 변론이 있은 후에 베드로가 일어나 말하되 형제들아 너희도 알거니와(행 15:6-7상)

교회가 어느 정도 실력이 있느냐, 질적으로 얼마나 좋은 교회냐, 교회에 성숙한 자들이 얼마나 있느냐, 지도자가 어느 정도 탁월한 사람이냐 하는 것은 문제가 있을 때 확연히 드러납니다. 조용할 때는 잘 모릅니다. 비행기가 평소처럼 날아갈 때는 기장의 실력을 가늠할 수 없습니다. 그러나 비행기에서 사고가 나면 바로 알 수 있습니다. 기장이 얼마나 탁월한가, 승무원이 얼마나 잘 훈련되어 있는가, 거기에 덧붙여 승객들이 얼마나 침착하게 승무원의 지시를 잘 따르는가가 나타납니다. 교회도 마찬가지입니다.

위기의 순간에 드러난 안디옥교회의 성숙도는 수준급 이상입니다. 개척된 지 얼마 되지 않은 교회가 심각한 갈등을 겪게 되면, 그 교회는 치료하기 어려울 만큼 깊은 상처를 입을 확률이 대단히 높습니다. 교회가 쪼개지든지 일부분이 아예 탈락을 하는 비극적인 상황이 되겠지요. 그런데 안디옥교회는 어땠습니까?

안디옥교회는 무조건 바울이 옳다고 하지 않았습니다. 바나바가 맞는 말을 했다고 하지도 않았습니다. 그렇다고 예루살렘에서 내려온 '어떤 사람들'을 지지하는 것도 아니었습니다. 어느 누구의 말도 지지하지 않았습니다. 대신 이 문제를 예루살렘 사도들과 장로들에게 가져가자는 결정을 내렸습니다. 얼마나 지혜로운 처신입니까? 이런 결정이 내려지자 바울 및 바나바와 유대에서 온 어떤 사람들은 더 이상 대립할 필요가 없게 되었습니다. 이편저편 가를 필요도 없게 되었습니다. 성도들더러 내가 옳다, 네가 옳다 할 필요도 없게 되었습니다. 안디옥교회는 문제를 들고 예루살렘으로 향했습니다. 가서 사도들과 장로들의 판단을 받아 가부간 결정을 하자는 데 의견을 모았습니다.

교회의 질서를 존중하다

　　　　　　　　　　예루살렘의 사도들과 장로들은 남다른 권위를 가지고 있었습니다. 15장 28절을 보면, 예루살렘 총회에서 사도들과 장로들이 모여 내린 결정 사항에 대해 뭐라고 말합니까? '성령과 우리'가 결정했다고 합니다. 어떻게 사도들과 장로들이 모여서 결정해놓고는 그것을 성령의 결정이라고 단언할 수 있을까요? 어떻게 성령께서 결정하셨다고 말할 수 있을까요? 그들에게 영적 권위가 있었기 때문입니다. 성령은 교회에 직분을 주셨습니다. 사도도 성령이 세우셨고, 장로도 성령이 세우셨습니다. 특별히 사도는 예수님이 불러서 하나님 나라의 기초석으로 삼은 특별한 존재였습니다. 하나님께서는 그들에게 특별한 권위, 아무도 침범할 수 없는 특별한 권위를 주셨습니다. 안디옥교회는 그 권위에 복종하기로 결정한 것입니다. 영적 질서를 아는 교회였습니다.

더 큰 권위에 호소하기로 하자 안디옥교회가 잠잠해졌습니다. 분열의 위기를 넘긴 것입니다. 성령이 하나 되게 하신 이 평안을 아주 기가 막히게 지켰습니다. 오늘날 한국교회가 이만한 수준이 되는지는 아직 잘 모르겠습니다.

지역 교회 안에도 질서가 있습니다. 목회자가 있고 장로가 있고, 직분을 맡아서 봉사하는 성도들이 있습니다. 하나님께서는 교회와 교회 사이에도 질서를 주셨습니다. 교단이 있고, 교단 안에 총회가 있고 지역 노회가 있습니다. 그래서 지역 교회가 스스로 해결할 수 없는 문제는 지역 노회로 가지고 갑니다. 거기서 목사들이 모여 의논하고 협의합니다. 노회 수준에서 감당하지 못하면 총회로 가져가서 다루게 됩니다. 그러나 오늘날 이 질서가 다 깨졌다는 사실에 탄식하지 않을 수 없습니다. 영적 권위가 다 무너졌습니다. 노회가 명령하는 것을 지역 교회가 듣지 않습니다. "내가 이 노회에 붙어 있을 이유가 뭐냐, 나는 다른 데로 간다" 하고는 노회에서 나가버립니다. 얼마나 무질서해졌는지 모릅니다.

지역 교회 안에서도 영적 질서를 지키는 것이 참 어렵습니다. 예를 들어 다락방에서 성경 공부를 할 때 순장이 어떤 이야기를 합니다. 그러면 다락방에 들어온 지 얼마 안 된 분 혹은 다른 교회에서 여러 가지를 많이 배우고 오신 분이 가만히 들어보고 자기 생각과 다른 것을 발견합니다. 그래서 이 말로 반박하고 저 말로 반박하다가 나중에는 분위기가 좀 묘해집니다. 순장도 천사가 아닌 이상 참다못해 상한 감정을 드러냅니다.

지혜로운 순장 같으면 "우리가 여기서 이런 문제를 가지고 서로 갈등하고 마음에 금이 가서는 안 되잖아요. 이 문제를 다룰 수 있는 목사님께 물어봅시다. 거기서 해답을 얻으면 되지요" 하면 끝나는 겁니다. 만약 그걸로 만족하지 못하고 당장 이 자리에서 결론을 맺자고 계속 따지면 어떻게 할까요? 그는 교회를 사랑하지 않는 사람입니다. 과연 성령의 은혜를 받으며 살아가고 있는지 의심할 수밖에 없는 사람입니다.

그러면 그런 사람은 다락방에서 어떻게 대해야 합니까? 갈등을 일으킨다고 해서 곧바로 "당신은 질서 의식이 없으니 나가십시오"라고 말할 수 없습니다. 참고 기다려주어야 합니다. 그리고 그를 위해 계속 기도해야합니다. 그러면 처음에는 혼자 다 아는 것처럼 문제를 끄집어내다가 시간이 흐를수록 자신이 너무나 부족하다는 걸 느끼게 됩니다. 성령이 그의 마음에 역사하시면 겸손해집니다. 그렇게 되면 한때 자기도 모르게 잘못한 것을 깨닫고, 스스로 제자훈련도 받고 사역훈련도 받고 순장까지 됩니다.

순장이 되어 새 다락방을 맡았는데 이전의 자기와 꼭 같은 사람이 다락방에 있습니다. 그러면 어떤 마음이 들까요? "아이고, 내가 뿌린 씨 내가 거두는구나"라는 생각이 들 것입니다. 그렇게 되면 그 사람을 얼마나 잘 이해하고 잘 참아줄 수 있겠습니까?

교회 안의 평신도 모임에서 까다로운 교리 문제가 나오면 그 자리에서는 왈가왈부하지 않는 것이 좋습니다. 안디옥교회가 보여준 모범을 따르십시오. 내 편, 네 편 가를 필요도 없고, 옳다 그르다 정죄할 것도 없이 목사에게 가져가면 간단합니다. 목사의 답을 듣고 각자 마음에 계신 성령께서 깨닫게 하시는 대로 순종하면 됩니다.

바울과 바나바를 보십시오. 얼마나 겸손합니까? 바울도 사도입니다. 바울도 계시를 받은 사람이요, 주님을 직접 본 사람이요, 모든 면에서 어느 누구에게도 뒤지지 않는 실력자이지만, 열두 사도와 자신을 비교하지는 않았습니다. 바울은 안디옥교회가 이 문제를 들고 사도들에게 가겠다고 결정했을 때 거기에 복종했습니다. 이것이 성령 받은 사람의 태도입니다. 얼마나 멋있는지 모릅니다. 하나 되는 것을 지극히 사랑하는 마음이 돋보입니다.

> 평안의 매는 줄로 성령이 하나 되게 하신 것을 힘써 지키라(엡 4:3).

그런데 오늘날 교회 안에는 이 말씀을 아주 우습게 생각하는 사람들이 있습니다. 그래서 마음대로 패거리를 만들고 마음대로 행동합니다. 이런 사람들 때문에 교회가 진통을 겪는 것입니다. 그런 사람은 마지막 때에 하나님의 책망을 면할 수 없습니다. 물론 교회 안에서 크고 작은 문제가 얼마든지 일어날 수 있습니다. 인간들이 모였으니까요. 그럴 때마다 안디옥교회를 생각합시다. 말씀을 통해 성령께서 교회에 지혜를 주실 것입니다.

자유 토론과 만장일치

예루살렘 총회에 안디옥교회의 문제가 상정되었습니다. 총회가 문제를 다루는 과정을 한번 봅시다. 성경 안에서 최초로, 또 유일하게 남아 있는 회의 기록 자료가 바로 이 부분입니다.

> 사도와 장로들이 이 일을 의논하러 모여 많은 변론이 있은 후에 베드로가 일어나 말하되 형제들아 너희도 알거니와 하나님이 이 방인들로 내 입에서 복음의 말씀을 들어 믿게 하시려고 오래전부터 너희 가운데서 나를 택하시고(15:6-7).

예루살렘 총회로 사도들과 장로들이 모였습니다. 사도는 예수님이 직접 세우신 제자들이요, 장로는 예루살렘교회가 세운 평신도 대표들이었습니다. 요즘 교회로 치면 목사들과 투표로 뽑은 장로들이 당회를 구성하는 것과 비슷한 형식이었을 것입니다.

7절을 보면 문제를 다루는 첫 장면이 나옵니다. 먼저 '많은 변론'이 있었습니다. 그다음에 사도의 대표로 베드로가 일어나서 견해를 말합니다. 그리고 12절, 온 무리가 가만히 안디옥에서 대표로 온 바나바와 바울이 전하는 그동안의 상황을 들었습니다. 베드로의 견해가 옳고 그른지 검토하기 위해서였습니다. 다시 말해 베드로의 견해가 성령이 뜻하시는 바와 일치하느냐를 분별했습니다. 그다음에 누가 일어납니까? 장로들의 대표로 야고보가 일어나 견해를 피력했습니다. 이 과정을 전부 거치고 나서야 그 자리에 있던 지도자들이 드디어 하나의 합일점을 찾게 되었습니다. 의견 일치를 본 것입니다.

너무나 멋진 장면 아닙니까? 예수 믿는 사람은 회의도 잘해야 합니다. 들을 줄도 알고 말할 줄도 알아야 합니다. 그런데 우리나라 사람들의 약점이 남의 말을 잘 들을 줄 모른다는 것입니다. 자신의 의견은 잘 주장하지만 남의 말은 귀담아듣지 않습니다. 의견 대립이 있을 때 서로의 견해를 들어보고 어느 것이 옳은지 분별하려면 인내와 존중하는 마음이 필요한데, 우리는 흔히 내 말을 상대방이 듣지 않으면 '그는 나를 반대하는 사람'이라 낙인찍고 맙니다. 그래서 토론이 되지 않습니다. 성령의 사람에게는 듣는 은사가 있습니다. 가만히 들으면서 분별하고, 기도하면서 그 의미를 깨닫고 상대방의 의중을 읽고, 그래서 무언가 성령이 주시는 지혜로운 말로 대답하는 은사가 있습니다.

변론이라는 것은 자신의 주장을 관철하는 것이 아닙니다. 성령의 뜻이 어디 있는지 잘 모르니까 대화를 나누는 과정에서 하나님이 어느 것을 옳다고 판단하시는지 살펴보는 자세입니다. 이것은 다른 사람의 말을 존중할 때, 상대방의 말을 이해하려고 노력하는 마음이 있을 때 가능합니다. 그러지 않고 이미 내 마음에 결정한 사항을 끝까지 밀어붙이겠다는 자세로 회의를 진행하면 절대로 결론이 나지 않습니다. 그냥 싸우다가 갈라서는 수밖에 없습니다.

더욱이 안디옥교회의 문제는 교리 논쟁이 아닙니까? 믿음으로 구원받는다는 것은 너무나 자명한 사실입니다. 이것은 어찌 보면 변론할 거리가 아닙니다. 그런데도 베드로를 위시해서 모든 사도와 장로가 인내하며 변론했습니다. 얼마나 본받을 만한 태도인지요. 여기에는 자유 토론 원칙이 적용됩니다. 교리를 놓고 자유 토론한다는 건 어려운 일이지만 당시엔 교리가 거의 정립돼 있지 않았기 때문에 이런 토론이 불가피했습니다.

교리가 무엇입니까? 교리의 원뜻을 알면 참 재미있습니다. 영어로 말하면 'It seems to me…', 곧 '나에게 무엇무엇 같다'라는 뜻입니다. '나에게 그런 것처럼 보인다. 내 생각에는 그런 것 같다'는 말입니다. 교리라는 것은 하나님의 진리에 대한 나의 견해이자 내가 선택한 확신이라고 할 수 있습니다. 그러니 사람마다 성경을 보고 느끼고 받아들이는 면에서 약간 차이가 있을 수 있지 않겠습니까?

사도들이 믿음으로 구원을 얻는다는 명백한 사실을 놓고도 왜 변론을 했을까요? 아무리 자신이 옳다고 생각하더라도 은혜 받은 다른 형제들이 어떤 생각을 하는지, 자신과 생각이 같은지 아닌지 들어보는 것이 마땅하다고 여겼기 때문입니다. 또한 "우리가 한 다락방에서 성령 충만을 받았는데 같은 성령을 받았다면 진리에 대한 견해도 일치할 것이다"라고 확신했기 때문입니다.

들어봤더니 베드로의 견해와 바울 및 바나바의 증언과 야고보의 견해가 일치했습니다. 한 성령께서 주신 깨달음이라는 것이 그야말로 명백해졌습니다. 그래서 그들은 많은 변론을 하고도 결국은 모두 옳다고 생각한 방향으로 결정을 내렸습니다. 결론은 무엇입니까? '오직 구원은 믿음으로 얻는 것이지 율법으로 얻는 것이 아니다'라는 것입니다.

교회 안에서 회의를 할 때는 언제든지 자유 토론의 원칙을 적용하십시오. 당회가 모였을 때에도 중요한 문제는 모두 마음껏 이야기하게 해야 합니다. 옳은 소리든 그른 소리든, 반대 의견이든 찬성 의견이든 다 말할 자유가 있습니다. 이것을 존중하지 않으면 이미 문제는 벌어진 것입니다. 우리나라 민주주의가 아직 성숙하지 못해서 괴로움을 당할 때도 있지만 교회 안에서까지 한 사람의 말, 한 사람의 인격을 무시하는 일은 절대 없어야 합니다. 진정한 총회는 자유 토론과 만장일치제입니다. 베드로와 야고보로부터 모든 사도와 장로에 이르기까지 모두의 의견이 일치해서 결정하고 나면 거기에 아무도 이의를 달지 않았습니다.

그리스도인의 관용

사실 교리 문제에서 전원 일치가 되지 않으면 참 큰일입니다. 행정적인 문제는 견해 차이가 있을 때 투표와 다수결로 결정하면 되지만, 교리 문제는 다수결로 결정할 문제가 아니기 때문입니다.

안디옥교회와 같은 문제가 오늘날 교회 안에서 생긴다면 과연 어떨까요? 예를 들어봅시다. A 목사와 B 목사가 각각 '구원'에 대해 설교할 때 A 목사는 믿음으로 구원을 얻는다고 하고, B 목사는 할례를 받아야 구원을 얻는다고 설교했습니다. A 목사가 강단에서 "오직 믿음으로 구원 받습니다. 아멘입니까?" 하고 설교할 때 성도들은 "아멘" 합니다. 그런데 B 목사가 강단에 올라와 설교할 때 "믿음으로 구원받는 것이 사실이지만 꼭 할례도 받아야 합니다" 하고 강조하면 성도들은 또 "아멘" 합니다. 이런 상황이 벌어지면 교회는 둘 중 한 쪽의 견해를 선택해야 합니다.

그런데 놀랍게도 안디옥교회에는 두 견해가 공존했습니다. 분명히 바리새파 성도들은 예수님을 믿고 난 후에도 반드시 할례를 받아야 한다며 끝까지 고집했습니다. 그런데도 그들을 이단이라고 정죄한 사람이 없습니다. 베드로도 그들을 정죄하지 않았고 바나바와 바울도 그랬습니다. 우리가 볼 때는 뭔가 잘못된 것 아닌가 싶기도 합니다.

그러나 유대교 배경을 가진 사람들은 이미 할례를 받은 자들이어서 바리새파 성도들이 할례를 고집하는 것을 충분히 이해할 수 있었습니다. 바울이 권면한 것처럼 믿음이 연약한 자들을 판단하지 않고 있는 그대로 받아들였습니다. 상대방을 이단이라고 정죄하지 않았습니다. 이와 같은 관용은 오늘 우리에게도 절실합니다.

성도 중에 꼭 세례를 받아야 구원을 얻는다고 주장하는 사람이 있다고 합시다. 아무리 예수를 믿는다고 입으로 시인한다 할지라도 세례를 받지 않으면 구원 못 받는다고 주장하는 사람이 있을 때, "당신은 좀 이단 같다"라고 정죄하면 안 됩니다. 그럴 때는 "아, 그런가요? 그 부분에 대해 우리 함께 생각해봅시다" 하고 말하는 것이 좋습니다.

또 어떤 성도가 꼭 방언을 받아야 구원받은 것이라고 주장한다면, 그걸 놓고 이단이라고 정죄할 필요는 없습니다. 방언이 얼마나 좋으면 그렇게 말하겠습니까? 그런 경우에는 '동의는 안 되지만, 그렇게 생각하는 사람도 있구나' 하는 마음으로 하나 되는 것이 좋습니다. 이렇게 보면 아무리 교단이 달라도 그리스도 안에서 한 형제요, 지역 교회가 제각각 나뉘어 있어도 근본 교리가 아주 잘못되지 않은 이상 모두 한 가족, 형제자매라 인정할 수 있습니다.

사도행전 16장

성경은 교회의 질만 이야기하지 않습니다. 질적으로 든든히 서가는 동시에 양적으로도 불어나는 사실을 꼭 언급합니다. 즉, 질과 양을 같이 표현합니다. 하나님 나라의 부흥에 있어 질적인 것과 양적인 것, 내적인 것과 외적인 것은 빼놓을 수 없는 두 가지 요소입니다.

63

바울을 따라 복음에 참여하다

> 바울이 그를 데리고 떠나고자 할새 그 지역에 있는 유대인으로 말미암아 그를 데려다가 할례를 행하니 이는 그 사람들이 그의 아버지는 헬라인인 줄 다 앎이러라(행 16:3)

바울이 2차 전도 여행을 시작하며 더베와 루스드라를 다시 방문했습니다. 더베와 루스드라가 어떤 지역입니까? 바울이 1차 전도 여행 때 걷지 못하는 자를 일으킨 이적 때문에 신으로 추앙받을 뻔하다가 복음을 전한다는 이유로 돌에 맞아 성 밖으로 버려진 경험을 한 곳입니다.

이곳을 다시 찾은 바울은 놀라지 않을 수 없었습니다. 그렇게 공들여 뿌린 씨앗이 자라나 교회라는 열매를 맺고 있는 모습을 본 것입니다. 전도자에게 아마 이것만큼 뿌듯하고 감격스러운 일은 없을 것입니다.

안식년을 맞아 귀국한 선교사들 중에는 몇 달 지나지 않아 다시 선교지로 돌아가고 싶어 못 견디는 분들이 있습니다. 국내에서 좀 편히 쉴 수 있는데도 굳이 마다하고 선교지로 속히 돌아가려 합니다. 그동안 뿌려놓은 복음의 씨앗들이 잘 자라고 있는지, 땀과 눈물로 키운 교회가 제대로 성장하고 있는지에 온통 마음이 가 있기 때문입니다.

바울은 혹독한 박해를 받으며 전도한 지역에 교회가 자라고 있다는 사실만으로도 감격스러웠지만, 또 하나 그를 감동시킨 것이 있었습니다. 더베와 루스드라를 처음 방문했을 때만 해도 소년이었던 디모데가 어엿한 청년이 되어 있었던 것입니다. 바울은 디모데가 무척 마음에 들었습니다. 그래서 전도자가 되기에는 아직 나이가 어리다는 것도, 그가 할례를 받지 않은 남자라는 것도 아랑곳하지 않고, 무조건 자기 사람으로 끌어들였습니다.

하나님 나라의 계승자

하나님 나라의 일은 한 사람으로 완성되지 않습니다. 면면히 계승되어야 합니다. 그러려면 다음세대가 계속 자라나야겠지요. 그러니 좋은 인재가 있으면 값을 묻지 말고 데려와서 키워야 합니다. 디모데처럼 비록 나이는 어리지만 인격이나 신앙이 돋보이는 젊은이가 복음을 위해 헌신하겠다고 하면 그가 일꾼으로 자라도록 교회가 힘써야 합니다.

지금 한국교회가 겪는 문제 중의 하나는 인재를 키우지 않는다는 것입니다. 인재나 후배를 아낄 줄 모르는 잔인한 풍토는 아마 세계 어느 나라에도 비길 데가 없을 것입니다. 한 사람의 먼 장래를 내다보고 5년, 10년씩, 그야말로 불평 없이 투자할 만한 인내심을 가진 교회가 얼마나 될까요? 사역자가 소신껏 일할 수 있도록 믿고 기다려주며 배려를 아끼지 않는 교회가 얼마나 될까요?

덩치로는 세계가 인정하는 한국교회지만 인재다운 인재가 어디 있습니까? 신학자다운 신학자가 얼마나 있으며, 설교자다운 설교자가 몇이나 됩니까? 키워놓지 않아서 그런 것입니다. 인재가 자랄 수 있도록 교회가 밑거름이 되지 않았습니다. 젊은이가 똑똑해서 무얼 좀 하려고 하면 기성세대에 대한 반발이나 대항으로 생각하고는 정치적으로 눌러버릴 뿐만 아니라 실력을 갈고닦을 수 있도록 도와주지 않는 것이 현실입니다. 우리에게는 인재를 발견할 줄 아는 눈도 필요하고, 한번 인정했으면 끝까지 믿을 줄 아는 신뢰도 필요합니다. 바울과 디모데를 보십시오. 바울은 일평생 디모데를 믿고 지지했으며 디모데도 바울을 떠나지 않았습니다.

영국의 어느 조그마한 마을에 교회가 하나 있었습니다. 목사가 열심히 전도하고 목회를 했는데도 1년 후에 구원받은 사람이 단 한 명뿐이었다고 합니다. 그것도 10대 소년이었습니다. 목사는 실의에 빠져 탄식했습니다. "원, 세상에 이렇게 무력한 목회를 해가지고 내가 어떻게 주님 앞에 고개를 들고 설 수 있을까?"

그런데 이 교회를 통해 예수를 믿게 된 소년이 누구인지 압니까? 바로 아프리카 선교의 터를 닦은 로버트 모파트(Robert Moffat, 1795-1883)였습니다. 그는 인종차별이 심한 남아프리카공화국에 들어가 복음을 전한 최초의 선교사입니다. 그의 사위 역시 아프리카 선교에 헌신한 선교사로, 영국이 자랑하는 데이비드 리빙스턴(David Livingstone, 1813-1873)입니다. 리빙스턴을 키운 사람이 바로 모파트였습니다. 어린 소년 하나가 주님께로 돌아온 사건은 그리 대단해 보이지 않을 수도 있습니다. 하지만 그가 자라서 하나님의 나라를 위해 얼마나 대단한 일을 했는지 보십시오. 사람이 많다고 모두 하나님 나라의 일꾼이 되는 아닙니다. 주님의 손에 붙들린 소수의 사람이 결정적인 역할을 한다는 것을 꼭 기억합시다.

젊은이들을 눈여겨봅시다. 그들과 대화도 자주 못 나누고 깊이 교제할 기회가 없더라도 결코 그들을 무심하게 보아 넘기지 말아야 하겠습니다. 지금 교회 안에서 어떤 사람이 자라고 있는지 알 수 없습니다. 지금 하나님께서 누구를 향해 어떤 계획을 품고 계시는지는 우리가 알 수 없지만 분명 교회를 통해 하나님 나라의 재목감을 키우고 계시리라 확신합니다.

디모데를 키운 8할

디모데는 유대인 어머니의 영향을 받아 어릴 때부터 성경을 알았습니다. 바울이 목회 초년생 디모데에게 이렇게 권면한 것을 보면 알 수 있습니다.

> 그러나 너는 배우고 확신한 일에 거하라 너는 네가 누구에게서 배운 것을 알며 또 어려서부터 성경을 알았나니 성경은 능히 너로 하여금 그리스도 예수 안에 있는 믿음으로 말미암아 구원에 이르는 지혜가 있게 하느니라(딤후 3:14-15).

어머니의 신앙이 자녀에게 미치는 영향력이 얼마나 대단한지요. 신앙적인 면에서 아버지의 영향을 받았다는 사람은 별로 보지 못했습니다. 대부분 어머니의 영향을 받습니다. 그러니 지금 자녀를 기르고 있는 어머니들이 얼마나 위대한 일을 하고 있습니까!

유대교 전통을 따라 성경을 배운 디모데가 어떻게 예수를 믿고 복음 사역에 헌신하게 되었는지에 대해서는 전혀 기록이 없습니다. 그래서 어떤 학자들은 이렇게 추측합니다.

> 디모데의 중생이야말로 부지불식간에 일어난 사건이다. 헬라인이

었던 아버지를 일찍 여읜 디모데는 유대인인 외조모 로이스와 어머니 유니게 밑에서 자라 어릴 때부터 성경을 배웠을 것이다. 로이스와 유니게는 바울의 전도로 예수를 믿게 된 경건한 부인들로 "거짓이 없는 믿음"(딤후 1:5)을 가진 자들이었다. 디모데는 이런 분위기 속에서 자연스럽게 복음을 받아들였기 때문에 큰 변화나 결정적인 계기가 없이도 영적으로 거듭날 수 있었을 것이다.

디모데는 이렇게 특별한 체험 없이도 철저한 믿음과 헌신의 사람이 될 수 있었고, 그의 삶에는 하나님께 받은 뜨거운 소명이 절절히 배어 있습니다.

> 나의 교훈과 행실과 의향과 믿음과 오래 참음과 사랑과 인내와 박해를 받음과 고난과 또한 안디옥과 이고니온과 루스드라에서 당한 일과 어떠한 박해를 받은 것을 네가 과연 보고 알았거니와 주께서 이 모든 것 가운데서 나를 건지셨느니라 무릇 그리스도 예수 안에서 경건하게 살고자 하는 자는 박해를 받으리라(딤후 3:10-12).

십대 시절 디모데는 바울이 고난당하는 것을 보고 자랐습니다. 바울이 낯선 땅에 와서 복음을 전하다가 어떤 핍박을 받고 죽을 고비를 넘기며 교회를 세웠는지 다 보았다는 말입니다. 그래서 바울은 디모데에게 이렇게 말할 수 있었던 것입니다. "네가 다 보지 않았느냐? 그 가운데서 복음이 어떻게 뿌려지고 자라났는지도 네가 다 보지 않았느냐? 또한 주께서 이 모든 박해 가운데서 나를 건지셨다는 것도 네가 알지 않느냐?"

바울은 여기서 그치지 않고 디모데에게 그리스도 예수 안에서 경건하게 살고자 하면 박해를 받을 것이라고 단언합니다. 그러니 디모데가 "나도 바울처럼 복음을 위해 살겠다"라고 다짐하며 마냥 그 길이 평안하리라 기대하지는 않았을 것입니다. 남에게 대접받고 칭찬받는 인생은 꿈도 꾸지 않았을 것입니다. 오히려 언젠가는 자신도 바울처럼 돌멩이에 맞을 것이요, 갖은 위협과 고난을 당하며 자신을 희생할 수도 있다는 각오를 했을 것입니다.

복음에 참여한다는 것

바울은 디모데를 데리고 떠나기에 앞서 그에게 할례를 행했습니다. 평소의 바울 같으면 하지 않을 행동이어서 이 대목은 잘 이해가 되지 않습니다. 구원은 할례나 율법 준수가 아니라 오직 믿음으로 받는다는 주장으로 유대인들의 반감을 샀던 바울이 아닙니까? 이 진리를 위해 목숨까지 걸고 싸우던 바울인데 왜 갑자기 자신의 제자에게 할례를 행한 것일까요?

> 바울이 그를 데리고 떠나고자 할새 그 지역에 있는 유대인으로 말미암아 그를 데려다가 할례를 행하니 이는 그 사람들이 그의 아버지는 헬라인인 줄 다 앎이러라(16:3).

이것은 아직 복음을 알지 못하는 유대인들을 의식해서 한 행동입니다. 하나님의 일꾼은 믿음이 약한 형제들을 배려하기 위해 종종 하지 않아도 되는 일을 해야 할 때가 있습니다. 또 전도의 문을 넓히기 위해 때로는 자기 소신을 굽히고 마음에 없는 일을 하게 될 때도 있습니다.

> 내가 모든 사람에게서 자유로우나 스스로 모든 사람에게 종이 된 것은 더 많은 사람을 얻고자 함이라 … 내가 여러 사람에게 여러 모습이 된 것은 아무쪼록 몇 사람이라도 구원하고자 함이니 내가 복음을 위하여 모든 것을 행함은 복음에 참여하고자 함이라(고전 9:19-23).

바울은 자유인이었습니다. 타인이 원하는 대로 해야 할 의무가 전혀 없는 사람이었습니다. 그런데도 바울은 스스로 모든 사람에게 종이 된다고 말합니다. 유대인들이 꼭 할례를 행해야 한다고 주장하니까 할례를 행하고, 유대인들이 꼭 안식일을 지켜야 된다고 하니까 그들과 함께 있을 때는 안식일도 지켰습니다. 마치 율법 아래 있는 자처럼 행동했습니다. 단 한 명이라도 더 복음을 듣게 하려고 그랬던 것입니다.

디모데는 할례와 무관한 헬라인 자손입니다. 비록 어머니가 유대인이긴 하지만 어린 자녀에게 할례를 고집하지는 않았던 것 같습니다. 그런데 이제 바울을 따라 복음 전도자로 나서려니 할례 문제가 걸렸습니다. 예수 믿고 구원받은 디모데에게 할례는 받아도 그만, 안 받아도 그만이지만 아직 복음을 모르는 유대인들에게는 할례가 대단히 중요한 문제였습니다. 무할례자라고 하면 아예 마음 문을 닫고 복음을 듣지 않으려 할 수도 있기 때문에 바울은 차라리 디모데에게 할례를 행하는 것이 낫다고 판단했을 것입니다.

자기 마음에 있는 일만 하는 것이 꼭 바람직하다고 할 수는 없습니다. 비록 내가 싫어하는 일이라 할지라도 죄가 아니고 형제들에게 유익이 된다면 기꺼이 따르는 것이 그리스도인다운 모습입니다. 내가 원하지 않는 일은 절대로 하지 않겠다는 태도야말로 이기주의 아닙니까? 교회에 덕이 된다면 자신의 소신을 굽힐 줄 아는 것이 교회와 성도를 사랑하는 길입니다.

64

바울의 길을
성령이 막으시다

성령이 아시아에서 말씀을 전하지 못하게 하시거늘 그들이 브루기아와 갈라디아 땅으로 다녀가 무시아 앞에 이르러 비두니아로 가고자 애쓰되 예수의 영이 허락하지 아니하시는지라(행 16:6-7)

하나님의 말씀이 점점 왕성하여 예루살렘에 있는 제자의 수가 더 심히 많아지고 허다한 제사장의 무리도 이 도에 복종하니라(6:7).

그리하여 온 유대와 갈릴리와 사마리아 교회가 평안하여 든든히 서가고 주를 경외함과 성령의 위로로 진행하여 수가 더 많아지니라(9:31).

이에 여러 교회가 믿음이 더 굳건해지고 수가 날마다 늘어가니라 (16:5).

사도행전에서 바울은 결론적인 말을 자주 합니다. 6장에서 예루살렘교회에 대해 말한 다음, 9장에 이르러 유대와 갈릴리와 사마리아 지역에서의 사역이 마무리된 것처럼 이야기를 남기고, 16장에 와서는 아시아 지역의 선교 사역이 어느 정도 마무리되었다고 결론짓습니다. 한 지역의 선교를 마무리한 것입니다.

이와 같은 결론적인 말씀을 보면 성경은 교회의 질만 이야기하지 않습니다. 질적으로 든든히 서가는 동시에 양적으로도 불어나는 사실을 꼭 언급합니다. 즉, 질과 양을 같이 표현합니다.

하나님 나라의 부흥에 있어 질적인 것과 양적인 것, 내적인 것과 외적인 것은 빼놓을 수 없는 두 가지 요소입니다. 질이 좋습니까? 양이 반드시 따라옵니다. 양이 좋습니까? 질이 반드시 따라옵니다. 양적으로 전혀 늘어나지 않는데 질만 좋은 교회가 있습니까? 또는 질적인 면은 좋은데 양적으로 늘지 않는 교회가 있습니까? 성경을 너무 모르고 하는 소리입니다.

그렇다면 '질이 좋다'는 것은 무엇을 의미합니까? 16장 5절처럼 '믿음이 더 굳건해'진다는 뜻입니다. 하나님의 진리가 담긴 말씀을 전적으로 신뢰하는 신앙의 도가 약하지 않고 튼튼하다는 말입니다. 이것은 하나님의 말씀을 배우고 깨닫는 것이 계속 축적될 때 일어나는 일입니다. 자연적으로 나타나는 일이 아닙니다.

> 여러 성으로 다녀갈 때에 예루살렘에 있는 사도와 장로들이 작정한 규례를 그들에게 주어 지키게 하니(16:4).

> 우상의 제물과 피와 목매어 죽인 것과 음행을 멀리할지니라 이에 스스로 삼가면 잘되리라…(15:29).

바울이 여러 교회를 다니면서 가르치고 격려할 당시 이미 예루살렘 총회에서는 몇 가지 중요한 원칙을 정해놓았습니다. 성경에서는 '작정한 규례'라고 표현하고 있습니다. 우상의 제물과 피와 목매어 죽인 것은 먹지 않고, 음행하지 않는 등 몇 가지를 정해 지키라고 했습니다. 바울이 이방 교회를 다니면서 이 규례를 가르칠 때 이제까지 아무런 가책 없이 먹던 사람들이 갑자기 그것을 실천하려 하니 얼마나 어려움이 많았겠습니까? 그러나 바울은 교회에 철저히 가르쳐주었습니다. 교리를 적당히 양보해가면서 가르치지 않았습니다. 오늘날 교회에서 사람들이 듣기 싫어하는 것, 딱딱한 것, 사람들에게 별로 즐거운 마음을 주지 않는 교리 같은 것은 가급적이면 말하지 아니하고 사람들이 즐기고 좋아하는 메시지만 전하는 것과 비교되지 않습니까? 바울은 그런 얄팍한 행동은 하지 않았습니다. 교리를 값싸게 팔아넘기고 사람들이 좋아하는 메시지만 전하지 않았습니다. 그런 철저한 가르침에도 교회는 점점 부흥했습니다. 하나님 말씀의 능력입니다.

바울의 유럽행

소아시아의 교회들이 부흥하자 바울은 소아시아 북부로 가려는 계획을 세웠습니다. 그런데 이 길을 성령이 막았습니다.

> 성령이 아시아에서 말씀을 전하지 못하게 하시거늘 그들이 브루기아와 갈라디아 땅으로 다녀가 무시아 앞에 이르러 비두니아로 가고자 애쓰되 예수의 영이 허락하지 아니하시는지라(16:6-7).

성령이 '말씀을 전하지 못하게' 했다고 합니다. 전도를 못 하도록 막은 것입니다. 이럴 때도 있나요? 물론 있습니다. 그렇다면 왜 막았을까요? 아마도 하나님이 보시기에 이제 소아시아는 바울이 다니며 전도하지 않아도 교회를 통해 자연적으로 복음이 퍼져나갈 만큼 성장했기 때문인 것 같습니다. 그래서 복음이 더 필요한 곳으로 바울을 이끌어가신 것입니다.

바울은 성령의 인도를 받아 유럽으로 갔습니다. 그의 유럽행을 보며 이런 궁금증이 생깁니다. '중대한 결정을 내려야 할 때 하나님의 뜻을 어떻게 분별할 수 있을까?' 또 그것이 성령께서 '하지 말라'고 하신 것인지 사탄의 방해인지 어떻게 구별할 수 있을까요?

바울은 성령이 허락하는 것과 허락하지 않는 것을 구별했고, 사탄이 훼방하는 것도 분명히 알았습니다.

> 그러므로 나 바울은 한 번 두 번 너희에게 가고자 하였으나 사탄이 우리를 막았도다(살전 2:18).

사도행전 21장에서 예루살렘에 올라갈 때도 마찬가지였습니다. 바울의 내면에서는 성령이 '예루살렘으로 가라'고 가르쳐주시는데, 성령의 감동을 받았다고 하는 형제들은 '거기 가면 결박당하고 이방인의 손에 넘겨질 테니 가지 말라'고 울며불며 야단이었습니다. 바울은 그들의 말을 듣지 않고 '죽을 각오로 가겠다'며 끝까지 고집했습니다. 사랑하는 사람들의 입을 빌려 자신이 가야 할 길을 막으려는 사탄의 계략임을 알았기 때문입니다.

사탄의 방해냐 성령의 저지냐

사실 사탄의 훼방은 눈치채기 쉽습니다. 사탄은 주로 외부적인 상황을 이용해서 방해합니다. 내면에 성령이 인도하신다는 확신과 평안이 있는데 외적으로 자꾸 가로막는 일이나 반대하는 목소리가 있습니까? 그러면 십중팔구 사탄의 역사입니다. 기도하는 사람, 말씀 안에 거하는 사람이라면 이 정도는 금세 알 수 있습니다.

분별하기 어려운 것은 성령이 막으실 때입니다. 바울의 경우, 아시아 북부로 가서 전도하겠다는 계획은 결코 나쁜 것이 아닙니다. 복음을 모르는 곳에 가서 전도하는 것은 하나님의 뜻에 합당한 일이니까요. 그런데 마음에 확신이 서지 않고, 평안이 없고, 노력에 비해 도무지 결과가 신통치 않을 때는 하나님께서 막는 것으로 보면 좋습니다.

내적으로 '해야 된다'는 확신을 도무지 갖지 못할 때, 그때가 성령이 막으시는 때가 아닌가 생각합니다. 그럴 때는 자꾸 불안하고 자신감이 없어지고 왠지 하나님 뜻에 일치하지 않는 것 같고, 아무것도 할 수 없을 것 같은 답답한 마음이 들기도 합니다. 이런 경우 사탄의 시험이라기보다 내 안에 거하시는 성령께서 그 일을 하지 않도록 몰고 가신다는 결론을 내릴 때가 많습니다. 이것이 공식이라고 단정할 수는 없습니다만 제 경우는 종종 그랬습니다.

어느 선교사가 어느 지역에 파송되어 수년 동안 전도를 했는데 도무지 열매가 보이지 않았다고 합니다. 그렇게 고생만 하다가 결국은 포기하지 않으면 안 될 지경에 이르러 선교지를 옮기게 되었습니다. 그런데 지역을 옮기고 나서부터 사역의 열매가 풍성하게 나타나기 시작했다고 합니다. 이런 경험을 하고 지난 세월을 돌이켜보며 그는 스스로 결론을 내렸습니다.

"아, 내가 처음에 들어간 지역은 하나님이 허락하시지 않은 곳인데 내 욕심으로 들어간 거였구나. 지금 사역하는 이곳은 하나님께서 처음부터 원하셨는데 내가 싫어서 선택하지 않은 곳이었어. 그래서 수년 동안 아까운 시간만 허비했구나!"

교회를 개척하는 목사도 마찬가지입니다. 어느 지역에 교회를 개척했는데 성도는 모이지 않고 계속 시험과 어려운 일만 생깁니다. 하나님의 일을 하면서 기도하지 않은 것도 아니고 노력하지 않은 것도 아닌데 말입니다. 그럴 때는 성령이 허락하시지 않은 일을 사람의 욕심으로 하려고 한 것은 아닌지, 그래서 하나님이 막으시는 것 아닌지 생각해보아야 합니다. 만약 그 어려움들이 사탄의 훼방이라면 왜 하나님이 도와주시지 않겠습니까? 하나님이 실패하실 분입니까? 우리가 하나님의 뜻대로 움직이려고 하는데 계속 사탄에게 몰리게 놔두시겠습니까? 그렇지 않습니다.

성령이 주시는 열매

저는 성령이 허락하시는 일은 형통한다고 확신합니다. 성령이 하시는 일에는 하나님의 복이 따르는 것이 정상입니다. 혹독한 핍박과 시련 속에서도 바울의 사역에 열매가 풍성했던 이유는 무엇입니까? 바로 성령이 이끄신 일이기 때문입니다.

소아시아에서는 성령이 더는 전도하지 못하게 하셨기 때문에 바울이 브루기아와 갈라디아 땅을 두루 다녀도 열매가 없었습니다. 그러나 두들겨 맞고 감옥에까지 들어간 빌립보에서는 복음의 열매가 맺혔고 감옥에서 풀려나와서도 열매가 풍성했습니다. 어떤 악조건 속에서도 하나님이 함께하신 일에는 반드시 역사가 나타났고 열매가 있었습니다. 그러므로 하나님의 도우심이 없고 수고한 만큼 열매가 맺히지 않는다면 성령이 막으시는 일이 아닌가 점검해보아야 합니다. 하나님 앞으로 나아가 기도하십시오. 주님의 뜻이 아니면 다른 길을 열어달라고 기도해야 합니다.

　하나님은 우리를 그렇게 억지로 끌고 가서 궁지에 빠뜨리는 분이 아닙니다. 우리 하나님이 얼마나 자비로운 분입니까? 우리 하나님이 얼마나 능력이 많습니까? 얼마나 은혜가 풍성한 분입니까? 그분 앞에 나가서 다시 여쭈어봅시다. 자기 아들을 아끼지 아니하시고 우리를 위해 내어주신 하나님이 어찌 우리의 갈 길을 인도해주시지 않겠습니까?

65

복음이 유럽으로 넘어가다

두아디라시에 있는 자색 옷감 장사로서 하나님을 섬기는 루디아라 하는 한 여자가 말을 듣고 있을 때 주께서 그 마음을 열어 바울의 말을 따르게 하신지라(행 16:14)

아시아에서 전도하는 것을 막으신 성령은 바울에게 환상을 보여주셨습니다. 마게도냐 사람 하나가 서서 바울에게 도와달라고 청하는 모습이었습니다. 환상을 본 바울은 하나님이 마게도냐 사람들에게 복음을 전하라고 하신 것이라 확신했습니다.

> 바울이 그 환상을 보았을 때 우리가 곧 마게도냐로 떠나기를 힘쓰니 이는 하나님이 저 사람들에게 복음을 전하라고 우리를 부르신 줄로 인정함이러라(16:10).

이제 바울 일행은 드로아에서 배를 타고 유럽으로 향합니다. 아시아와 유럽은 지중해와 흑해를 잇는 좁은 해협을 사이에 두고 나뉘어 있는데, 해협의 길이가 약 200킬로미터 정도입니다. 그들은 아시아의 드로아에서 배를 타고 출발해 이튿날 유럽의 네압볼리에 도착했습니다. 사도행전 20장 6절을 보면 이 길을 되돌아오는 데 닷새나 걸렸다고 나옵니다. 그러니 첫 항해는 말 그대로 순풍에 돛을 단 듯 날아갔다고 보면 될 것입니다.

바울이 유럽행을 결정하기 전의 상황과 한번 비교해봅시다. 16장 7절을 보면 무시아 앞에서 비두니아로 가고자 애썼지만 길이 열리지 않았습니다. 그의 마음이 얼마나 답답했을까요? 결국 계획했던 길을 포기하고 성령의 인도를 따라가니 바닷길이 환히 열렸습니다. 이런 경험을 해본 성도들은 아마 그 기쁨과 감격이 얼마나 클지 짐작될 겁니다. 이것이야말로 하나님의 자녀가 이 땅에서 누릴 수 있는 기쁨이요 행복입니다. 하나님이 나를 향해 특별한 계획을 세워두시고 내 삶을 한 걸음 한 걸음 인도하고 계신다는 사실을 깨달을 때 마음 가득히 차오르는 평안과 감사가 있습니다.

간절한 기대와 소망을 따라

바울이 전도 여행길에 당했던 현실적인 어려움들을 따져보면 오늘날에 비해 몇 배로 고생스러웠을 것입니다. 사도행전 20장에 나오는 여정, 곧 드로아에서 네압볼리까지 닷새가 걸린 일에 대해 바울은 고린도후서에서 이렇게 말합니다.

> 여러 번 여행하면서 강의 위험과 강도의 위험과 동족의 위험과 이방인의 위험과 시내의 위험과 광야의 위험과 바다의 위험과 거짓 형제 중의 위험을 당하고 또 수고하며 애쓰고 여러 번 자지 못하고 주리며 목마르고 여러 번 굶고 춥고 헐벗었노라(고후 11:26-27).

육신의 피곤은 물론이요 생명의 위험도 마다하지 않고 복음 전하기에 힘쓴 바울은 또 이렇게 고백합니다.

> 나의 간절한 기대와 소망을 따라 아무 일에든지 부끄러워하지 아니하고 지금도 전과 같이 온전히 담대하여 살든지 죽든지 내 몸에서 그리스도가 존귀하게 되게 하려 하나니 이는 내게 사는 것이 그리스도니 죽는 것도 유익함이라(빌 1:20-21).

오늘날 목사를 위시해서 많은 사역자들이 피곤을 무릅쓰고 일합니다. 어떤 때는 쉬지도 못하고 사역을 이어가기도 합니다. 그러나 그런 상황을 바울처럼 기쁘게 받아들이는 사람은 그리 많지 않은 것 같습니다. 바울을 보면 우리는 주를 위해 산다는 말을 함부로 할 수 없습니다. 무엇을 해놓았기에 주를 위해서 헌신했다고 하겠습니까? 무엇을 했기에 주께 충성했다고 하겠습니까? 그저 조그마한 일을 해놓고도 굉장히 큰일을 한 것처럼 교만한 마음을 갖고 공로의식에 사로잡히기도 합니다.

영적 기준을 높이 잡으십시오. 믿음의 선배들이 주를 위해 어떻게 살다 갔는지 살펴보기 바랍니다. 교회가 영적 기준을 낮추면 얼마 지나지 않아 세상과 다를 바 없어집니다. 영적 생활에 대한 표준을 높이 세우고 그 지점에 이르려고 애를 쓸 때 교회가 부패하지 않습니다.

주님이 다시 오실 때가 얼마 남지 않았는데 우리는 몸을 지나치게 사리고 있습니다. 주를 섬긴다고 하면서 내 몸이 피곤하지 않을 정도로만, 내 생활에 방해가 되지 않는 범위 내에서만 하겠다고 생각합니다. 참 부끄러운 모습입니다.

저는 바울에게 머리를 숙입니다. 바울과 함께 이름 없이 빛도 없이 충성한 전도자들에게 머리를 숙입니다. 2,000년 기독교 역사 속에 숨은 보석처럼 박혀 있는 무명의 그리스도인들에게 머리를 숙입니다. 그들은 힘겨운 삶 속에서도 자신의 전부를 주님께 드린 위대한 성도들입니다. 또한 이 땅에 복음을 전하고자 목숨 걸고 달려온 선교사들, 예수 이름을 부르며 십자가를 진 선배 목사님들, 평신도 전도자들께 진심으로 머리를 숙여 경의를 표합니다.

유럽 선교의 초라한 시작

바울 일행은 마게도냐 지방의 첫째가는 성 빌립보에 도착해 며칠을 머물렀습니다. 빌립보는 큰 성입니다. 그리고 자유도시였습니다. 로마 정부의 지배를 받았지만 대단히 번성한 도시였습니다.

바울의 전도 스타일은 이미 보았듯이 어느 도시에 가든지 회당을 근거지로 삼고 먼저 유대인을 상대로 복음을 전했습니다. 그런데 빌립보에서는 아무리 찾아도 회당이 보이지 않았습니다. 유대인이 별로 없었기 때문입니다. 클라우디스 황제가 로마에서 유대인들을 전부 쫓아낼 때 빌립보에서도 같은 정책으로 유대인들을 다 축출해 버린 것입니다. 소수의 유대인 여인들만 남았든지 아니면 헬라인이면서도 유대교로 개종한 경건한 사람들이 살았을 뿐 유대인은 별로 없었습니다. 그래서 회당도 없었습니다.

바울과 그의 동료들은 안식일에 회당을 찾으려고 노력했지만 헛수고만 했습니다. 그런데 수소문해보니 문밖 강가에 주일이 되면 여인들이 모여 기도를 한다는 소문을 들었던 것 같습니다. 그들은 기도처가 있는지 알아보려고 강가로 갔습니다. 강가에 도착한 일행의 눈에 여인들 몇 명이 모여 유대교 의식을 따라 예배드리는 모습이 보였습니다.

> 안식일에 우리가 기도할 곳이 있을까 하여 문밖 강가에 나가 거기 앉아서 모인 여자들에게 말하는데(16:13).

이 말씀에서 '우리'는 바울과 바울의 주치의이자 사도행전을 기록한 누가, 바울이 안디옥교회에서 데리고 온 실라와 디모데 이렇게 네 사람을 말합니다. 바울과 동료들은 아마도 여인들에게 자신들을 하나님의 말씀을 가르치는 선생이라고 소개했을 것이며, 여인들은 말씀을 부탁했을 것입니다. 바울 일행은 돌아가면서 말을 한 것 같습니다. 서로 대화를 나누었을 수도 있고, 어쩌면 토론을 했을지도 모릅니다. 네 명의 전도자와 몇 명인지 모를 여자들이 둘러앉아 어떤 주제를 놓고 바울이 이끄는 대로 서로 이야기를 주고받은 것 같기도 합니다.

바울과 함께 간 동역자들이 이 여인들을 얼마만큼 성의 있게 대했는지는 모릅니다. 사실 바울로서는 지금 대단히 큰일을 시작한 것입니다. 이 일은 유럽 선교의 시작이었습니다. 유럽에 건너와서 드디어 하나님의 복음을 전하는데 첫 대상이 평범한 여자 몇 명이었습니다. 몹시 초라한 시작입니다. 대상이 여자들이어서 무시할 수도 있었을 것입니다. 수가 적어서, 남자가 없어서 안 되겠다고 포기할 수도 있었습니다. 게다가 회당이 아닌 강가 모래 바닥에 둘러앉아 전도할 수밖에 없는 환경이었습니다. "이런 곳에서 무슨 선교냐?" 하고는 무시할 수도 있었을 것입니다.

인간인지라 시험이 들 수 있지 않겠습니까? 좀 더 영향력이 큰 사람, 많은 대중을 대상으로 일하고 싶은 욕심, 좋은 장소에서 남자 몇을 불러와서 시작하고 싶은 마음이 들 수 있었을 텐데 그들은 그렇게 하지 않았습니다. 대상은 부인들이었지만 그들은 둘러앉아 진지하게 복음을 전했습니다. 16절부터 이후의 말씀을 보면 알 수 있습니다. 바울 일행은 안식일에만 강가를 찾지 않고 그날로부터 시작해 여러 날 동안 찾아갔습니다.

지금 우리가 대하고 있는 이 말씀은 기독교가 아시아에서 유럽으로 넘어간 시점을 기록한 것으로, 오늘날 기독교적인 유럽 문명이 탄생하게 된 계기를 보여줍니다. 강가에서 남자 서너 명하고 여자 몇 명이 둘러앉아 무엇인가 이야기를 주고받는 모습을 보면서 저 장면이 앞으로 20세기에 기독교 서구 문명을 꽃피우는 하나의 출발점이 될 것이라고 누가 상상이나 했겠습니까? 아시아를 앞지르고 아프리카를 앞지르고 결국에는 모든 문명을 앞질러 세계를 지배하게 될 문명이 지금 이곳에서 일어나고 있는 것을 눈치챈 사람이 있겠느냐는 말입니다. 온 세계를 복음화하는 큰 불꽃이 저 조그마한 모임에서 점점 피어오르리라는 것을, 그 시간 강가를 지나가는 사람들 중에 어느 누가 알아차릴 수 있었을까요?

너무나 위대한 일이 지극히 초라한 데서 시작되었습니다. 그러나 바울을 위시한 하나님의 종들은 환경이 초라하다고 그 일에 태만하지 않았고 사람 수가 적다고, 혹은 여자들만 모였다고 그 일을 등한히 하지 않았습니다. 모든 일에 최선을 다했습니다. 오늘날 교회도 이런 점을 배워야 합니다. 하나님 나라를 위한 일은 경중을 따질 수 없습니다. 또한 작은 일에 충성할 때 큰일을 맡을 수 있다는 사실을 알아야 합니다.

임금이 대답하여 이르시되 내가 진실로 너희에게 이르노니 너희가 여기 내 형제 중에 지극히 작은 자 하나에게 한 것이 곧 내게 한 것이니라 하시고(마 25:40).

하나님의 음성을 듣고 가책을 받는다면 회개해야 합니다. 지난날 상대방이 보잘것없어 보이는 사람이라고 해서, 환경이 별 볼 것 없다고 해서 대충 하고 넘어간 적은 없습니까? 교회에서 주님의 일을 하면서도 나에게 주어진 사명이 다른 형제들과 비교해 너무나 초라해 보이고 사람들에게 인정받지 못하는 것 같아 불평하며 적당히 넘어가는 일은 없었는지 깊이 생각합시다. 사소하고 하찮게 보이는 일에 주의해야 합니다. 누구든지 큰일에는 실수하지 않습니다. 항상 영적으로 실수하는 부분은 작은 일입니다. 더욱이 교회가 대형화된 오늘을 살고 있는 성도들이 자칫 빠질 수 있는 위험은 작은 일, 하찮게 보이는 일에 주의하지 못하고 최선을 다하지 못해서 큰일까지 망치는 것입니다. 주님의 뜻에 합당하게 되기를 원한다면 사소한 것, 보잘것없는 것, 작은 것, 남이 주의하지 않는 것에서 중요한 보석을 골라낼 줄 아는 눈이 있어야겠습니다.

첫 열매가 된 루디아

바울과 선교사들이 부인 몇 사람을 대상으로 강가의 모래 바닥에 앉아 대유럽 선교를 시작하면서 그들에게 무엇을 기대했을까요? 평범한 사람에게서 비범함을 발견할 줄 안다면 그보다 더 멋진 일은 없을 것입니다. 바울은 강가에 앉아 있던 여인들 중 유럽 선교의 첫 열매가 될 루디아를 발견했습니다.

루디아는 소아시아에 있는 두아디라성 출신으로 자색 옷감을 파는 상인이었습니다. 당시 자색 옷은 왕족이나 귀족들이 주로 입는 고급 옷감이었으니 루디아는 제법 부유한 사업가였던 것 같습니다. 그가 바울 일행에게 자기 집에 와서 유하라고 간청한 것을 봐도 그렇습니다. 그때나 지금이나 장정 넷에게 선뜻 숙식을 제공할 정도면 형편이 어느 정도 되어야 가능하지 않습니까?

그는 이방인이지만 '하나님을 섬기는' 사람이었습니다. 루디아가 신앙생활을 하는 데 유리한 점이 있었다면 남편이 없었다는 것입니다. 14-15절을 보면 사업을 꾸리며 집안의 주인 역할을 하고 있습니다. 혼자 사는 것이 신앙에 도움이 될까요? 그렇습니다. 전심으로 주님을 바라볼 수 있도록 마음이 준비되기 때문입니다.

바울이 말한 것처럼 '어떻게 하면 남편을 기쁘게 할까, 어떻게 하면 남편의 비위를 맞출까' 하는 생각에 자꾸 마음이 갈리는 사람보다 '예수님이 나의 남편이요 나의 소망'이라 여기는 사람이 아무래도 신앙생활을 잘합니다. 봉사도 참 열심입니다. 그래서 우리 주님이 그들에게만 주는 특별한 위로가 있는 것을 자주 보았습니다. 하나님은 참 공평하십니다. 땅의 것을 조금 덜 가지는 대신 영적인 것을 더 많이 주시니 말입니다.

반면 루디아의 신앙에 지장을 줄 만한 요소는 직업과 재산이었습니다. 큰 사업을 벌일 만큼 능력도 있고 재산도 있었으니 자기 자신을 믿고 자기의 소유를 의지하기 쉬웠을 것입니다. "강가에서 여자들끼리 모여서 기도하는 게 뭐 그리 대단한 일인가? 한 번쯤 안 가도 그만이지. 안식일이라고 모일 만한 회당이 있나, 신앙을 이끌어 줄 지도자가 있나? 사업이나 열심히 해서 돈 좀 더 버는 게 낫지." 이런 식으로 마음이 기울어질 수도 있지 않겠습니까?

그러나 루디아를 보십시오. 안식일마다 기도하러 강가에 나갔습니다. 일상적으로 반복되던 그 시간 그 자리에 마침내 하늘의 복이 쏟아져 내렸습니다. 예수 그리스도를 만나는 기적이 일어난 것입니다. 루디아는 유럽에서 제일 먼저 예수를 믿게 되는 영광을 얻었습니다. 빌립보교회의 개척자가 된 것입니다. 성실하게 주님 앞에 나아가면 언젠가는 하나님이 준비하신 큰 은혜를 받을 것입니다.

교회 안에는 두 부류의 신자가 있습니다. 하나님이 마음을 열어주셔서 중생한 사람이 있고, 혹은 자기가 억지로 열어서 중생한 체하는 사람이 있습니다.

하나님이 마음을 열어주신 사람은 섬기기를 좋아합니다. 자신의 형편이 어떻든지 간에 예수 안에서 형제들을 섬기는 일에 항상 기쁨으로 나서게 됩니다. 하나님이 마음에 풍성한 은혜를 주시기 때문입니다. 반대로 중생한 척하는 사람은 예수를 믿는다고 하면서도 항상 이기적이고 섬기기를 싫어합니다. 예수 그리스도의 사랑과 은혜를 제대로 모르기 때문입니다.

교회 안에는 서로 섬겨야 할 일이 많고, 교회 밖에도 손을 내밀어 붙들어주어야 할 사람들이 많습니다. 하지만 억지로는 안 됩니다. 아무리 교회가 전도와 구제를 많이 한다 해도 성도들의 마음이 예수 그리스도의 은혜에 완전히 사로잡히기 전에는 잘 안 됩니다.

하나님이 마음을 열어주신 루디아는 섬김의 본을 보였습니다.

> 그와 그 집이 다 세례를 받고 우리에게 청하여 이르되 만일 나를 주 믿는 자로 알거든 내 집에 들어와 유하라 하고 강권하여 머물게 하니라(16:15).

루디아의 가정은 이후 빌립보교회의 모태가 되었습니다. 섬김의 은사를 받은 루디아 때문일까요? 빌립보교회 또한 섬기는 일에 앞장서는 교회가 되었습니다. 한 사람이 바로 서니까 교회의 전통이 바로 선 것입니다. 그래서 빌립보교회는 바울에게 큰 위로가 되는 교회, 바울이 끝까지 신뢰하는 교회라는 칭송을 받게 되었습니다.

66

점치는 귀신 들린
여종을 만나다

우리가 기도하는 곳에 가다가 점치는 귀신 들린 여종 하나를 만나니 점으로 그 주인들에게 큰 이익을 주는 자라(행 16:16)

회당이 없던 빌립보에서 바울 일행은 매일 강가의 기도처로 나가 복음 전하는 일에 전력을 쏟았습니다. 그런데 예측 못한 일이 일어났습니다. 귀신이 들려 점을 치는 여인이 바울 일행을 따라다니며 고래고래 소리를 지르는 것입니다.

귀신 들린 사람이 소리를 지르면 얼마나 섬뜩한지 모릅니다. 사복음서를 보면 귀신 들린 사람들이 예수님을 만날 때마다 천지가 떠나갈 듯이 비명을 질렀던 것을 알 수 있습니다. 이 여인도 아마 비슷한 증세가 아니었나 생각됩니다. 이 여인은 팀의 리더인 바울에게 집중적으로 달려들어서 그를 방해하고 소리쳤습니다.

> … 이 사람들은 지극히 높은 하나님의 종으로서 구원의 길을 너희에게 전하는 자라 하며(16:17).

이 거리 끝에서 저 거리 끝까지 따라다니며 소리를 지르니 바울로서는 무척 곤란한 상황이 되었습니다. 여러 날을 시달리던 바울이 견디다 못해 귀신을 쫓아내는 역사를 일으켰습니다. 그 결과 여인은 귀신에게서 풀려났지만, 그의 주인들은 돈벌이할 길이 막히자 화가 잔뜩 났습니다. 그들은 바울과 실라를 붙잡아 광장 법정으로 끌고 갔습니다.

> … 이 사람들이 유대인인데 우리 성을 심히 요란하게 하여 로마 사람인 우리가 받지도 못하고 행하지도 못할 풍속을 전한다 하거늘(16:20-21).

바울과 실라는 여기서 평생 잊지 못할 태장을 맞았습니다.

점치는 것은 귀신의 일

성도들 중에도 다급한 일이 닥치면 점을 한 번 쳐볼까 하는 유혹을 받는 이들도 없지 않을 것입니다. 심지어 습관처럼 때마다 일마다 점집에 찾아가는 이들도 있을 것입니다.

점치는 것은 인간의 앞날을 미리 알려주는 초자연적 능력입니다. 그런데 이 일은 귀신이 하는 일입니다. 역대하 33장을 보면 유다의 므낫세왕이 범한 죄가 나옵니다.

> … 또 점치며 사술과 요술을 행하며 신접한 자와 박수를 신임하여 여호와 보시기에 악을 많이 행하여 여호와를 진노하게 하였으며 (대하 33:6).

점치는 것이나 요술을 행하는 것이나 신접하는 것이나 무당을 신임하는 것은 모두 하나님이 싫어하시는 행위입니다. 하나님 보시기에 악한 일이며, 하나님을 진노하게 한다고 성경은 말합니다.

대표적인 예가 이스라엘의 초대 왕 사울의 일입니다(삼상 28:3-25). 블레셋 군대가 쳐들어오자 다급해진 사울왕은 예전에 자기가 이스라엘 땅에서 쫓아냈던 신접한 여인을 찾아갔습니다. 죽은 사무엘 선지자를 불러내 자신이 어떻게 해야 할지 물어보려고 한 것입니다. 놀랍게도 사무엘의 영이 땅에서 올라와 하나님의 뜻을 한 번 더 말해줍니다.

그런데 이것은 순전히 사탄의 역사입니다. 신접한 여인이 부른 것은 죽은 사무엘의 영이 아닙니다. 사탄이 사람들을 현혹하는 하나의 수단일 뿐입니다. 우리는 영계에 대해 무지합니다. 좀 안다고 해도 얼마나 알겠습니까? 영계의 일은 인간에게 매우 취약한 부분입니다. 그래서 유혹을 받기 쉽습니다.

사탄 혹은 귀신이 점치는 능력을 가졌고, 그래서 사람이 혹할 만한 이야기를 할 수는 있습니다. 그것도 상당히 잘 알아맞힐 수 있습니다. 거짓 사무엘의 영이 사울왕에게 하나님의 뜻을 그대로 말했습니다. 또 귀신 들린 자가 예수님을 만났을 때도 주저하지 않고 "당신은 하나님의 아들이니이다"라고 말했습니다. 본문의 귀신 들린 여종도 사도 바울이 '구원의 길을 전하는 자'라는 사실을 다 알고 있지 않습니까? 이처럼 귀신도 다 알고 있습니다.

그러나 아무리 귀신이 우리의 장래를 점치고, 또 사람들이 솔깃할 만한 말을 한다 해도 귀신이 그렇게 하는 목적, 악령이 그렇게 하는 꿍꿍이는 따로 있습니다.

악한 자의 나타남은 사탄의 활동을 따라 모든 능력과 표적과 거짓 기적과 불의의 모든 속임으로 멸망하는 자들에게 있으리니 이는 그들이 진리의 사랑을 받지 아니하여 구원함을 받지 못함이라(살후 2:9-10).

말세에 사람들을 유혹하는 악한 자들은 '사탄의 활동을 따라 모든 능력과 표적과 거짓 기적'으로 행한다고 합니다. '능력, 표적, 기적' 이 세 단어는 원래 메시아를 언급할 때 주로 나오는 표현입니다. 말세에 나타나는 악령의 역사가 얼마나 강한지, 마치 하나님의 아들이 행하는 것과 흡사해 보인다는 말입니다. 그러나 명백히 다른 점은 악령의 역사가 '거짓 기적'과 '불의의 모든 속임'이라는 것입니다. 사탄의 목적은 사람을 속이는 데 있습니다. 오직 속여서 파멸시키는 것뿐입니다.

예수 이름으로 점친다?

예수 안 믿는 점쟁이가 귀신의 힘을 빌려 이런 일을 행하면 사탄의 속임수라는 것을 쉽게 알 수 있는데, 문제는 성령의 이름으로 혹은 예수의 이름으로 점을 치는 것은 분별하기가 쉽지 않다는 사실입니다. 신앙 안에서 점을 치는 것과 비슷한 행태는 절대 용납할 수 없습니다. 기도를 100번 했든 금식을 40일 했든 간에 점치는 일로 사람을 유혹하는 것은 사탄의 역사일 뿐 절대 성령의 역사가 아닙니다.

여호와께서 말씀하셨다고 하는 자들이 허탄한 것과 거짓된 점괘를 보며 사람들에게 그 말이 확실히 이루어지기를 바라게 하거니와 그들은 여호와가 보낸 자가 아니라 너희가 말하기는 여호와의 말씀이라 하여도 내가 말한 것이 아닌즉 어찌 허탄한 묵시를 보며 거짓된 점괘를 말한 것이 아니냐(겔 13:6-7).

하나님을 빙자해서 환상을 보았다 하고 점괘를 말하는 자는 거짓 선지자입니다. 그들은 여호와의 이름을 들먹여 거짓을 믿게 합니다. 우리 주님이 다시 오시면 이런 자들은 빗자루로 쓸 듯 완전히 쓸어버리실 것입니다.

내가 또 복술을 네 손에서 끊으리니 네게 다시는 점쟁이가 없게 될 것이며(미 5:12).

주님이 오실 때가 가까워지면 사람들이 예수의 이름으로 죄를 범합니다. 그들은 주님께 이렇게 외칠 것입니다. "주여, 우리가 길에서 주의 이름으로 귀신을 쫓아내며 주의 이름으로 일하지 않았습니까? 그런데 왜 우리를 모른다고 하십니까?" 그러면 주님은 이렇게 말씀하실 것입니다. "불법을 행하는 자들아 내게서 떠나가라"(마 7:23).
성령의 역사와 점치는 역사를 착각하는 것은 그야말로 하나님의 이름을 모독하고 성령을 왜곡하는 것입니다. 성경 어디에 한 사람을 앉혀놓고 당신 사업 잘되겠다, 안 되겠다, 당신 아들 합격하겠다, 못하겠다, 당신 배 속에 있는 아기가 아들이다, 딸이다 하며 점치는 내용이 있습니까? 점치는 것은 귀신의 일입니다.
아무리 우리 앞길이 불투명하고 사방의 문이 굳게 잠긴 것처럼 답답한 상황이라 할지라도 점치는 사람을 찾아가서는 안 됩니다. 어찌할 바를 모를 때일수록 하나님과 직접 만나려고 애쓰고, 말씀을 통해 주님이 깨닫게 하시는 진리를 붙들려고 노력해야 합니다. 이런 노력을 기울이는 것이 정 힘들다면 하나님이 환상과 꿈을 통해서라도 직접 보여주시기를 기도하십시오. 왜 하나님의 자녀가 귀신에게 가서 물어야 합니까?

겁에 질린 귀신

귀신 들린 여종이 바울과 실라를 보고 그들이 어떤 사람인지 소리치며 공개한 이유는 무엇일까요? 이러한 현상은 복음서에서도 흔히 볼 수 있습니다. 귀신 들린 사람이 예수님을 만나 견디지 못하고 소리를 지르면서 '하나님의 아들'이라고 고백한 일도 있습니다. 성경은 마지막 날 예수 그리스도의 보좌 앞에 가면 모든 죄인이 자기 입으로 자기 잘못을 자백한다고 합니다. 묻지도 않았는데 벌벌 떨며 다 말한다는 것입니다. 무언가 도무지 숨길 수 없는 압박감을 느끼기 때문입니다.

우리는 영계에 대해 잘 모릅니다. 하지만 분명한 사실은, 예수 믿는 사람들이 예수의 이름으로 모여 무슨 일을 시작하려 하면 귀신들이 못 견딘다는 것입니다. 귀신 들린 여종은 바울을 '지극히 높은 하나님의 종'이라고 정확하게 밝혀주었습니다. 이것은 사탄이 예수 믿는 사람을 보면 그가 하나님께 속한 자라는 신분을 정확히 알아챈다는 사실을 말해줍니다. 우리가 신분에 걸맞은 자세로 하나님께 충성한다면 마귀는 감히 우리를 건드리지 못합니다. 그러나 우리가 하나님의 자녀답게 행동하지 않으면 사탄은 여지없이 그 사람을 유혹해냅니다.

바울은 귀신 들린 여종이 소리치지 못하게 했습니다. 구원의 길을 전파하는 사람이라고 선전해주는데 왜 못하게 막았을까요? 예수님도 자신을 하나님의 아들이라고 소리치는 귀신에게 입을 다물라고 명령하셨습니다. 왜 그랬을까요?

복음을 전파하기 위해 사탄의 도움을 받을 이유가 전혀 없기 때문입니다. 하나님의 아들, 존귀하신 예수 그리스도의 이름이 마귀의 입을 통해 증명될 필요도 없습니다. 아무리 마귀가 옳은 말을 한다고 해도 마음의 동기는 속이는 것이요, 유혹하는 것이기 때문에 우리가 거기에 이용당해서는 안 됩니다.

귀신 들린 자가 예수 이름을 찬송한다 할지라도 성령은 오직 한 가지 방법밖에 사용하지 않습니다. 꾸짖는 것입니다. 입 다물라고 꾸짖는 것 외에는 없습니다. 하나님은 사탄의 입을 통해 영광을 받지 않으십니다. 아무리 바른말이라도 사탄의 입에서 나오는 말로는 하나님의 역사가 이루어지지 않습니다.

감옥을 뒤흔든 찬송

귀신 들린 여종에게서 귀신을 쫓아낸 바울과 실라는 여종의 주인들에게 잡혀 법정으로 끌려갔습니다. 거기서 매를 많이 맞고 감옥에 갇혔습니다. 그러나 그들은 낙심하지 않았습니다.

> 한밤중에 바울과 실라가 기도하고 하나님을 찬송하매 죄수들이 듣더라(16:25).

그들은 매를 맞아도 하나님께 경배했습니다. 아무리 역경 가운데 놓였다 하더라도 하나님 앞에서 찬양하고 기도하는 것이야말로 인간이 해야 할 가장 소중한 일임을 모든 죄수 앞에 보여주었습니다.

당신은 찬양하는 모습을 통해서 모든 인생에게 찬양할 의무가 있다는 것을 알려주고 있습니까? 수시로 기도하는 모습을 통해 기도가 얼마나 거룩한 행위인지 보여주고 있습니까? 그들은 감옥에서 그 일을 했습니다. 삶 전체가 감옥에 갇힌 것처럼 최악의 상황이라 하더라도 하나님 앞에 기도하고 찬양하십시오. 그것이 하나님의 능력을 부르는 역사입니다. 우리 삶을 옥죄고 있는 감옥의 문을 활짝 여는 일입니다.

바울과 실라가 억울하게 매를 맞고 감옥에 들어갈 때 이들의 모습은 어땠을까요? 결코 서두르지 않았습니다. 왜 그러냐고, 억울하다고 항의하지도 않았습니다. 매를 때리면 맞고, 감방에 처넣으면 들어가고, 전부 다 맡겨버렸습니다. 그 이유가 무엇입니까? 생명의 주인이신 주님께 인생 전부를 맡겨놓았기 때문입니다. 우리 삶을 주님께 맡기고 나면 안달할 것도 없고 불평할 것도 없습니다. 그저 편안한 마음으로 따라가면 됩니다.

바울과 실라는 하나님께서 왜 자신들을 감옥에 가두셨는지 이유를 알지 못했습니다. 그러나 거기에는 하나님의 뜻이 있다고 믿었기에 기도하고 찬양했습니다. 하나님의 자녀에게 뜻 없이 일어나는 일은 없습니다. 우리 삶을 향한 하나님의 선한 목적과 뜻이 반드시 있고, 그 때문에 일어나는 일들만 있습니다.

바울과 실라는 찬양하고 기도했습니다. 몇 시간이 지나지 않아 하나님이 뜻하신 바가 드러났습니다. 바로 감옥의 간수와 그의 가족이 구원받은 일입니다.

상상해보십시오. 바울이 매를 맞고 감옥에 들어왔을 때 기도하며 찬송했다고 했습니다. 아마 감옥이 울리도록 큰 소리로 찬송을 불렀나 봅니다. 주위에 있던 죄수들이 찬송 소리를 들을 정도였으니까요. 이때 갑자기 큰 지진이 나서 땅이 움직이고 감옥 문이 열렸습니다. 자다 깬 간수는 옥문이 열린 것을 보고 크게 당황했습니다. 죄수들이 도망갔다고 생각했기 때문입니다. 책임을 다하지 못했다는 생각에 간수는 칼을 빼어 자결하려 했습니다. 이때 바울이 간수를 말렸습니다.

> 바울이 크게 소리 질러 이르되 네 몸을 상하지 말라 우리가 다 여기 있노라 하니(16:28).

이 소리에 놀란 간수는 등불을 들고 감옥 안으로 뛰어 들어가 벌벌 떨며 바울과 실라 앞에 엎드렸습니다.

> … 선생들이여 내가 어떻게 하여야 구원을 받으리이까…(16:30).

간수는 바울과 실라에게 복음을 듣고, 그 밤에 두 전도자를 자기 집으로 데려갔습니다. 그는 두 전도자의 매 맞은 자리를 씻겨주고, 음식까지 후하게 대접했습니다. 그리고 바울의 선포대로 그와 그의 온 가족이 구원을 받는 역사가 일어납니다.

> 이르되 주 예수를 믿으라 그리하면 너와 네 집이 구원을 받으리라 (16:31).

하나님은 놀라우신 분입니다. 그분은 고난을 통해서도 이렇게 엄청난 일을 이루십니다. 우리는 예수 그리스도께 속한 사람입니다. 귀신 들린 여종이 소리친 것처럼 우리는 하나님의 종입니다. 그러므로 하나님은 그분이 원하시는 대로 우리를 사용하십니다.

어떤 때는 좋은 일로 우리를 사용하시지만, 어떤 때는 피하고 싶은 고난을 통해서도 하나님께서는 자신의 선하신 목적을 이루십니다. 그러므로 어떤 상황에 처하든지 바울과 실라처럼 하나님께 다 맡깁시다. 이렇게 산다면 얼마나 평안하고 의연할 수 있을까요? 또 조급하게 안달하는 사람들을 이끌어줄 수도 있을 겁니다. 하나님께서 이런 사람들을 통해 더 큰 일을 이루실 것입니다.

사도행전 17장

데살로니가교회는 그 지역 전체를 위해 하나님이 주신 어떤 역할을 감당하지 않으면 안 되는 상황에 있었습니다. 바울은 그 사실을 알았습니다. 가장 영향력을 끼칠 수 있는 곳에 먼저 투자하고 강조하라는 이 원리는 평신도 훈련에도 적용됩니다.

67

간절한 마음으로
말씀을 받다

> 베뢰아에 있는 사람들은 데살로니가에 있는 사람들보다 더 너그러워서 간절한 마음으로 말씀을 받고 이것이 그러한가 하여 날마다 성경을 상고하므로(행 17:11)

바울 일행은 빌립보를 나와서 데살로니가까지 약 68마일을 걸어갔습니다. 68마일이면 거의 110킬로미터입니다. 이들의 여정은 한 도시에서 복음을 전하다가 핍박을 받으면 다음 도시로 옮기는 방식이었습니다. 다행히 당시 로마제국이 닦아놓은 도로가 있어 그 길을 따라 움직였던 것 같습니다. 지도를 보면 빌립보와 데살로니가, 베뢰아는 거의 일직선상을 이룹니다.

> 그들이 암비볼리와 아볼로니아로 다녀가 데살로니가에 이르니 거기 유대인의 회당이 있는지라(17:1).

1절에서 유심히 볼 부분은 "암비볼리와 아볼로니아로 다녀가"입니다. 이 두 곳은 지도에 나타나지 않을 정도로 작은 도시였습니다. 그런데 왜 암비볼리와 아볼로니아에서는 전도를 하지 않고 그냥 지나갔을까요? 작은 성이든, 큰 성이든 구원받아야 할 영혼들이 분명히 있을 텐데 말입니다.

전략적 접근

바울 일행이 암비볼리와 아볼로니아를 그냥 거쳐 간 이유는 두 가지로 볼 수 있습니다. 하나는, 이 도시들에 회당이 없었기 때문입니다. 주로 회당을 전도의 거점지로 삼고 복음을 전하던 바울 일행은 빌립보에서 회당이 없어 고전한 경험이 있습니다. 그래서 데살로니가에 이르러 회당을 발견하고는 그리로 들어간 것이 아닌가 생각됩니다.

또 하나는 지정학적인 이유입니다. 이왕 복음을 전할 바에는 거점이 될 만한 곳에 먼저 전해서 그 주변으로 흘러가도록 하는 것이 좋지 않겠습니까? 연못 중앙에 돌멩이를 던지면 물결이 연못 전체로 퍼져나가는 것과 같은 이치입니다.

마게도냐로 건너온 바울 일행은 어느 성에서 복음을 전해야 지역 전체에 영향을 줄 수 있을지 전략적으로 고민했을 것입니다. 그리고 데살로니가에서 복음을 전하면 자연스럽게 암비볼리와 아볼로니아로 확산될 것이라고 생각했던 것입니다. 그 근거는 데살로니가전서 1장에서 찾을 수 있습니다.

> 그러므로 너희가 마게도냐와 아가야에 있는 모든 믿는 자의 본이 되었느니라 주의 말씀이 너희에게로부터 마게도냐와 아가야에만 들릴 뿐 아니라 하나님을 향하는 너희 믿음의 소문이 각처에 퍼졌으므로 우리는 아무 말도 할 것이 없노라(살전 1:7-8).

바울의 짐작이 맞았습니다. 데살로니가교회의 믿음이 마게도냐와 아가야뿐만 아니라 각처에 두루 소문이 나서 믿는 자의 본이 된 것입니다. 데살로니가에 뿌린 복음의 씨앗이 자라 바울이 복음을 전하지 못하고 지나친 도시에까지 확산된 것입니다. 오늘날에도 전도를 하든 교회 개척을 하든 이런 전략을 무시할 수 없습니다.

사실 사랑의교회를 시작할 때는 이런 면을 전혀 생각하지 못했습니다. 강남을 택한 이유도 그저 처음에 함께한 성도 몇 분이 강남에 사셨기 때문입니다. 그런데 어느 때쯤 와서 가만히 보니 하나님께서 이 교회를 통해 하시는 일들이 심상치 않아 고민하게 되었습니다. 저는 아주 작은 꿈을 가지고 섬기고 있었는데 이렇게 소극적으로 해서는 하나님 앞에 죄송할 것 같다는 생각이 들었습니다. 시간이 흐를수록 이런 부담감은 커져만 갔습니다. 지역적으로 봐도 그렇고, 성도들의 성향을 봐도 그렇고, 또 그때까지 한국과 미국 한인 교회에 퍼져 있는 소문을 보아도 그렇고, 정말 '사랑의교회가 모범을 보이지 않으면 안 되겠구나' 하는 것을 뒤늦게 깨달았습니다.

데살로니가교회는 그 지역 전체를 위해 하나님이 주신 어떤 역할을 감당하지 않으면 안 되는 상황에 있었습니다. 바울은 그 사실을 알았습니다. 가장 영향력을 끼칠 수 있는 곳에 먼저 투자하고 강조하라는 이 원리는 평신도 훈련에도 적용됩니다.

사랑의교회에서 실시하고 있는 제자훈련은 원한다고 모든 사람이 받을 수 있는 하나의 프로그램이 아닙니다. 훈련자를 모집할 때는 여러 가지 자격을 따집니다. 나이 제한이 있고, 소명의식이 있어야 할 뿐만 아니라, 목회자와 단독 면담을 통과해야만 훈련을 받을 수 있습니다. 훈련을 받기도 전에 꽤나 괴롭힌다는 생각이 들 정도로 까다롭습니다. 하지만 교회 입장에서 볼 때는 소수의 사람을 키우고 그 사람을 통해 영향력을 미치는 부분을 고려하지 않을 수 없습니다.

영혼은 다 평등하고, 가치 있고, 모두 다 관심의 대상이지만 하나님의 법칙을 보면 큰 영향을 끼칠 수 있는 사람에게 먼저 투자하고, 큰 영향을 끼칠 수 있는 지역에 먼저 복음을 투입하는 것이 맞습니다. 바울이 빨리 로마에 가야 되겠다, 빨리 스페인에도 가야 되겠다고 간절하게 사모했던 이유도 다 이런 전략 때문이었습니다.

그래서 저는 뒤늦게나마 사랑의교회가 데살로니가에 있었던 교회처럼 하나님 앞에 쓰임받는 데 중심 역할을 감당하게 해달라고 기도했습니다. 그것이 하나님께 영광이요, 성도에게는 삶의 의미와 보람이 될 것이라고 확신했기 때문입니다.

뜻을 풀어 증명하다

바울은 자기의 관례대로 데살로니가 회당에 들어가 말씀을 전했습니다.

> 바울이 자기의 관례대로 그들에게로 들어가서 세 안식일에 성경을 가지고 강론하며 뜻을 풀어 그리스도가 해를 받고 죽은 자 가운데서 다시 살아나야 할 것을 증언하고 이르되 내가 너희에게 전하는 이 예수가 곧 그리스도라 하니(17:2-3).

이 부분에서 '강론하며', '뜻을 풀어', '증언하고' 등 몇 개의 단어를 봅시다. 바울은 성경을 가지고 강론했습니다. 강론한다는 말에는 뒤에 이어지는 것처럼 '뜻을 푼다'는 의미가 포함되어 있습니다. 또한 바울은 증명했습니다. 그리고 결론을 내렸습니다.

바울은 복음의 뜻을 풀어서 완전히 납득이 되도록 증명하고 정확하게 결론을 맺는 방법으로 회당에서 유대인들에게 복음을 전했습니다. 바울이 이렇게 말씀을 전하는 방법은 예수님과 똑같습니다. 예수님도 가버나움 회당에서 이사야서를 강론하실 때 이 방법을 사용하셨습니다. 메시아에 관한 성경을 펴놓고 그것을 전부 읽은 뒤 "구약에서 하나님이 예언하신 메시아가 어떤 분인가를 함께 연구해 보자" 하시고는, 구약을 잘 아는 유대인들 앞에서 메시아의 인격과 죽음, 부활과 고난의 의미 등 메시아와 관련된 것들을 하나하나 구약을 통해 입증하셨습니다. 그런 다음 그 메시아가 누구인가 결론을 내렸습니다. 바로 나사렛에서 나신 예수 그리스도라고 말입니다.

뜻을 풀어 증명하고, 논증하고, 그다음에 결론을 내리는 이 방법은 참 유용합니다. 많은 성도가 성경을 읽으면서 무조건 감정적인 충족감을 느끼려고 애쓰기 때문입니다. '아, 기쁘다', '아, 그것 재미있구나', '야, 내게 정말 위로가 되는구나' 하는 식으로 말입니다.

그러나 지성을 이용해 냉정히 뜻을 파악하고, 논리적으로 정리해서 확신을 얻는 전반 부분이 생략되면 안 됩니다. 목회자들도 이런 면을 등한시하는 경향이 있습니다. 한마디로 뜻을 풀어 먼저 이해를 시켜야 합니다. 이해가 되면 생각이 바뀌지 않습니까? 바뀐 생각은 자연스럽게 감정으로 드러납니다. 평소 미워했던 사람을 이해하게 되면 '아, 저 사람은 나쁜 사람이 아니었구나' 하며 생각이 바뀌고, 마음에 그를 사랑하려는 감정이 싹트게 됩니다.

먼저 생각을 바꾸어야 합니다. 생각을 바꾸기 위해서는 뜻을 풀어 증명하고 해석하는 단계가 필요합니다. 그것이 전제가 된 다음 '기쁘다', '흐뭇하다', '감사하다'는 감정적인 반응이 나와야 합니다. 하지만 그렇지 않은 경우가 허다합니다. 설교자도 어떻게든 사람들의 감정적인 욕구를 충족하겠다는 조급함으로 예화를 들어가며 성도들을 웃기고 울리다가 나중에 성경 몇 구절을 이야기하고는 설교를 끝내버리는 경우가 있습니다. 그런 것은 은혜가 아닙니다. 날마다 밑 빠진 독에 물 붓는 식입니다.

감동을 받기 전에 먼저 자신의 생각을 바꾸도록 노력해야 한다는 것을 다시 한번 기억합시다. 이해하면 감정은 자연히 따라옵니다. 하나님의 말씀이 좀 어려운 것 같아도 깊이 이해하고 깨달으면 감격은 뒤따르게 되어 있습니다. 찬송할 때 박수 치지 말라고 해도 자신도 모르게 박수를 칩니다. 웃으라고 하지 않아도 얼굴이 환하게 밝아집니다. 그것이 바른 은혜요, 하나님 말씀의 정도를 걸어가는 사람입니다. 그렇지 않고 생각은 바뀌지 않았는데 감정만 불러일으키려고 하는 것은 참 천박한 방법입니다.

성경을 읽을 때도 그런 유혹을 받습니다. 마음이 착잡하고 답답하고 답이 안 나올 때, 시간을 들여서 말씀을 읽고 연구하고 뜻을 생각하려 하기보다는 어떻게 하든지 마음에 훅 들어오는 한 구절을 찾으려고 정신이 없지는 않습니까? "내가 너를 사랑하노라. 두려워 말라, 무서워 말라. 내 오른손으로 너를 붙들리라" 같은 내용의 말씀으로 그저 위로만 받고자 애를 쓸 때가 많습니다.

간절함으로 받고

바울 일행은 데살로니가에서 또다시 핍박을 받아 베뢰아라는 도시로 갔습니다. 베뢰아는 데살로니가에서 약 50마일 떨어진 곳입니다. 베뢰아에도 역시 회당이 있었고 바울 일행은 그곳에 들어가 말씀을 전했습니다.

> 베뢰아에 있는 사람들은 데살로니가에 있는 사람들보다 더 너그러워서 간절한 마음으로 말씀을 받고 이것이 그러한가 하여 날마다 성경을 상고하므로(17:11).

참 묘한 말씀입니다. 베뢰아 사람들이 데살로니가 사람들보다 너그러웠다고 합니다. 만약 데살로니가 성도들이 이 부분을 읽었다면 얼마나 화가 났을까요? 성경에 두 가지를 나란히 비교하며 어느 것이 덜하다, 못하다 말한 예는 이 부분밖에 없습니다. 사도행전을 기록한 누가가 보기에 양쪽 도시의 성도들이 얼마나 차이가 많이 났으면 이렇게 노골적으로 비교를 해놓았을까요?

베뢰아 사람들이 데살로니가 사람들보다 너그러워 보였던 이유가 있습니다. 우선 베뢰아 사람들에게는 바울이 전하는 말씀을 사모하며 알고자 하는 간절함이 있었습니다. 진리를 알려고 간절히 사모하는 사람과 전하니까 할 수 없이 듣는 사람을 비교해보면 어느 쪽이 더 너그러워 보이겠습니까?

설교를 듣는 성도들을 보아도 그런 마음이 듭니다. 눈동자와 표정을 보면 그저 전하니까 듣는 사람인지, 말씀을 알고 싶어서 듣는 사람인지 구별할 수 있습니다. 후자의 경우는 눈동자가 반짝반짝합니다. 대인관계에서도 대화를 나눌 때 상대방의 말에 귀를 기울이고 고개를 끄덕끄덕 하면서 눈동자를 마주보며 관심을 깊이 갖는 사람과, 대화가 언제 끝나나 하는 표정을 지으면서 건성으로 듣는 사람을 중에 어느 쪽이 더 너그러워 보입니까? 관심 있게 들어주고 마음을 열어 받아주는 사람이 훨씬 더 너그럽다는 것은 당연한 이야기입니다. 하나님 앞에서도 마찬가지입니다.

게다가 베뢰아 사람들은 말씀을 듣는 데서 끝나지 않고 후속 작업을 했습니다. 그들은 바울로부터 예수 그리스도에 대해 듣고 난 후에는 날마다 바울이 전한 말씀과 성경을 비교하며 상고했고, 또 회당에 모여서 검토하고 질문도 했습니다. 이렇게 해서 그들 나름대로 다시 한번 터를 다지는 일을 했습니다. 베뢰아 사람들이 데살로니가 사람들보다 너그러웠다는 것은 곧 그들이 더 지적인 사람들이었다는 뜻입니다.

무엇인가 듣고 나서 들은 것으로 만족하지 않고 자기 나름대로 다시 확인하려는 사람은 상당히 지적인 사람입니다. 그런 사람들은 데워지는 데 좀 시간이 걸립니다. 베뢰아 사람들이 바로 그러했습니다. 진리를 스스로 확인하기 전에는 완전하게 받아들이지 않겠다는 약간의 경계심을 가지고 있었습니다.

그리스도인들이 베뢰아 사람들의 태도를 본받았으면 좋겠습니다. 즉흥적인 것이 좋을 때도 있습니다. 전하는 사람을 그대로 신뢰하고, 비판 없이 받아들이며 반응하는 것도 어느 면에서는 좋습니다. 그러나 감정이 빨리 동하는 사람은 빨리 식습니다. 반면 데워지는 시간이 길더라도 차분히 말씀을 가지고 정리를 해가면서 자기 나름대로 확신을 얻는 사람은 어지간해서 잘 식지 않으며, 잘 움직이지도 않고 변하지도 않습니다. 참 고상한 모습입니다.

'이것이 그러한가'

오늘날 너무나 많은 사람들이 너그럽지 못한 태도로 설교를 듣고 성경을 대합니다. 연구하는 자세가 없습니다. 시간을 투자하지 않습니다. 조금만 어려우면 못 듣겠다며 고개를 흔들어댑니다. 사탄은 언제나 우리를 향해서 하와에게 한 질문을 그대로 던집니다. "하나님이 정말 이 선악과를 먹지 말라 하더냐?

하나님이 정말 염려하지 말라고 하더냐? 야, 그것은 교회에서나 하는 이야기야. 어떻게 인간인데 염려를 안 하겠니?"라고 말입니다.

왜 하나님이 주신 우수한 지능을 사용하지 않습니까? 왜 성경을 검토하고 연구하는 열심이 없습니까? 말씀을 통해 은혜를 깨달은 그리스도인이 열심만 있다면 참 많은 면에서 성장할 것입니다. 설교를 듣고 그 말씀을 스스로 확인할 때까지 다시 한번 씨름하는 모습이 필요합니다. 소가 풀을 뜯고 나서 우물우물 다시 씹는 것을 '반추한다'라고 표현합니다. 소가 반추하는 것과 같이 우리도 성경을 새김질합시다. 이것이 베뢰아 사람들의 태도였습니다.

듣는 데서 끝나지 말고 확인합시다. 확신이 설 때까지 확인합시다. 확신이 선다면 그 말씀은 우리에게 찬송이 됩니다. 기도 제목이 됩니다. 나에게 무기가 되어서 남이 약할 때 도와줄 수 있는 유용한 자료가 됩니다. 또한 마귀를 쫓는 성령의 검이 됩니다. 우리 자신이 확신하는 말씀이 아니라면 아무 쓸모가 없습니다. 성경을 아무리 들고 다녀도 베뢰아 사람처럼 스스로 확인하고, 확신하고, 꼭 쥔 말씀이 아니고는 어떤 상황에서도 쓸모가 없습니다.

너그럽게 깊이 말씀을 확인하고 연구하는 자세가 결여된 곳에는 아주 얄팍한 반응을 보이는 사람들이 많습니다. 즉흥적으로 반응하고 자신의 상식으로 비판하고, 자기 기분에 따라 말하는 사람들이 많습니다. 그래서 데살로니가 회당 안에는 바울을 핍박하는 유대인들이 있었습니다. 반면 베뢰아에서는 어떠했습니까? 사람이 너그러울 때는 그런 야비한 태도를 취하는 사람이 훨씬 적습니다.

교회가 말씀에 대해 너그러워지면 야비한 행동을 하는 사람들이 줄어듭니다. 그만큼 진지하고 그만큼 성숙하기 때문입니다. 오늘날 교회들이 이렇게 말씀을 너그럽게 대한다면 데살로니가에 있던 일부 유대인들처럼 과격하게 감정적으로 말하는 사람이 생겨나지 아니할 것입니다. 은혜롭게 심사숙고하고 모든 면을 포용하고 이해하려는 너그러운 자세를 가진 그리스도인들이 많을 때 교회는 더욱더 은혜를 수용할 수 있고, 많은 사람에게 유익을 줄 수 있습니다.

68

철학자의 도시에서 변론하다

바울이 아덴에서 그들을 기다리다가 그 성에 우상이 가득한 것을 보고 마음에 격분하여 회당에서는 유대인과 경건한 사람들과 또 장터에서는 날마다 만나는 사람들과 변론하니(행 17:16-17)

베뢰아 사람들은 데살로니가 사람들보다 너그러웠지만 그곳에서도 역시 핍박은 일어났습니다. 바울은 베뢰아를 떠날 결심을 하고 아덴으로 향했습니다. 아덴은 오늘날로 치면 그리스 아테네를 말합니다. 바울이 아덴으로 들어갈 때는 혼자였습니다. 디모데와 실라는 베뢰아에 남아 있다가 나중에 아덴으로 왔고, 바울은 이들을 다시 각각 데살로니가와 빌립보로 보냈습니다.

아덴은 지금까지 바울이 말씀을 전했던 도시들과는 근본적으로 다른 특색이 있었습니다. 바울이 아덴에 대해서 모를 리가 없었겠지만, 막상 가보니 생각보다 독특한 면을 갖고 있었을 것입니다.

당시만 해도 아덴은 경제적으로나 정치적인 면에서 고린도보다 못했지만, 예술과 학문으로는 유럽 전역에서 앞선 도시였습니다. 바울 당시의 아덴은 이미 찬란한 그리스 문화의 중심지로서 1,200여 년의 역사를 자랑했습니다. "로마가 비록 정치적으로는 헬라를 정복했을지 모르지만 문화적으로는 헬라에 패배했다"라는 유명한 말이 있을 정도로 헬라의 아덴 문화는 세계적이고 또 인류 역사에서 커다란 역할을 했습니다. 또한 고대의 문화가 그렇듯이 아덴의 문화와 예술은 종교와 불가분의 관계에 있었습니다. 그래서 우상과 신전, 신화 같은 예술 작품들이 많았습니다. 특히 아덴은 모든 것을 신으로 보는 범신론이 뿌리를 내리고 있었습니다.

이런 신관을 가지고 있는 아덴이었으니 그 도시의 분위기가 어떠했을까요? 역사가들은 아덴을 이렇게 묘사했습니다. "아덴에 있는 우상의 수는 헬라 전역에 있는 우상의 수보다도 더 많다." "바울이 들어간 아덴이라는 곳은 도시 전부가 신에게 드리는 하나의 제단이다." 이처럼 아덴에 우상이 가득했다는 사실은 성경뿐만 아니라 역사가들의 말을 통해서도 확인할 수 있습니다. 그러니 실제로 얼마나 우상이나 제단이나 신전이 많았는지는 상상조차 할 수 없습니다.

도시를 한 바퀴 둘러본 바울은 수많은 우상과 신전을 보고 견디지 못할 만큼 분노했습니다. 눈 뜨고 볼 수 없는 현상 앞에서 참을 수 없는 의분을 느꼈습니다. 하나님의 자녀만이 느낄 수 있는 의분이요, 영적으로 깨어 있는 사람만이 갖게 되는 분노입니다. 이 분노는 하나님 편에 서서 바로 살려고 하는 사람들이 세상을 볼 때 느끼는 것입니다.

만약 바울이 대한민국에 온다면 어떤 마음을 갖게 될까요? 크고 작은 십자가가 밤하늘을 물들일 만큼 교회가 많습니다. 그렇지만 우리는 십자가 아래 어두운 곳이 얼마나 부패하고 있는지를 알아야 합니다. 요란한 유흥가의 불빛을 보면 마음에 분노가 일어나야 합니다. 그런데 우리는 그런 현상을 당연한 것처럼 여기고 그냥 넘어갑니다. 감각이 무뎌졌습니다. 아덴에서 바울이 느꼈던 분노가 마음에 일어난다면 우리는 타락한 문화에 도전할 것입니다. 복음을 들고 정복하려는 의욕을 가질 것입니다.

이런 분노가 우리 마음에 없다면 우리는 이미 싸우기를 포기한 사람이나 다름없습니다. 바울처럼 변론은 하지 못하더라도 하나님 앞에 소리 내어 부르짖는 불같은 마음이 있어야 하겠습니다. 모든 그리스도인이 이와 같은 분노를 가지고 사회 구석구석에 들어가서 잘못을 바꾸어놓겠다는 생각으로 일하고 말하고, 행동한다면 이 나라와 사회는 변화될 것입니다. 바울의 분노가 우리 마음에도 심기길 바랍니다. 성령께서 우리 마음에 분노의 불길을 일으켜주시도록 기도합시다.

철학자들에게 전도하다

아덴에서 바울의 전도 방법은 두 가지였습니다. 회당에 들어가서는 유대인을 만나서 전도하고, 장터로 달려가서는 날마다 만나는 사람과 변론했습니다.

> 회당에서는 유대인과 경건한 사람들과 또 장터에서는 날마다 만나는 사람들과 변론하니(17:17).

바울이 장터에서 만난 전도 대상자는 에피쿠로스와 스토아 철학자들이었습니다(17:18). 소위 지성인들이라고 할 수 있습니다. 그들은 너무나 유식해서 자신의 지적 수준에 못 미치는 것에는 아예 관심도 두지 않았고, 무언가 배울 것이 있거나 새로운 것이어서 들을 만하다 싶을 때에만 귀를 기울였습니다.

에피쿠로스 철학자들은 무신론자들로, 쾌락을 최고선으로 여겼습니다. 쾌락을 누릴 수만 있다면 어떤 수단과 방법도 가리지 않았습니다. 영혼은 물질이고, 사람이 죽으면 모든 것이 무로 돌아간다고 생각했기 때문에 사후 심판이나 내세는 믿지 않았습니다. 한마디로 현세주의자들이었습니다. 한편 스토아 철학자들은 범신론자들이었습니다. 그들은 영혼도 물질이라고 생각해서, 사람이 죽으면 그 영혼은 기운처럼 날아가 신적인 존재인 이성과 하나가 된다고 보았습니다. 이성을 최고의 도덕적인 판단 기준으로 삼았으며, 이성에 따라 생각하고 행동하다 보면 완전해질 수 있다고 믿었습니다.

향락주의로 흐른 에피쿠로스 철학자들과 이성으로만 판단하는 스토아 철학자들 앞에 바울이 섰습니다. 신(神)관도 다르고, 세계관도 다르고, 가치관도 다릅니다. 생의 목적도 다릅니다. 그러나 바울은 이들을 외면하지 않았습니다. 하나님의 진리를 그들에게 심기 위해 끝없는 변론도 사양하지 않았습니다. 이런 바울에게 아덴의 지성인들이 매력을 느꼈습니다. 그래서 그들은 바울을 아레오바고로 데려갔습니다.

> 그를 붙들어 아레오바고로 가며 말하기를 네가 말하는 이 새로운 가르침이 무엇인지 우리가 알 수 있겠느냐(17:19).

아덴은 아크로폴리스와 아고라 두 곳을 중심으로 도시가 형성되어 있습니다. 그리고 그 가운데 지역을 '아레오바고'라고 불렀습니다. 우리나라로 말하면 서울의 광화문 네거리 정도가 될 것입니다. 그곳에는 지성인들이 모여 하루 종일 철학적인 주제로 토론하고 변론하며 자기의 주장을 발표했던 광장이 있었습니다. 바울이 드디어 그들과 함께 앉았습니다.

한번 생각해봅시다. 만약 당신에게 쟁쟁한 지성인들이 모인 장소에서 복음을 전할 기회가 주어진다면 어떻게 하겠습니까? 이런 상황에 놓인다면 누구나 긴장할 것입니다. 바울도 조금 긴장한 것 같습니다. 바울의 메시지를 가만히 들여다보면 '예수'라는 단어는 한 번도 등장하지 않습니다. '십자가'라는 말도 안 나옵니다. 아주 묘하게 이야기를 끌고 갑니다. 어떤 학자들은 17장 32절에 나오는 이유 때문에 설교가 중단되어 그렇다고 봅니다.

> 그들이 죽은 자의 부활을 듣고 어떤 사람은 조롱도 하고 어떤 사람은 이 일에 대하여 네 말을 다시 듣겠다 하니.

사람들이 바울의 메시지를 조롱하고 비웃고 우습게 여겼던 모양입니다. 그래서 말을 계속할 수 없는 상황이 되었던 것 같습니다. 이런 이유로 그가 복음을 전할 수 있는 기회를 놓쳤다고 해석하는 사람이 있습니다. 상당히 일리가 있는 이야기입니다. 그러나 그 전까지의 내용을 보면, 바울이 복음을 전할 기회를 놓쳤다기보다는 아덴에서 조금 다른 형태로 메시지를 전한 것처럼 보입니다. 철학적으로 접근한 것입니다.

지성인들과 함께하는 분위기에서 예수님을 전하려고 할 때 자칫하면 유혹에 빠집니다. 신학교를 갓 졸업했을 때의 일입니다. 서울대 의대 교수들과 학생들의 모임에 초청을 받았습니다. 한번 생각해보십시오. 이제 겨우 신학교를 나온 풋내기 전도사가 뛰어난 지식을 갖춘 사람들 앞에 서는 상황이었습니다. 무엇을 어떻게 해야 하나 고민하고 또 고민하다가 책을 잔뜩 쌓아놓고는 유식해 보이는 내용을 뽑고, 듣기에 유치하지 않을 정도로 문장을 만들면서 그들의 수준에 맞도록 손질하고 다듬고 밤새도록 법석을 떨었습니다. 준비된 것을 읽어보니 유명한 사람들 이름도 나오고 제법 그럴싸했습니다. 이 정도면 모임의 참석자들이 귀를 기울여 주겠구나 하는 마음이 들었습니다. 모임에 가는 동안에도 얼마나 긴장을 했겠습니까? 집에서 원고를 몇 번이나 읽고 외웠습니다.

드디어 설교를 하러 단상에 올라갔습니다. 그런데 도무지 입이 열리지 않았습니다. 눈앞이 캄캄해졌습니다. 청중이 듣는지 마는지 도대체 분간도 안 되고, 마음은 답답하고, 나중에는 부끄러워서 쥐구멍에라도 들어가고 싶은 심정이었습니다. 한 20분 땀을 뻘뻘 흘리면서 준비한 원고를 다 읽었습니다. 얼마나 속이 상했는지 모릅니다. 그저 소박하게 예수님을 전하면 될 텐데 인간적인 생각을 앞세우다 함정에 빠진 것이었습니다.

한국교회는 한때 지성인들을 무시한 채로 지내왔습니다. 상대하기가 영 거북스럽기 때문입니다. 그들을 위한 준비도 없고, 그들을 꼭 구원해야겠다는 절실한 마음도 없으면서 도리어 지성인들이야말로 구원받기 어려운 존재라고 생각했습니다. 아직도 상당수의 교회 안에서는 지성인들을 위한 대비책이 없는 것을 봅니다. 공부를 많이 한 분들, 철학적이고 약간 회의적이면서 좀 까다로운 사람들이 교회에 들어오면 대부분 따돌림을 받게 됩니다. 그래서 아직도 많은 지성인들이 교회 밖에 있습니다.

교회는 책임을 느껴야 합니다. 예수님이 죄인들을 찾아왔고, 천한 자들을 찾아왔기 때문에 우리가 그분을 본받아 낮은 자, 죄인들을 찾아가는 것도 하나님이 기뻐하시겠지만, 물질이든 지식이든 무언가 가진 사람들을 외면하고 지나가서는 안 됩니다. 그들도 복음이 필요한 사람들입니다.

실패한 메시지, 성공한 메시지

아덴에서 전한 바울의 전도가 성공이냐 실패냐에 대해서는 두 가지 견해가 맞서고 있습니다.

먼저 성공했다고 보는 편은 '사람들이 얼마나 예수 믿고 돌아왔는가?'처럼 눈에 보이는 것으로만 성공의 여부를 따질 수 없다고 전제합니다. 바울이 아덴에 심은 복음이 나중에 어떤 역할을 했는지 우리는 잘 모릅니다. 17장 34절을 보면 몇 사람이 그와 가까이했다고 합니다. 이 말은 풀로 붙였다는 것과 같은 뜻입니다. 어느 정도로 바울에게 매력을 느끼고 찰싹 달라붙었으면 풀로 붙여놓은 것같이 친해졌다는 표현을 했을까요?

그들은 바울이 전하는 복음을 믿었습니다. 그중에는 아레오바고 관원인 디오누시오가 있었습니다. 그는 아레오바고의 열두 재판관 중 하나였습니다. 다마리라는 여자도 있었습니다. 재판관들과 자리를 함께한 여성이라면 적어도 아덴의 지도급 인물임이 분명합니다. 디오누시오와 함께 다마리라는 여성이 예수 믿고 돌아왔다는 것은 바울의 메시지가 일단 성공한 것이라고 보는 견해의 결정적인 근거가 됩니다.

반대로 바울이 실패했다고 하는 사람들의 견해는 이렇습니다. 우선 바울의 메시지 자체가 무엇인가 부족하다고 말합니다. 바울이 아덴에서 나와 고린도에 왔을 때 고백한 말을 보면 알 수 있습니다.

> 형제들아 내가 너희에게 나아가 하나님의 증거를 전할 때에 말과 지혜의 아름다운 것으로 아니하였나니 내가 너희 중에서 예수 그리스도와 그가 십자가에 못 박히신 것 외에는 아무것도 알지 아니하기로 작정하였음이라(고전 2:1-2).

아덴에서 돌아온 바울은 고린도에서 개척하며 의미심장한 말을 했습니다. 고린도에서의 고백이 아덴에서 선교한 것과 별로 관계가 없으면 연결할 필요가 없지만, 아덴의 선교를 실패했다고 보는 사람들은 이 고백에 아덴에서 메시지를 잘못 전한 것을 후회하는 마음이 담겨 있다고 봅니다. 그리고 바울이 실패했다고 보는 사람들은 여기서 세례 받았다는 말이 없다는 것과, 교회가 설립되었다는 말이 전혀 없는 것을 또한 그 근거로 삼고 있습니다. 차라리 바울이 덜 지성적이었다면 아덴에서 성공했을 것이라는 말도 합니다. 오히려 워낙 지식수준이 뛰어났기 때문에 논리적으로 상대에 맞섰고, 그러다가 결국 실패했다고 말합니다.

어떤 면에서는 그렇습니다. 전도를 하든지 목회를 하다 보면 아주 유식한 사람에게는 도리어 아주 무식한 목사가 통할 때가 있습니다. 지식수준이 높은 성도들이 많이 모이는 교회에 고학력을 지닌 목사가 부임하면 좋은 점도 있지만 상당 부분 너무 이론적이고, 냉랭하고, 서로 재다 보니 교회에 활기가 없습니다. 차라리 약간 무식한 목사가 들어가서 체면이고 뭐고 일단 들으라 하는 식으로 복음을 전하면 오히려 그 메시지가 사람을 붙들고 역사를 일으킵니다.

지식으로 복음을 전해야겠다는 유혹을 받으면 실패합니다. 그러므로 말씀을 가지고 있는 사람은 항상 소박한 복음에 의지해야 합니다. 자기의 지성에만 의지한다면 복음이 약화될 위험이 대단히 높습니다. 다루기 거북한 사람을 만난다면 철학적인 이론으로 맞서려고 하지 말고 소박하게 예수 그리스도와 십자가로 맞서야 합니다. 그럴 때 듣는 사람의 마음속에서 역사가 일어납니다.

너희가 알지 못하는 신

바울이 전한 메시지의 주제는 '알지 못하는 신'이었습니다. 그리고 접촉점은 종교성이었습니다. "아, 여러분들을 보니까 종교성이 대단히 많군요" 하며 인정한 다음 "천지와 우주를 만드신 신께서는" 하고 서두를 꺼냅니다. 메시지의 흐름을 보면 무언가 겨냥했다는 것을 읽을 수 있습니다. 바울의 메시지는 간단했습니다.

> 너희들이 알지 못하는 신을 내가 이야기해주마. 그 신이 누구냐 하면 창조주다. 창조한 다음 이 우주를 붙들고 지탱하시는 섭리자요 통치자다. 하나님은 우주를 만드신 분이기 때문에 우주 속에 그분의 모습이 나타나 있고, 그분은 우리와 가까이 계신다. 그러나 아덴 사람들아, 너희는 종교성이 대단히 많은데도 이때까지 하나님을 찾지 못했구나. 고작 찾은 것이 알지 못하는 신이냐? 고작 찾은 것이 돌로 만든 우상이냐?

바울의 메시지 배후에는 그들에 대한 비판이 숨어 있습니다. 또한 아덴 사람들이 모르는 것을 이제 가르쳐주겠다는 의지가 담겨 있습니다.

> 이는 정하신 사람으로 하여금 천하를 공의로 심판할 날을 작정하시고 이에 그를 죽은 자 가운데서 다시 살리신 것으로 모든 사람에게 믿을 만한 증거를 주셨음이니라 하니라(17:31).

'정하신 사람'이란 예수 그리스도를 가리킵니다. 바울은 심판을 받지 않기 위해서는 예수를 믿어야 한다고 했습니다. 부활하신 예수 그리스도를 믿으면 너희도 부활한다고 말합니다. 그러고 나서 바울의 메시지가 끊겨버렸습니다. 사람들이 듣지 않고 조롱하며 비웃었기 때문입니다.

바울이 아덴에서 성공적인 선교 사역을 했다고 보기는 어렵습니다. 어떤 면에서는 바울의 기대에 못 미쳤다고 생각합니다. 그리고 메시지도 강하게 전달하지 못했다는 데 어느 정도 동의합니다.

그러나 성공 여부와 관계없이 아덴에서 전한 바울의 메시지는 상당히 고백적입니다. 아덴 사람들은 '알지 못하는 신'이라고 막연히 표현했지만, 바울은 마치 하나님을 옆방에 가서 금세 뵙고 나온 사람처럼 조금도 주저 없이 말했습니다.

우리도 지성인들과 이야기할 때 바울처럼 우리 자신이 믿음으로 분명히 본 예수 그리스도를 자신 있게 말할 수 있어야 합니다. 그분만이 우리의 구원자임을 조금도 의심하지 않고 말할 수 있을 때, 회의적인 생각으로 왔다 갔다 하는 지성인들이 매력을 느끼게 됩니다. "저 사람은 지식도 별로 없는데 어쩜 저렇게 자신감을 가지고 하나님을 이야기할 수 있을까? 그에게 무엇인가 있지 않을까? 나는 지금까지 공부를 해왔어도 아직 확증을 못 하고 있는 사실을 어떻게 저 사람은 저리도 자신 있게 말할 수 있을까?" 하고 도전을 받게 될 것입니다.

지성인이라고 해서 그 사람의 수준에 맞춰 하나님의 개념을 애매하게 표현하지 말고 바울처럼 분명하게 이야기해야 합니다. 그러면 듣는 사람이 말씀에 사로잡힐 수 있습니다.

또한 우리가 메시지를 전하다 보면 때로는 아덴에서처럼 신통치 않은 결과를 볼 수도 있습니다. 믿는 사람이 별로 없는 것 같고, 우리의 말에 귀를 기울이는 것 같지도 않고, 결과적으로 사람들이 비웃고 돌아서서 우리 자신이 무능하게 느껴지며 좌절감을 느낄 수도 있습니다. 그러나 그것을 단순히 실패라고 결론 내릴 수는 없습니다. 하나님의 역사는 즉시 눈에 보이는 것을 가지고 평가할 수 없기 때문입니다.

설혹 실패했다고 해도 우리는 좌절할 필요가 없습니다. 메시지를 전할 때 모든 사람이 100퍼센트 구원받고 돌아와야 한다는 법은 성경에 없습니다. 열 번 전해서 아홉 번 실패하더라도 한 번을 통해 하나님의 역사는 일어날 수 있습니다. 하나님의 역사는 전체적으로 보아야 합니다. 실패는 실패 그 자체에서 끝나는 것이 아니라 계속적인 발전과 전진의 한 과정임을 기억합시다.

바울이 아덴을 속히 떠난 이유

18장에서 바울은 활동 무대를 아덴에서 고린도로 옮깁니다. 바울이 거쳐 간 도시 중에서 핍박이 없었던 유일한 도시가 바로 아덴입니다. 핍박이 없었기 때문에 상당 기간 그곳에서 활동했으리라 기대되지만, 이상하게도 바울은 서둘러 그 도시를 떠났습니다. 왜 핍박도 없는 아덴을 떠나 고린도로 자리를 옮겼을까요?

바울은 이유 없이 선교지를 함부로 옮기는 사람이 아니었습니다. 그의 생각에 지성인들만 모여 있는 지역은 당시의 선교 전략지로 마땅하지 않다고 판단한 것 같습니다. 하나님의 복음이 전파되려면 이론을 좋아하는 사람도 필요하고, 실제적인 것을 좋아하는 사람도 있어야 합니다. 여러 성향의 사람들이 혼합된 사회에서 복음이 폭발할 때 다방면으로 급속하고 효과적으로 전달될 수 있습니다. 성향이나 직종이 한 가지로만 구성되어 있는 사회라면 이렇게 큰일을 감당하기는 어렵습니다.

오늘날 일본의 그리스도인들은 지적 수준이 대단히 높습니다. 신학생들의 학문적 수준은 말할 것도 없거니와 평신도들도 꽤 어려운 책을 읽고 토론하는 모임을 갖습니다. 수적으로는 우리나라와 비교가 안 되지만 일본 기독교계에서 출판하는 책은 한국의 신학생들이 소화하기 어려울 정도입니다. 그렇게 지적 수준이 상당합니다. 그러나 실제로 복음이 전파되고 확장되는 부분에서는 우리나라를 따라오지 못하는 게 사실입니다.

사랑의교회를 개척하면서 처음부터 염두에 둔 것이 있습니다. 지성인들만 모이는 교회가 되지 않기를 바랐습니다. 캠퍼스 선교를 잘해서 대학생들만 잔뜩 모이는 교회라든지, 명문 고교 출신들만 가득한 교회, 'SKY 마크'를 단 사람만 교회 지도자가 되는 교회는 원하지 않았습니다. 하나님의 나라가 힘차게 뻗어가려면, 하나님 나라의 일을 감당하려면 구성원도 다양하게 모여야 제격입니다.

아파트 주민들만 많이 모이는 교회도 원치 않았습니다. 그래서 서초동을 좋아했습니다. 개척할 당시에는 주택도 있고 아파트도 있고, 상업지구도 있고 주거지역도 있고, 또 유흥가도 있는 반면 점잖은 곳도 있고, 전부 섞여 있었기 때문에 좋아했습니다. 교통은 조금 불편하고 시끄럽기는 했지만, 가난한 사람도 있고 잘사는 사람도 있고, 그렇게 다양한 사람들이 모일 수 있어서 좋았습니다.

다양한 사람들이 복음을 받아들이면 복음이 미치는 영역 또한 폭 넓어집니다. 저는 바울이 아덴을 속히 떠난 이유가 이런 생각과 연관이 있지 않았나 추측해봅니다.

교회가 주님의 손에 제대로 쓰임받기 원한다면 다양한 사람들을 전도해야 합니다. 꼭 나와 같은 성향을 가진 사람, 생활수준이 비슷한 사람, 학력이 비슷한 사람만 상대하려고 하지 마십시오. 교회가 위치한 곳을 중심으로 그 주변을 하나님이 주신 선교 지역이라고 여기며 전하는 것이 좋습니다.

다양성을 지닌 교회는 어떤 말씀이 이 사람에게는 전혀 영향이 없더라도 저 사람에게는 영향을 미치고, 또 어떤 날은 반대의 상황이 되어서 각자 은혜 받은 대로 상호 보완을 이루게 됩니다. 만약 세상에서 실패를 모르고 부족함 없이 산 사람들만 모인 교회가 있다면 주님이 주시는 위로가 무슨 소용 있겠습니까? 은혜가 은혜인 줄도 모르게 될 것입니다.

주님의 교회는 마치 다양한 꽃이 모여 아름다운 색이 조화를 이루는 화원과도 같습니다. 화려한 장미도, 소박한 풀꽃도 한데 어우러져 제 몫의 아름다움을 발하며 하나님의 정원을 이룹니다.

사도행전 18장

하나님 나라를 위해 수고하는 것이 때로는 몹시 지치고, 때로는 시험과 환난을 당하고, 때로는 성공의 가능성도 보이지 않을지라도, 그런 때일수록 하나님이 준비하시는 은밀한 위로가 있다는 것을 기억합시다.

69

영적으로 캄캄한 도시에서
위로를 받다

밤에 주께서 환상 가운데 바울에게 말씀하시되 두려워하지 말며 침묵하지 말고 말하라 내가 너와 함께 있으매 어떤 사람도 너를 대적하여 해롭게 할 자가 없을 것이니(행 18:9-10상)

아덴을 떠난 바울은 남서쪽으로 80킬로미터 지점에 있는 고린도로 갔습니다. 고린도는 아덴과 매우 대조적인 도시입니다. 아가야 지방의 수도이자 상업과 무역이 발달한 항구도시로, 지도상 '개미허리'에 위치해 동방과 로마를 이어주는 역할을 했으며, 동서가 혼합된 문화를 형성하고 있었습니다.

특히 신전이 많기로 유명한 곳이었는데 신전에는 소위 '신성한 창녀'라 불리는 매춘부 1,000여 명이 상주했고, 신전을 찾는 남자들은 이들과 육체적인 관계를 맺는 것이 곧 신과 접촉하는 것이라고 여겼습니다. 그러니 도시 전체가 성적으로 얼마나 문란했겠습니까? 이런 고린도를 빗대어 당시에 회자되는 말이 있었습니다. '코린티아조마이'(Korinthiazomai)입니다. 원래 의미는 '고린도인이 되다'이지만 그보다는 '성적으로 방탕하다'는 뜻으로 통용될 만큼 당시 고린도는 악명을 떨치고 있었습니다.

바울은 이렇게 타락한 도시를 선교 거점 지역으로 삼았습니다. 아마도 여러 가지를 고려해볼 때, 이곳에 복음의 씨를 뿌리면 상당한 파급 효과를 얻을 것이라 판단한 것 같습니다. 이곳에서 그는 데살로니가 교회에 보내는 편지(데살로니가전후서)를 썼고, 이후에 다시 방문했을 때는 그 유명한 로마서를 썼습니다.

두려워 떠는 바울

고린도를 향해 발걸음을 옮긴 바울은 드디어 무시무시한 마귀의 도성을 대적해야만 했습니다. 바울은 상당히 위축되어 있었습니다. 특히나 고린도 사람들은 그에게서 '말이 신통치 않다'는 인상을 받았습니다. 아덴에서만 해도 '말쟁이'라는 평을 받았던 바울이 이런 모습을 보인 이유는 고린도의 여건이 주는 위압감 때문이었던 것 같습니다. 바울은 기도하는 사람이요, 영적으로 상황을 분별할 줄 아는 눈을 가진 사람이요, 마귀의 세력이 그를 향해 어떻게 엄습해오는지도 잘 아는 사람이었습니다. 그러나 고린도에서만은 퍽 약한 사람으로 보였습니다.

> 내가 너희 가운데 거할 때에 약하고 두려워하고 심히 떨었노라(고전 2:3).

복음으로 정복하기 위해 고린도로 들어간 바울을 생각해볼 때 얼마나 대조적인 말씀인지 모릅니다. 상대는 무시무시한 거인, 지옥의 사신처럼 보이는 고린도였지만, 정복자로 들어간 바울의 자세와 입장은 그에 비해 너무나 초라했습니다. 그는 심히 떨고 두려워했습니다. 전도하기가 몹시 힘들 것이라는 부담감 때문에 위축될 대로 위축되었을 것입니다. 그러나 아이러니하게도 바울의 자세는 승리의 비결이 되었습니다.

영적으로 거인을 정복할 수 있는 능력은 자신감을 가진 사람이 아니라 자신의 약함을 알고 부들부들 떠는 사람을 통해 나타납니다. 이는 영구불변의 진리입니다. 전도자는, 또 복음을 가진 교회는 혈과 육의 싸움을 위해 몸부림치는 것이 아니요, 보이지 않는 정사와 권세, 어두운 세상의 주관자들 및 하늘에 있는 악의 영들과 대결합니다. 보이지 않는 영계의 싸움에서 혈과 육은 의미가 없습니다. 그러므로 성령의 능력만이 고린도와 같은 무서운 악의 세력을 꺾을 수 있습니다.

그렇다면 언제 성령이 우리를 통해서 강하게 역사하실까요? 스스로 부들부들 떨 때만 가능합니다. 경험의 머리를 들지 말아야 합니다. 성경을 많이 안다고, 신앙생활을 오래 했다고 머리 들지 말아야 합니다. 겸손해야 합니다. 낮아져야 합니다. 오직 하나님의 능력만을 기다려야 합니다. 그럴 때 성령이 나를 손에 쥐고 사용하십니다. 성령의 손에 잡히지 않을 만큼 강하고 크면 성령께서 능력 있게 일하시지 못합니다. 바울은 고린도에서 부들부들 떨었기 때문에 성공할 수 있었습니다.

첫 번째 위로

영적으로 캄캄한 고린도 앞에서 부들부들 떠는 바울에게 하나님은 세 가지 선물을 준비해주셨습니다.

> 아굴라라 하는 본도에서 난 유대인 한 사람을 만나니 글라우디오가 모든 유대인을 명하여 로마에서 떠나라 한 고로 그가 그 아내

> 브리스길라와 함께 이달리야로부터 새로 온지라 바울이 그들에게 가매(18:2).

첫 번째 선물은 아굴라 부부입니다. 아굴라와 브리스길라는 원래 로마에 살던 유대인이었지만, 황제 글라우디오가 로마에서 유대인을 추방하자 고린도로 이주하게 되었습니다. 역사가 수에토니우스의 기록을 보면, 당시 유대인들이 로마에서 '그리스도'라는 이름으로 계속 소란을 피웠기 때문에 추방령이 내려졌다고 합니다. 이렇게 '그리스도' 때문에 핍박을 받아 생활 터전을 잃어버린 아굴라 부부는 고린도에서 전도자 바울과 만나게 됩니다.

요즘은 길에서 예수 믿는 사람을 만나도 그다지 반가워하지 않습니다. 해외에 나가 살면서 교포들 중에 우연히 믿는 사람을 만나도 옛날처럼 그렇게 부둥켜안고 좋아하지 않습니다. 요즘엔 성도가 하도 많아서 그런지 만나도 귀한 줄 모르고, 반가운 줄을 모릅니다. 그러나 바울 당시에는 성도들끼리 서로 만난다는 것, 복음 때문에 핍박받는 사람들끼리 만난다는 것만큼 가슴 벅차고 눈물겨운 일이 없었을 것입니다.

바울은 아굴라 부부 덕분에 삭막한 고린도에서 의지하고 머물 곳을 얻게 되었습니다. 하나님이 바울을 위해 아굴라 부부를 예비해놓으셨던 것입니다. 할렐루야! 정말 놀라운 섭리입니다. 바울이 아굴라 부부를 만나고 얼마나 용기를 얻었을까요? 서로에게 얼마나 힘이 되었을까요? 마음속에 얼마나 감사가 넘쳤을까요? 세 사람이 만났을 때 얼마나 큰 기쁨으로 충만했을까 생각해봅니다.

신약성경에서 가장 이상적인 부부를 꼽는다면 아굴라와 브리스길라가 아닌가 싶습니다. 믿음 좋고, 말씀을 잘 알고, 기꺼이 헌신하는 뜨거운 마음도 있었습니다. 그래서인지 일생 동안 바울과 교제가 끊어지지 않은 것을 바울이 쓴 편지에서 볼 수 있습니다.

> 바울은 더 여러 날 머물다가 형제들과 작별하고 배 타고 수리아로 떠나갈새 브리스길라와 아굴라도 함께하더라…(18:18).

이들 부부는 고린도에서 바울과 생업을 같이하며 전도하다가 바울이 핍박을 받아 에베소로 쫓겨갈 때 함께 짐을 싸서 따라나섰습니다. 바울보다 먼저 고린도에 정착해서 어느 정도 자리도 잡고 안정을 누렸을 텐데 이렇게 선뜻 바울과 함께 떠나는 것이 결코 쉬운 일은 아니었을 것입니다. 그들은 한마디로 이 세상의 나그네였습니다. 여기서 살든, 저기서 살든 그런 것은 중요하지 않았습니다. 복음을 위해 할 수 있는 일이라면 뭐든 하자는 마음이었습니다.

하나님은 이처럼 기가 막힌 사람들을 로마에서 불러내셔서 고린도에 먼저 자리를 잡게 하시고는 바울과 만나게 하셨습니다. 얼마나 놀라운 은혜인지 모릅니다. 사역자에게 있어 사람과의 만남이 주는 신비로움은 말로 다 표현할 수 없습니다.

평신도들도 마찬가지입니다. 내가 누구라고 해도 알아주는 사람이 없고, 어느 교회 집사라고 해서 딱히 인정받는 것도 아닙니다. 그런 상황이라면 이웃에게 다가가 예수 이름으로 봉사하고 복음을 전하려 할 때 당연히 두렵기만 할 것입니다. 떨릴 수밖에 없습니다. 그럴 때 마음속으로 확신하기 바랍니다. 반드시 나와 뜻을 같이하고 함께 기도하고 함께 복음을 위해 수고할 형제자매 한두 명은 하나님께서 예비해주실 것입니다.

그리스도인으로서 사업을 한다든지 직장생활을 할 때 이렇게 기도하지 않습니까? 이 사업을 통해, 이 직장에서 하나님의 영광을 위해 일할 때 나와 뜻을 같이하고, 함께 손잡고 기도하고 움직일 수 있는 믿음의 형제자매를 만나도록 말입니다. 여호와 이레의 하나님께서 준비하실 것입니다. 하나님은 우리가 만나야 할 사람까지도 간섭하시고 예비하시는 분이십니다.

두 번째 위로

> 실라와 디모데가 마게도냐로부터 내려오매 바울이 하나님의 말씀에 붙잡혀 유대인들에게 예수는 그리스도라 밝히 증언하니(18:5).

브리스길라와 아굴라 외에도 하나님이 바울을 위해 준비해둔 사람들이 있습니다. 바울이 홀로 아덴에 들어갈 때를 떠올려봅시다. 바울은 그때까지 함께 다니던 디모데와 실라를 각각 데살로니가와 빌립보로 보내 교회를 돌아보게 하고 성도들의 소식을 가져오게 했습니다. 이 두 사람이 이제 고린도에 있는 바울에게 돌아왔습니다.

데살로니가로 갔던 디모데는 희소식을 전해줍니다. 핍박 가운데 복음을 받은 데살로니가의 성도들은 바울이 떠난 후 얼마나 신앙생활을 잘했는지 믿는 자의 본이 되어 마게도냐 지역 일대에 소문이 자자하다는 것입니다. 뿐만 아니라 떠난 바울을 그리워하며 그를 위해 기도하는 든든한 후원자가 되었다는 소식까지 있었습니다. 바울이 얼마나 기뻐하고 감사했는지 성경에 잘 나타나 있습니다.

> 이러므로 형제들아 우리가 모든 궁핍과 환난 가운데서 너희 믿음으로 말미암아 너희에게 위로를 받았노라 그러므로 너희가 주 안

에 굳게 선즉 우리가 이제는 살리라 우리가 우리 하나님 앞에서
너희로 말미암아 모든 기쁨으로 기뻐하니 너희를 위하여 능히 어
떠한 감사로 하나님께 보답할까(살전 3:7-9).

눈물과 땀으로 뿌린 씨앗이 결실한다는 소식만큼 기쁜 것은 없고, 변함없는 사랑으로 기도하고 그리워한다는 말만큼 사역자들에게 용기와 격려를 불러일으키는 것은 없습니다. 사역자들에게 필요한 것은 돈이 아닙니다. 눈물로 뿌린 복음의 씨가 무럭무럭 자라나 아름다운 열매를 맺는 것입니다. 성도들이 말씀대로 살고자 애쓰고 변함없는 사랑으로 교제하는 것만큼 기쁜 소식이 없습니다.

반면 사역자의 마음을 제일 괴롭히는 것을 꼽으라면 두 단어로 말할 수 있습니다. 하나는 '실패' 또 하나는 '배신'입니다. 그야말로 젊음을 바치고 혼신의 힘을 다해 섬기던 교회에서 모든 것을 잃고 떠나야 하는 경우가 비일비재합니다. 그 마음을 누가 이해하겠습니까? 그뿐만이 아닙니다. 사랑으로 양육하던 성도들이 등을 돌리고 떠나는 것을 볼 때 사역자들은 칼로 찌르는 것처럼 마음이 아픕니다. 그러나 바울은 이런 배신을 당하지 않았습니다. 디모데가 가져온 데살로니가교회의 소식에 큰 위로를 받았습니다.

한편 빌립보에서는 무엇이 왔습니까? 실라가 빌립보 성도들이 보내는 선교비를 가져왔습니다. 그래서 실라와 디모데가 돌아온 후부터 바울 일행은 복음 전하는 일에만 전념할 수 있었습니다. 빌립보교회는 참 인정이 많은 교회입니다. 바울이 그렇게 고생하는 것을 알고는 사람만 가면 선교비를 모아 보냈습니다. 바울이 데살로니가에서 사역할 때도 그랬고, 고린도로 옮기자 또 보냈고, 나중에는 로마에 가 있을 때도 그랬습니다. 그러니 바울이 얼마나 힘을 얻었겠

습니까?

고린도에서 하나님이 준비하신 위로들을 보면서 한 가지 분명한 진리를 꼭 기억했으면 합니다. 하나님 나라를 위해 수고하는 것이 때로는 몹시 지치고, 때로는 시험과 환난을 당하고, 때로는 성공의 가능성도 보이지 않을지라도, 그런 때일수록 하나님이 준비하시는 은밀한 위로가 있습니다. 바울에게 디모데의 위로, 실라의 위로, 데살로니가교회의 위로, 빌립보교회의 위로가 있었음을 기억합시다.

하나님의 나라와 하나님의 의를 먼저 구하십시오. 무엇을 먹고, 무엇을 입을까, 또 어떻게 살까 하는 것은 하나님께서 해결해주실 것입니다. 하나님 중심으로 살려고 노력하면, 무슨 직업을 가졌든지 어떤 현장에서 일을 하든지 간에 보이지 않는 하나님의 위로가 반드시 있습니다.

세 번째 위로

주님께서 바울을 위해 준비하신 세 번째 위로는 바로 예수님 자신이었습니다. 예수님이 밤중에 환상 가운데 나타나셨습니다. 바울이 전도 여행을 할 때 예수님이 특별히 환상 중에 나타나신 경우가 몇 번 있습니다. 우리 생각 같으면 바울 같은 사람에게는 예수님이 날마다 나타나실 것 같은데 성경에 기록된 사례는 세 번밖에 없습니다. 고린도에서 부들부들 떨고 있을 때, 예루살렘에서 잡혀 있을 때 그리고 풍랑을 만나 망망대해에서 2주 동안 헤맬 때입니다. 그때 예수님은 바울에게 오셔서 특별히 위로해주셨습니다. 우리에게 이런 위로만 있다면 어떤 상황에서도 좌절하지 않을 것입니다.

밤에 주께서 환상 가운데 바울에게 말씀하시되 두려워하지 말며 침묵하지 말고 말하라 내가 너와 함께 있으매 어떤 사람도 너를 대적하여 해롭게 할 자가 없을 것이니 이는 이 성중에 내 백성이 많음이라 하시더라(18:9-10).

예수님의 위로는 바울을 일으켜 세웠습니다. 담대하게 했습니다. 바울은 마귀의 도성에서 더 이상 떨지 않았고, 성령을 의지하며 복음을 전했을 뿐만 아니라 1년 6개월을 머물며 하나님의 말씀을 가르쳤습니다.

70

고린도 선교가
대성공을 거둔 이유

또 회당장 그리스보가 온 집안과 더불어 주를 믿으며 수많은 고린도 사람도 듣고 믿어 세례를 받더라 일 년 육 개월을 머물며 그들 가운데서 하나님의 말씀을 가르치니라(행 18:8,11)

고린도는 정복하기 어려운 죄악의 도성이었습니다. 바울이 부들부들 떨 정도였고, 그런 바울을 하나님께서 특별히 위로하실 만큼 사역하기 힘든 도시였습니다. 그런 곳이다 보니 바울이 안식일마다 회당에서 강론할 때 '예수는 그리스도'라고 밝히 증언하자 유대인들의 반발이 거셌습니다. 어떻게 나사렛 예수가 메시아가 될 수 있느냐며 바울이 전도하지 못하도록 방해했습니다. 결국 바울은 그들을 향해 옷을 털며 이렇게 말합니다.

> … 이르되 너희 피가 너희 머리로 돌아갈 것이요 나는 깨끗하니라 이후에는 이방인에게로 가리라 하고(18:6).

옷을 터는 행위는 '이제 나는 너희에 대해 더 이상 책임이 없다'는 뜻입니다. 복음을 거부한 대가는 고스란히 그들 자신에게 돌아갈 것이라는 말입니다. 이것은 신약에서 예수님이 제자들을 보내실 때 하신 말씀이며, 그보다 앞서 구약에서 하나님이 에스겔 선지자를 보내실 때 일러주신 말씀이기도 합니다.

> 가령 내가 악인에게 이르기를 악인아 너는 반드시 죽으리라 하였다 하자 네가 그 악인에게 말로 경고하여 그의 길에서 떠나게 하지 아니하면 그 악인은 자기 죄악으로 말미암아 죽으려니와 내가 그의 피를 네 손에서 찾으리라 그러나 너는 악인에게 경고하여 돌이켜 그의 길에서 떠나라고 하되 그가 돌이켜 그의 길에서 떠나지 아니하면 그는 자기 죄악으로 말미암아 죽으려니와 너는 네 생명을 보전하리라(겔 33:8-9).

그러므로 믿지 않는 가족이 있는데도 평생 예수 믿으라는 말 한마디 하지 않고, 그들의 영혼에 전혀 관심이 없다면 그는 가족에 대한 책임을 다하지 못한 사람입니다. 훗날 하나님이 그에게 책임을 물으실지도 모릅니다. 가족에게 욕을 먹어가면서, 핍박을 받아가면서 예수를 전했는데도 안 믿었다면 그 책임은 믿지 않은 사람이 지게 될 것입니다.

교회도 마찬가지입니다. 교회는 자기가 속한 지역의 핏값을 감당해야 합니다. 주변에 어떤 사람들이 사는지, 그들이 얼마나 악한 자들인지는 문제가 될 수 없습니다. 우리가 따져봐야 할 문제는 '우리 자신이 그들에게 얼마나 전했느냐, 그들에게 복음 들을 기회를 얼마나 주었느냐, 믿지 않는 것이 하나님 앞에 죄라는 것을 깨닫게 하는 데 우리가 책임을 다했느냐'입니다. 성도들이 입을 다물고 자기들만 교회에 드나들다가 인생을 마친다면 하나님은 그 지역 사람들의 핏값을 교회에 물으실 것입니다. 그때 뭐라고 대답하겠습니까? 바울처럼 자신 있게 옷을 털어버릴 수 있습니까?

생활 터전 위에서 전한 복음

바울의 고린도 선교는 대성공을 거두었습니다. 18장 8절을 보면 회당장 그리스보가 온 집안과 더불어 예수를 믿었고, 수많은 고린도 사람이 복음을 듣고 믿어 세례를 받았습니다. 이 사실은 바울에게 큰 힘이 되었을 것입니다. 지금까지 바울이 복음을 전하면 많은 사람이 '좋았다'는 말은 있어도 이곳처럼 복음을 듣고 믿어 세례까지 받았다고 정확히 기록된 적은 거의 없습니다.

고린도 선교가 이렇게 성공할 수 있었던 이유는 바울의 영적 자세 때문입니다. '복음 외에 다른 말은 하지 않겠다. 오직 예수 그리스도의 보혈의 능력을 의지할 뿐이다'라는 각오가 있었기에 하나님께서 책임지신 것입니다. 이렇게 영적인 부분과 아울러 실제적인 요인도 있었습니다. 농부가 아무리 최고로 좋은 씨앗을 고르고 준비했다 해도 토양을 검토하고 때를 따라 적절한 방법으로 가꾸지 않으면 농사를 망칠 수밖에 없다는 것을 우리는 너무나 잘 압니다. 하나님 나라의 일도 크게 다르지 않습니다. 실제적인 전략에서 실패하면 제대로 열매를 맺을 수 없습니다. 세상에서 이루어지는 일이기 때문에 그렇습니다. 그렇다면 바울의 전략은 무엇이었을까요?

학자들에 따르면 당시 고린도의 인구는 약 60~70만 명으로 추정됩니다. 그런데 그중 3분의 2가 노예 아니면 노예 출신의 하류 계급이었다고 합니다. 고린도에는 분명 이들의 마을이 형성되어 있었을 것입니다. 로마에서 추방된 브리스길라와 아굴라 부부가 고린도에 도착했을 때 어디에 자리를 잡았을지 생각해봅시다. 그들은 아마도 가난한 사람들이 사는 마을에 들어갈 수밖에 없었을 것입니다. 그리고 그곳에 정착하여 작은 점포를 하나 차려놓고 천막 만드는 일을 시작했을 것입니다. 고린도에 들어와 아굴라와 브리스길라를 만난 바울 또한 그들 틈에서 기거했을 것입니다.

우리가 바울이 되어 하나님의 말씀을 듣고 고린도에 왔다고 생각해봅시다. 브리스길라와 아굴라와 더불어 가난한 사람들과 있다고 생각해봅시다. 그들과 함께 일하고 어울리고, 아침저녁으로 때마다 마주칩니다. 그들의 세계를 눈으로 보고 귀로 듣고 몸으로 부딪히며 살아갑니다. 가난하고 못 배운 사람들, 과거에 노예생활로 마음에 상처 입은 사람들이 수두룩했을 것입니다. 바울이 이런 사람들과 생활했다면 분명 이들을 위해 복음을 전했을 것입니다. 이렇게 같은 생활 터전 위에서 복음을 전하는 것은 굉장히 유리한 점이 많습니다. 실제적으로 최선의 전략입니다.

지금의 유흥가 일대도 전도 전략상 두 가지로 접근해야 한다고 봅니다. 하나는 전문적인 전도자가 파고 들어가는 것입니다. 얼굴 붉히지 않고 술집에 들어갈 수 있고, 종업원을 만나서 대화할 수도 있는 대담한 전문가가 있어야 합니다. 이 일은 열매가 있든 없든 교회가 지원해야 할 부분입니다. 또 하나 좋은 방법은 믿음 좋은 성도가 이런 지역에 어떤 직종을 찾아서 들어가는 것입니다. 이것이 바로 아굴라와 브리스길라 그리고 바울이 취한 전도 방식이었습니다.

우리나라의 대표적인 유흥가인 강남 일대에 사는 성도들이라면 좀 더 생각해볼 문제가 있습니다. 자꾸만 유흥가가 많아지고 그 일에 종사하는 사람들이 아파트를 점유해 들어오고 있습니까? 그래서 집값이 떨어질까 봐, 또 아이들이 좋지 못한 영향을 받을까 봐 발을 동동 구르며 떠날 생각만 하고 있지는 않습니까?

교회를 생각하지 않고, 하나님의 뜻은 생각하지 않고 그저 더 좋은 곳으로 자꾸 옮기는 사람들은 문제가 있습니다. 죄악이 가득한 지역일수록 믿음 좋은 사람들이 더 많이 들어와 살아야 합니다. 그래야만 그 지역 사람들이 구원받을 수 있습니다. 신앙 좋은 사람들이 파고들어서 상점을 열고 생활 터전을 일구며 말씀대로 살아야 하나님의 나라가 그곳에 펼쳐질 수 있습니다. 자꾸 짐 싸서 도망만 다니면 그들에게 복음을 전할 수 없습니다.

아굴라 부부를 통해 하나님은 바울의 사역을 인도하셨습니다. 바울은 가난하고 신분이 낮은 사람들의 생활 속에 같이 젖어들면서 그들의 고통을 이해했습니다. 인생의 밑바닥을 들여다보면서 날마다 눈물로 기도하며 그들에게 사랑을 공급했을 것입니다. 그러면서 하나님이 언젠가 그들의 마음을 열고 복음을 받아들일 수 있는 기회를 만들어주시리라 확신했을 것입니다.

우리 주님은 창기와 세리를 부르셨습니다. 의인은 예수님과 아무런 관계가 없습니다. 이렇게 가난한 자들의 세계에 자리를 잡고 복음을 전한 것은 바로 예수님의 전략입니다. 우리 주님은 하늘 보좌에 앉아 계신 채로 우리를 내려다보며 '다 내게로 오라'고 하시지 않았습니다. 우리 주님은 신의 모습 그대로 내려오셔서 죄 많은 인간들을 부르시지 않았습니다. 예수님은 가장 천한 모습으로 인간 세상에 오셨습니다. 우리를 만나고, 우리와 함께 한숨을 쉬며, 우리와 함께 통곡하고, 우리의 무거운 죄 짐을 거두어 친히 십자가에 달리시면서 우리의 영혼을 하나님 앞으로 인도하셨습니다. 이것이 주님의 방법입니다.

성도들 가운데 특히 어렵고 가난한 사람, 힘없고 상처 많은 사람들과 어울려 살아가는 분들이 있습니까? 그런 분들이야말로 아굴라요, 브리스길라입니다. 또한 바울입니다. 여러분이 접촉하는 사람마다 하나님이 구원하기 원하신다는 것을 꼭 기억합시다. 그들의 세계에 파고들 수 있는 여건을 주신 이유를 아침마다 기도하면서 찾아야 합니다. 왜 하나님이 나를 이런 곳에서 일하게 하시는지 물어야 합니다.

가난한 자를 위한 복음

또 생각할 것은 전문 사역자들이 유흥가에 들어가서 한 사람이라도 건져올 때, 교회는 그들이 자립할 수 있도록 끝까지 책임지고 보살펴주어야 한다는 것입니다. 교회에 이런 대책이 없으면 안 됩니다.

몸 팔고 살던 사람들이 예수 믿고 돌아오면 누가 그들을 돌봐야 합니까? 오늘날 교회들을 가만히 보면 실질적인 문제는 책임을 지지 않으면서 예수 믿으라는 말만 하고 다닙니다. 바울이 그랬겠습니까? 바울 당시 교회는 일단 예수 믿고 공동체에 들어오면 내 것, 네 것 할 것 없이 함께 나누어 먹었습니다. 그러다가 굶어 죽는 한이 있더라도 자신의 소유를 나누었습니다. 예수 믿고 그리스도인이 되면 먹을 것이 없어서 고민한다든지, 무슨 일을 하면서 살까 하는 걱정은 안 했습니다. 모두가 다 한 몸, 한 공동체가 되어서 개개인을 교회가 책임졌습니다.

미국에 가면 온통 침례교회입니다. 우리나라에서는 장로교가 우세하지만, 미국에서 장로교는 영향력이 없습니다. 미국에서 장로교가 성장하지 못한 이유는 무엇일까요? 그들은 지식인, 고소득층을 향해 복음의 포문을 열었습니다. 그래서 장로교 교인이라고 하면 벌써 어느 정도 수준 높은 사람으로 인식될 정도였습니다. 한동안은 장로교가 상당히 실력 있는 교단으로 한 시대를 이끄는 지도자적 역할을 하고 있다고 생각되었습니다.

반면 침례교는 정반대로 남부 흑인들 사이에서 시작해 가난한 사람들의 세계로 파고들었습니다. 그들 중에는 은혜 받고 주님을 위해 일하고 싶어도 가난해서 신학 공부를 하지 못하는 사람들이 많았습니다. 그때 몇몇 목사들이 모여 그들에게 안수하고 평신도 지도자로 세웠으며, 그들은 곧 복음을 들고 가난한 사람, 소외된 사람들이 있는 곳으로 갔습니다. 그렇게 100여 년이 흐른 뒤에 상황이 어떻게 되었습니까? 미국의 침례교인은 1,000만 명을 훌쩍 넘은 반면, 장로교는 말라빠진 오렌지처럼 쪼그라들었습니다. 성도들이 오순절 교회로, 복음주의 교회로, 혹은 침례교회로 옮겨간 것입니다.

우리나라에서 오순절 교단이 전도를 시작할 때 어디서 시작했습니까? 부자 동네에서 시작했나요? 그렇지 않습니다. 서대문구 녹번동의 가난한 동네였습니다. 먹을 것이 없어 날마다 길바닥에서 하루벌이를 하는 사람들 사이에서 천막 쳐놓고 시작한 것이 오순절 운동이었습니다.

어느 정도 소득이 있고 지적 수준이 높은 분들이 모인 지역의 교회는 늘 한 가지 고민을 안고 있습니다. 왜냐하면 복음은 가난한 자들의 것이기 때문입니다. 성경이 말하는 가난이라는 것은 꼭 심령이 가난한 것만 의미하지는 않습니다. 복음은 심령이 가난할 뿐만 아니라 실제로 가난한 사람들에게 강합니다. 그러므로 교회가 정말 부흥하고 하나님의 역사를 강하게 체험하려면 가난한 사람들이 많이 들어와야 합니다. 부자와 가난한 자가 섞여야 합니다. 고린도교회에도 회당장이 노예 출신들과 한 무더기가 되어 주님의 몸 된 교회를 이루었습니다.

우리 한국교회가 바르게 성장하려면 공부를 많이 한 사람들만 들어와서는 안 됩니다. 부자들만 들어와서는 더더욱 안 됩니다. 오히려 길에서 헤매는 사람들, 시장에서 함지 벌여놓고 하루 벌어 먹고 사는 사람들이 와야 합니다. 그런 사람들이 우리 옆에 앉아서 은혜받고 눈물을 흘리며 그리스도를 영접하고 상한 마음을 위로받을 때 우리의 마음이 얼마나 뜨거워지겠습니까? 이렇게 서로가 하나가 되면 교회에 힘이 생깁니다. 고린도교회가 그랬습니다.

머물러 말씀을 가르치다

고린도교회에 참 귀한 일이 일어났습니다. 성령 운동입니다. 바울을 통해 세워진 교회가 많지만 소위 성령 운동의 모델이 된 교회는 고린도교회뿐입니다. 다른 교회는 그렇게 요란하지 않았습니다. 오순절 성령을 연구하는 학자들에 따르면 일반적으로 생활수준이 높고 학식이 높은 사람들에게서는 성령 운동이 잘 안 나타난다고 합니다. 대체로 고통받고 상처 입고 그야말로 인생의 밑바닥까지 떨어져 신음하며 몸부림치는 사람들의 세계에 성령 운동이 많이 일어나는 것을 봅니다.

고린도 성도들이 그랬습니다. 가난한 사람들, 고통받는 사람들, 사회에서 천대받는 사람들이었기 때문에 예수를 만나고 나니 가슴에 불길이 활활 타올랐습니다. 지적인 이해력은 모자랐을지 모르지만, 감정적인 면에서는 굉장히 뜨거웠습니다. 고린도교회가 이런 면에서 좀 특별했습니다. 그러나 감정적인 면에서 강하고 지적인 부분이 부족한 성도들에게는 더욱 말씀을 잘 가르쳐야 할 필요가 있습니다. 그래야 흔들리지 않는 믿음을 가질 수 있기 때문입니다. 그래서 바울은 이런 일을 했습니다.

일 년 육 개월을 머물며 그들 가운데서 하나님의 말씀을 가르치니라(18:11).

'가르쳤다'는 대단히 중요한 말입니다. 예수 안 믿는 사람들에게 전도하는 것과는 다른 의미로, 성경 말씀을 구체적으로 가르쳤다는 뜻입니다. 핍박이 일어나 갑작스럽게 고린도를 떠나기 전까지 바울은 그 어느 때보다 열심히 가르쳤던 것으로 보입니다. 조용히 눈을 감고 인생의 밑바닥을 헤매는 사람들로 가득한 고린도의 모습을 그려봅시다. 그곳에서 복음을 들고 가난한 사람들과 어울려 그들의 가슴을 향해 예수 그리스도의 사랑을 전하던 아굴라와 브리스길라 그리고 바울의 모습을 상상해봅시다. 이 세상에는 어떤 위로도, 기댈 곳도, 하소연할 곳도 없는 사람들, 태어났으니 죽지 못해 살아가는 사람들과 함께 울고 웃으며 복음을 전하던 그들을 생각해봅시다. 우리 또한 뜨거운 사명감으로 그렇게 살 수 있길 바랍니다.

71

지도자 바울의 진면목

바울은 더 여러 날 머물다가 형제들과 작별하고 배 타고 수리아로 떠나갈새 브리스길라와 아굴라도 함께하더라 바울이 일찍이 서원이 있었으므로 겐그레아에서 머리를 깎았더라(행 18:18)

바울이 2차 전도 여행을 마치고 3차 전도 여행을 시작하는 분기점에 와 있습니다. 바로 앞서 바울은 고린도에서 교회를 개척하여 1년 6개월 동안 많은 심령이 하나님 앞으로 돌아오는 놀라운 역사를 체험했습니다. 그러나 하나님의 나라가 흥왕하자 마귀의 시험과 질투도 극에 달해 결국에는 핍박이 일어났습니다. 바울은 재판을 받는 상황까지 끌려갔다가 겨우 풀려났고, 회당장 소스데네는 예수 믿는다는 이유로 사람들 앞에서 구타를 당했습니다.

이제까지 바울은 전도를 하다가 핍박을 당하면 다른 곳으로 옮겨 갔습니다. 이것을 보고 '핍박을 피해 도망을 다니다니, 바울도 별수 없었구나' 하고 생각할 수도 있을 것입니다. 아마 바울은 핍박을 다른 도시로 가라는 하나님의 사인으로 보지 않았나 싶습니다.

그런데 사도행전 18장을 보면 고린도에서만큼은 곧바로 피하지 않았습니다. 여러 날을 고린도의 형제들과 더 머물렀다고 나옵니다.

그러니까 이제까지와는 다른 행동을 하고 있는 것입니다. 그러므로 그 이유가 무엇일까 생각해볼 필요가 있습니다.

목자의 담대함

핍박을 당했을 때 바울이 보인 반응은 자신의 안전이나 평안이 아니라 자기를 통해 예수 믿고 구원받은 사람들과 갓 태어난 어린 교회에 미칠 영향을 고려한 것 같습니다. 자신이 남아 있음으로 믿음의 형제들과 교회가 더 큰 핍박에 휘말릴 위험이 있으면 일단 스스로 피했습니다. 그렇게 함으로써 양 떼를 안전하게 지키려 한 것이 틀림없습니다. 그런데 고린도에서는 자기가 피하지 않고 당장 떠나지 않아도 교회에 직접적인 위험이 없을 것이라는 판단이 섰던 것입니다. 떠날 시기를 정하기까지 형제들과 함께 여러 날 더 머물렀습니다.

목자는 항상 양 떼 앞에서 담대한 보습을 보여줄 수 있어야 합니다. 어려움이 와도 동요하지 않고 침착한 태도를 유지해야 합니다. 목자는 양 떼의 생명에 위협이 가해질 때는 자기 생명을 주저 없이 바치되, 오로지 자기 생명만을 위해 함부로 움직여서는 안 됩니다. 이것은 영적 지도자인 바울이 가졌던 원칙입니다. 조금 힘들고 고통스럽고 두려울 때 자신의 안일만을 위해 모두 접고 훌쩍 떠나버린다든지, 그 상황을 피하거나 그대로 주저앉는 것은 지도자가 해서는 안 되는 선택입니다.

어려운 일을 만났습니까? 가정에서, 직장에서, 안팎으로 궁지에 몰리는 괴로운 일이 생겼습니까? 그럼에도 흔들리면 안 된다는 성령의 음성을 듣고 있습니까? 담대해야 합니다. 꿋꿋해야 합니다. 어떠한 희생을 치르더라도 헌신하겠다는 자세를 유지해야 합니다. 이것이 지도자의 자세입니다.

다른 사람을 지도한다는 것이 얼마나 무거운 짐인지요. 피해야 할 때가 있는가 하면 끝까지 버텨야 할 때가 있고, 생명을 아껴야 할 때가 있는가 하면 기꺼이 버려야 할 때가 있고, 앞장서서 나아가야 할 때가 있는가 하면 뒤에 숨어 있어야 할 때가 있습니다. 바울은 무모하게 생명을 던지지 않았습니다. 그때그때 하나님이 어떻게 인도하시는지 살피고, 양 떼를 위해 어떻게 행동할지 판단하며 움직였습니다. 목회자나 순장이 아니어도 우리는 먼저 믿은 자로서 이제 막 예수님을 믿은 어린 신자에게 선배 역할을 하게 됩니다. 그럴 때 바울이 취했던 태도와 원칙을 배울 필요가 있습니다.

양 떼를 향한 지극한 사랑

바울이 2차 전도 여행을 한 기간은 대략 3년 정도입니다. 18장 18절부터는 2차 전도 여행의 마지막 단계로, 모교회인 안디옥교회로 돌아가는 과정을 기록했습니다. 이 말씀을 읽노라면 그가 얼마나 양 떼를 사랑했는지 엿볼 수 있습니다. 우선 바울은 고린도에서 겐그레아로, 겐그레아에서 에베소로 갔습니다. 유럽 선교를 마무리하고 겐그레아를 거쳐 소아시아로 건너 온 것입니다. 에베소에서도 오래 머물지 않고 다시 가이사랴와 예루살렘으로 가서 교회의 안부를 물은 다음 드디어 안디옥교회로 돌아왔습니다. 이렇게 해서 2차 전도 여행이 끝납니다.

그러나 바울은 얼마 뒤에 안디옥을 떠나 1, 2차 때 전도 여행 때 방문했던 갈라디아교회로 다시 갑니다. 그는 브루기아 땅을 차례로 다니며 개척해놓은 교회들을 돌아보면서 모든 제자를 굳건하게 했습니다.

얼마 있다가 떠나 갈라디아와 브루기아 땅을 차례로 다니며 모든 제자를 굳건하게 하니라(18:23).

3년이나 수고하고 돌아왔으니 한동안 푹 쉴 만도 한데, 양 떼를 너무 사랑하는 마음에 견디지 못하고 또 떠난 것입니다. 이러한 바울의 심정은 다른 곳에서도 찾아볼 수 있습니다.

내가 예수 그리스도의 심장으로 너희 무리를 얼마나 사모하는지 하나님이 내 증인이시니라(빌 1:8).

우리가 이같이 너희를 사모하여 하나님의 복음뿐 아니라 우리의 목숨까지도 너희에게 주기를 기뻐함은 너희가 우리의 사랑하는 자 됨이라(살전 2:8).

신앙생활을 하다 보면 가족을 제외하고 누구를 가장 사랑하게 됩니까? 남남이면서도 사랑과 관심이 제일 많이 가는 사람은 바로 내가 전도해서 예수 믿은 사람입니다. 영혼의 자식이기 때문에 그렇습니다. 나보다 나이가 많아도 그는 내 자식입니다. 영적 자식입니다. 영적으로 낳은 자녀는 애착이 갑니다. 사랑하게 됩니다. 떠나 있으면 보고 싶어집니다.

바울에게 소아시아와 유럽에 있는 여러 교회는 그야말로 특별한 존재였습니다. 그들은 매를 맞아가면서 낳은 영적 자녀요, 수모를 받아가면서 얻은 영적 자녀요, 어떤 때는 돌멩이를 맞아 사경을 헤매면서 낳은 영적 자녀, 굶주림과 헐벗음도 개의치 않고 고통당하며 낳은 영적 자녀입니다. 그러니 그들을 향한 마음이 얼마나 지극

했겠습니까? 자신의 생명과도 같았을 것입니다.

영적 지도자는 양 떼를 사랑합니다. 어떤 때는 가시 노릇을 하는 사람이 있고, 어떤 때는 귀찮게 구는 사람이 있고, 마음이 안 가는 사람도 있고 별의별 사람이 다 있습니다. 그렇다면 더더욱 자신을 괴롭게 하는 사람을 위해 기도합시다. 제일 미운 사람을 위해 기도해주고, 그다음에는 가시 노릇을 하는 사람을 위해 기도합시다. 그러다 보면 마음이 가고 애정이 가고 나중에는 그 자매나 형제의 문제가 해결되어 정말 서로 사랑하게 될 날이 올 것입니다. 사랑해야 영적으로 서로에게 깊은 역사가 일어납니다.

바울에게서 볼 수 있는 지도자의 면모 중 하나는 자기를 돌아보지 않는 헌신입니다. 바울은 3년간 전도하다가 돌아왔습니다. 돌아오는 길이 2,000킬로미터 정도였으니 그에게는 휴식이 절실했을 것입니다. 게다가 바람을 이용한 범선을 타고 지중해를 가로질러 갔다고 생각해보면, 아주 오랜 시간 동안 얼마나 힘들었을지 짐작됩니다. 그런 어려운 항로를 거쳐 겨우 돌아왔는데 바울은 쉴 겨를도 없이 다시 선교지로 갔습니다.

> 나는 이제 너희를 위하여 받는 괴로움을 기뻐하고 그리스도의 남은 고난을 그의 몸 된 교회를 위하여 내 육체에 채우노라(골 1:24).

바울은 어떤 어려움이 있어도, 견딜 수 없이 고되고 피곤해도 주님의 몸 된 교회들과 양 떼를 위해 모든 고통을 감수하겠다는 마음을 갖고 있었습니다. 참된 지도자의 모습입니다. 자기 안일만을 생각하는 사람은 지도자가 아닙니다. 편한 것만 따지는 사람은 지도자가 아닙니다. 바울은 선한 목자는 양들을 위하여 목숨을 버린다는 말씀(요 10:11)이 어울리는 사람이었습니다.

바울은 또한 어린 영혼의 안전과 영적 건강을 염려하는 사람이었습니다. 18장 23절을 보니 교회를 차례차례 다니면서 모든 제자를 굳건하게 했다고 합니다. 이 말은 '붙들어 세워준다'는 뜻입니다. 바울처럼 훌륭한 지도자가 있을 때는 신앙생활을 잘했지만 바울이 떠나버리고 핍박까지 일어나자 어린 신자들은 금세 소심해지고 약해질 수밖에 없었습니다. 믿음이 자란 사람도 있었겠지만 형편없이 약해진 사람도 많았을 것입니다. 바울은 그게 염려스러웠습니다. 이런 마음은 그의 서신서에도 잘 나타납니다.

> 이러므로 나도 참다 못하여 너희 믿음을 알기 위하여 그를 보내었노니 이는 혹 시험하는 자가 너희를 시험하여 우리 수고를 헛되게 할까 함이니(살전 3:5).

바울은 어린 신자들의 신앙이 약해 쓰러질까, 믿음이 약해 병들지는 않을까 염려했습니다. 그래서 주야로 심히 간구했고 그들의 부족한 믿음을 온전케 하려 애썼습니다.

목자와 양 떼의 신뢰 관계

바울과 교회의 관계에서 지도자와 교회, 즉 양 떼 간에 형성된 깊은 신뢰 관계를 봅니다. 바울과 교회들은 서로 믿었습니다. 바울이 세운 교회는 철저하게 바울을 신뢰했고, 바울은 양 떼를 철저히 신뢰했습니다.

오늘 교회 지도자와 성도들 사이에 신뢰가 많이 약화된 것을 봅니다. 서로 비위에 안 맞으면 목회자는 곧바로 짐을 싸고, 성도들이 목회자를 쫓아내기도 합니다. 또 어떤 목회자는 몸 담은 교회가 희망이 보이지 않는다고, 또는 몇 안 되는 성도들을 위해 평생을 바칠 필요가 있을까 하는 의구심이 들어 이 핑계 저 핑계를 대며 교회를 떠납니다.

목회자는 같이 고생하고, 같이 위험을 느끼고, 하나님이 부르시면 같이 간다는 심정을 가져야 합니다. 그렇기에 성도들에게 의혹을 받을 만한 여지를 남겨두어서는 안 됩니다. 목회를 하고 양 떼를 위해 헌신하기를 원한다면 다 포기해야 합니다. 한국교회가 잃어버린 신뢰를 회복하기 위해서는 바울처럼 양 떼를 위해 생명을 내놓을 수 있는 목회자들이 많아져야 합니다. 또한 첩첩이 쌓인 어려움과 근심에 짓눌리며 이 시대를 살아가는 성도들에게 바울처럼 믿음을 심어줄 수 있는 목회자가 나와야 합니다.

감사의 표현, 나실인 서원

18장 18절에는 바울의 여정 중 좀 특별한 대목이 있습니다. 바울이 일찍이 서원을 해서 그에 따라 머리를 깎았다는 것입니다. 서원한다는 것은 '성별한다, 구별한다'라는 뜻입니다. 서원은 어디까지나 율법적인 것이요, 구약시대에 구약 백성들이 했던 것입니다. 그런데 왜 바울이 서원을 했을까요?

칼빈은 바울이 가지고 있던 원칙을 지키기 위해 서원했다고 봅니다. 바울의 중심은 한 사람이라도 더 구원하는 데 있었고, 이를 위해 어떤 대가라도 치르겠다고 다짐했습니다.

> 유대인들에게 내가 유대인과 같이 된 것은 유대인들을 얻고자 함이요 율법 아래에 있는 자들에게는 내가 율법 아래에 있지 아니하

나 율법 아래에 있는 자같이 된 것은 율법 아래에 있는 자들을 얻고자 함이요(고전 9:20).

칼빈의 견해를 바탕으로 본문을 해석한다면, 바울이 유대인들과 원만하게 대화를 풀어가기 위해서 그들을 만나기 전에 그들처럼 머리를 깎고 서원한 것으로 해석할 수 있습니다. 이러한 해석은 바울이 어떤 유대인들과 관계가 있었다는 기록이 있으면 간단한데, 그 뒤에 그런 내용이 나오지 않아 모호합니다. 단지 에베소 회당에 들어가서 변론했다는 것 외에는 유대인들과 특별한 관계를 가졌다는 말이 없습니다. 그러므로 갑자기 유대인들을 의식해 머리를 깎았다는 해석은 근거가 빈약해 보입니다.

또 다른 학자는 바울이 받은 은혜에 감사를 표하기 위해서였다고 해석합니다. 바울이 고린도에 1년 6개월 동안 머물며 교회를 개척해나갈 때 특별한 은혜를 받았기 때문이라는 것입니다. 그래서 고린도를 떠나면서 특별히 서원 기간을 정해 머리를 깎았고, 그 기간 동안 헌신하는 예를 드렸다고 해석합니다. 저는 이 해석을 더 좋아합니다. 바울은 유대교 안에서 자란 사람 아닙니까? 그때 자신을 구별하던 습관대로 머리를 깎고 주님께 헌신한 것이 아닌가 생각됩니다. 이 두 가지의 해석 중 어떤 것이 옳다, 그르다 단언할 수는 없습니다. 성경에 답이 없기 때문입니다.

민수기 6장 1-4절을 보면 '나실인의 서원'이 나옵니다. 나실인의 서원은 자기 몸을 구별해서 여호와께 특별히 드리는 하나의 의식입니다. 이 의식은 무엇을 요구합니까? 포도주와 독주를 멀리하라고 했습니다. 포도주의 초나 독주의 초뿐만 아니라 포도즙도 마시지 말며 생포도나 건포도도 먹지 말라고 했고 포도나무의 소산은 씨나

껍질도 먹지 말라고 했습니다.

예나 지금이나 인생에서 술 마시는 것 빼면 살맛이 없다고 하는 사람들이 많습니다. 술맛을 아는 사람들은 부인 없이는 살아도 술 없이는 못 산다고까지 말합니다. 게다가 유대인들은 일상에서 포도주를 음료수처럼 마셨습니다. 하루 종일 일해서 녹초가 된 몸을 이끌고 집에 돌아오면 식구들과 둘러앉아 향기로운 포도주를 마시며 그날의 피곤을 풀었습니다. 그러니 스스로 얼마의 기간을 정해놓고 포도주를 멀리하는 이 서원은 유대인들에게 대단한 각오를 요하는 것이었습니다.

포도주를 금하는 것과 함께 지켜야 했던 또 다른 의식은 머리를 깎지 않는 것과 시체를 가까이하지 않는 것이었습니다. 부모나 형제자매가 죽었다 해도 예외가 아니었습니다. 자기 몸을 구별하여 하나님께 드리는 표가 그 머리에 있고, 자기의 몸을 구별하는 모든 날 동안에는 여호와께 거룩한 자이기 때문입니다(민 6:8).

민수기 6장에 기록된 나실인의 서원과 비교해보면 바울 당시에는 다른 규칙이 더해집니다. 한 번 서원하면 30일간 해야 했고, 민수기에는 없는, 고기를 금하는 규칙도 나옵니다. 포도주와 함께 고기도 일절 먹지 않는 것입니다. 세상에서 먹고 즐길 만한 것은 전부 끊어버립니다.

바울이 나실인의 서원을 따랐든, 아니면 유대교의 관습대로 머리를 깎았든 사실 그것은 큰 의미가 없습니다. 우리의 마음을 깊게 두드리는 것은 하나님께 받은 은혜에 감사하고자 자신을 구별해 드린 바울의 마음입니다.

오늘 우리에게도 일시적인 나실인의 생활이 있어야 하겠습니다. 주기를 정해도 좋지만, 성령께서 마음에 소원을 주실 때에는 언제라도 자신을 구별해서 주님 앞에 시간을 드려야 합니다. 여러 가지 고난에서 건지시고 보호하신 것을 알았을 때, 그 은혜에 감사하며 자신이 즐기던 것을 다 내려놓고 기도와 말씀으로 주님과 깊은 교제를 나누면서 찬양하는 시간이 필요합니다.

우리는 평탄한 생활 속에서도 하나님의 은혜에 감사하다는 말뿐, 정작 자신을 특별히 드리고자 하는 아름다운 모습을 보이지 못합니다. 흔히 문제가 터졌을 때만 구별된 시간을 가져보려고 합니다. 갑자기 병이 났을 때 궁여지책으로 나실인이 됩니다. 갑자기 사업의 위기를 만났다거나, 자녀의 입시를 앞두었을 때 금식을 하곤 합니다. 그러나 하나님은 작은 일이든 큰일이든 감사하고 그 은혜를 생각할 때마다 너무나 감격스러워 나실인의 서원을 하는 것을 몇 배로 더 기뻐하십니다. 하나님의 은혜가 귀해서, 하나님의 사랑에 감사해서 자신을 드립시다. 먹고 마시며 즐기는 것을 끊고, 주님과의 관계에 방해되는 것들을 물리치고, 조용히 마음을 드리는 나실인의 생활을 한다면 더 깊고 높고 크신 하나님을 경험하게 될 것입니다.

사도행전 19장

성경을 가르치고 배울 때 제일 먼저 다룰 것이 '예수 그리스도'입니다. '예수 그리스도'를 하나의 국가 혹은 공동체로 바꾸면 바로 '하나님 나라'가 됩니다. 그래서 하나님 나라에 대해 강론했다고 하면 하나님 나라의 왕이신 예수 그리스도에 대해 강론했다는 말과 같습니다.

72

예수 믿는 것과
성령 믿는 것

이르되 너희가 믿을 때에 성령을 받았느냐 이르되 아니라 우리는 성령이 계심도 듣지 못하였노라(행 19:2)

바울은 3차 전도 여행길에서 고린도와 터키를 거쳐 터키 남단의 에베소를 다시 찾았습니다. 이것은 두 번째 정식 방문으로 그는 여기서 2년 6개월 이상 체류합니다.

바울은 에베소에서 열두 명의 '어떤 제자들'을 만났습니다. '제자'란 당시 예수 믿는 사람들을 지칭할 때 통용되던 말입니다. 바울은 그들에게 전에 없던 질문을 던졌습니다. "너희가 믿을 때에 성령을 받았느냐?" 에베소의 제자들은 "우리는 성령이 있다는 것도 몰랐고 성령이라는 이름도 듣지 못했습니다"라고 대답했습니다. 한마디로 백지 상태였습니다. 이 말을 들은 바울은 어이가 없다는 듯이 "그럼 너희가 무슨 세례를 받았느냐?" 하고 다시 물었습니다. 그랬더니 그들은 "요한의 세례를 받았습니다"라고 대답했습니다.

바울이 준 세례

제자들과 짧은 문답식 대화를 한 후 바울은 요한이 준 세례의 의미를 설명해주었습니다. 요한은 자신 뒤에 오시는 이를 증거 하기 위해 세례를 베풀었고, 그 뒤에 오신 이가 바로 예수 그리스도이며 우리는 그분을 믿어야 한다는 것을 가르쳤습니다. 이 말을 들은 제자들은 성부와 성자와 성령의 이름으로 세례를 받았습니다. 성경에는 "주 예수의 이름으로 세례를 받으니"(19:5)라고 기록되어 있지만 통상적으로는 삼위일체의 이름으로 세례를 주었습니다. 그런데 바울이 제자들에게 세례를 주면서 안수할 때 어떤 일이 일어났습니까? 오순절 예루살렘에 나타났던 '불의 혀' 같은 것은 없었지만 방언과 예언이라는 성령의 표적이 나타났습니다.

대단히 짧은 말씀이지만 정말 어려운 부분입니다. 이 말씀에 대한 해석은 아주 대조적입니다. 먼저 장로교 성경 해석의 표준이자 정석인 칼빈의 해석을 살펴보겠습니다. 그는 소위 제자들이라고 하는 사람들은 이미 요한의 세례를 받았기 때문에 세례를 또 받을 필요가 없었다고 해석합니다. 이미 예수님을 믿었기 때문입니다. 단지 성령을 너무 몰랐기에, 바울은 그들이 성령의 사람이 되게 해달라고 기도해준 것뿐입니다. 바울이 주 예수 그리스도의 이름으로 다시 세례를 주었다고는 하지만 실제로 그들이 세례를 받은 것은 아니라고 주장합니다.

칼빈의 해석은 대단히 어색합니다. 왜냐하면 성경에 분명히 세례를 받았다고 기록되어 있는데 그것이 세례가 아니라고 하니 너무나 인위적인 주장이라고밖에 볼 수 없습니다. 성경 해석의 정석으로 통하는 분도 이런 난제 앞에서는 좀 힘들어하는 것 같습니다. 그러나 그것은 사실 정상입니다. 어느 누구도 66권에 적힌 하나님의 말씀

전부를 완전하게 해석할 수는 없기 때문입니다. 아무리 훌륭한 인물이라 해도 성령께서 열어주지 않는 진리가 있기 마련입니다.

오순절 계통의 신학은 칼빈의 해석과 대조적인 입장을 보입니다. 이 열두 명의 제자는 예수를 믿은 사람들이고 물세례도 이미 받은 사람들이라고 봅니다. 그러나 그들에게는 성령세례가 꼭 필요했기 때문에 2차 성령세례를 받도록 바울이 기도해주었고, 그들이 마침내 성령세례를 받은 것이라고 해석합니다. 그러므로 모든 그리스도인은 비록 성부와 성자와 성령의 이름으로 물세례를 받았다 할지라도 반드시 2차 성령세례를 받아야 하고, 성령세례를 통해 방언도 하고 예언도 하는 은사를 체험해야 한다고 주장합니다. 만약 그런 체험이 없다면 그 사람은 구원받았다고 할 수 없는 불확실한 신자라고 정의를 내립니다.

같은 말씀을 가지고도 이처럼 대조적인 입장이 나오니 성경 해석이 얼마나 어려운지 모릅니다. 본문을 좀 더 정확하게 이해하기 위해서는 액면 그대로 검토하되, 기록된 본문 배후에 숨어 있는 대화의 흐름이라든지, 감정의 변화라든지, 또 당시 상황을 염두에 두는 것이 꼭 필요합니다. 여기서 중요한 것은 바울이 그들에게 왜 이렇게 이상한 질문을 던졌느냐는 것입니다.

만약 교회 다니는 사람에게 "예수 믿고 성령 받으셨어요?" 하고 묻는다면 그런 질문을 하는 숨은 뜻이 무엇이겠습니까? 그 사람의 믿음을 의심하는 것입니다. 믿음과 성령은 언제든지 하나입니다. 믿을 때 성령이 그에게 임하시고, 성령이 임하지 않으면 예수를 주라 시인하지 못합니다. 성령이 임하기 때문에 믿음을 가질 수 있습니다. 물세례는 자신이 믿음과 동시에 성령 받았다는 것을 외적으로 확증하는 행위입니다.

그러니 "너희가 믿을 때에 성령을 받았느냐" 하는 말은 "당신 믿음이 진짜입니까, 가짜입니까" 하고 묻는 것이나 다름없습니다. 이 질문은 어떤 면에서 상대방에게 상당한 불쾌감과 모욕을 줄 수 있습니다. 그렇기에 바울은 지혜롭게 질문을 던진 것입니다.

믿는다는 것은 성령 받았다는 것과 같은 의미입니다. 제자들이 바울의 질문에 "우리는 믿을 때 성령 받은 사람이요, 성령을 받은 사람이기 때문에 예수를 믿습니다. 이것을 하나님께 감사합니다" 하는 정도의 대답을 할 수 있었다면 바울의 염려는 괜한 것이 되었을 것입니다. 그런데 역시 영적 직관력이 있는 바울인지라 상대방의 영적 상태를 어느 정도 파악했습니다. 그래서 그들을 테스트한 것입니다. 아니나 다를까 바울이 의심한 대로였습니다. 그들은 성령이 있다는 말도 못 들었다고 대답합니다. 이때는 이미 오순절 성령이 임하고 대략 7, 8년 후입니다. 그러니 에베소교회를 다니고 물세례를 받았다는 사람이 성령을 모른다는 것은 말도 안 되는 이야기입니다. 그런데 그들은 성령에 대해 전혀 몰랐습니다.

교회 안에는 이런 엉터리들이 가끔 있습니다. 사마리아에서 빌립이 전도할 때 가장 떠들썩했던 사건이 무엇입니까? 그 지역에서 점쟁이로 유명한 마술사 시몬이 예수를 믿겠다고 따라나선 것입니다. 하던 일을 전부 다 접고 빌립을 따라다니면서 세례도 받고, 전도도 하고, 믿는 사람들과 교제도 하고, 제자로서 할 것은 다 했습니다. 그런데 베드로가 와서 보니 시몬은 마음에 악독이 가득하고 아무것도 바뀌지 않은 사람이었습니다. 교회 안에 이런 사람이 있을 수 있습니다. 본문에 나오는 '어떤 제자들'은 마술사 시몬과 별반 다르지 않았습니다.

바울이 이르되 요한이 회개의 세례를 베풀며 백성에게 말하되 내 뒤에 오시는 이를 믿으라 하였으니 이는 곧 예수라 하거늘 그들이 듣고 주 예수의 이름으로 세례를 받으니(19:4-5).

바울이 한 말을 가만히 살펴봅시다. 성령세례를 설명하고 있습니까, 아니면 복음을 전하고 있습니까? 복음을 전했습니다. 왜 그랬겠습니까? 그들은 성령도 모르는 사람들, 예수 이름도 모르는 사람들, 기초가 전혀 없는 사람들이었기 때문입니다.

19장 4-5절에서 바울은 '성령세례'라는 말은 하지 않았습니다. 오로지 예수를 믿어야 한다는 것만 이야기했을 뿐입니다. 이 말을 듣고 그들은 주 예수의 이름으로 세례를 받았습니다. 예수님이 구원자라는 것을 고백하고 드디어 예수를 믿게 되었습니다. 이들이 세례 받을 때 성령 받은 것은 오늘날 우리가 예수 믿을 때 성령 받는 것과 같습니다. 다른 것이 있다면, 그들에게는 성령 받은 외적인 표시인 예언과 방언이 있었다는 정도입니다.

그러므로 이 본문을 가지고 칼빈의 해석대로 바울이 세례를 주지 않았다고 부정하는 것은 부자연스러운 주장입니다. 또한 오순절 계통의 해석대로 세례를 받은 사람이라 해도 성령세례를 다시 받아야 한다는 근거는 없습니다. 이 두 가지 모두 적절하지 않습니다.

성령세례와 은사 체험

열두 명의 제자는 분명 세례를 받았고, 예수를 믿었고, 동시에 성령을 체험했습니다. 그들이 받은 세례는 소위 2차 성령세례가 아니었습니다. 성령세례라는 말은 함부로 쓰면 안 됩니다. 성경에서 물세례는 곧 성령세례입니다. 물세례는 성령세례의 상징입니다. 다시 말해, 성령세례를 받았다고 외적으로 표현하는 것이 물세례입니다. 그러므로 이 두 개를 별개라고 생각하면 안 됩니다.

사도행전을 보면 성령세례를 받은 사람들이 다 방언한 것도 다 예언한 것도 아닙니다. 받았는지 안 받았는지도 모르게 조용히 받는 사람들도 있습니다. 성령세례는 다른 말로 하면 예수 믿을 때 성령이 우리에게 임하는 것을 이야기합니다. 이것은 체험적일 수도 있고, 아닐 수도 있습니다. 그러니 한 번 세례 받은 사람은 다시 성령세례를 받겠다고 몸부림칠 필요가 없습니다. 또 다른 성령세례를 구하는 것은 잘못하면 마귀에게 시험당하는 빌미가 되고 맙니다.

이와 함께 주의할 점은, 성경에 나오는 몇 가지 특수 사례를 일반적으로 적용하는 것이 대단히 위험하다는 것입니다. 몇 가지 실례를 들어보겠습니다. 바울이 다메섹 도상에서 누구를 만났습니까? 예수 그리스도를 만나 거꾸러지고 새사람이 되었습니다. 그렇다면 이 사건을 두고 누구든지 진짜 예수 믿고 회개하려면 바울과 같은 체험을 해야 한다고 말할 수 있습니까? 그렇게 주장할 수 없으며, 누구도 그런 주장을 해서는 안 됩니다. 그런데 성경을 잘 모르는 성도들은 그렇게 주장하는 사람 앞에 가면 그게 진리인가 싶어 자신에게 그런 체험이 없는 것을 안타까워하고 안절부절못합니다.

에베소 사건도 마찬가지입니다. 에베소 사람들이 물세례를 받을 때 성령이 임하셔서 방언도 하고 예언도 했으니 우리도 다 이렇게 되어야 성령 받은 사람이라고 한다면, 그것은 성경의 원칙을 무시하는 해석입니다. 성령의 특별한 역사는 전적으로 하나님이 주십니다. 성령이 주시는 것입니다. 주시면 감사한 일이요, 안 주셔도 감사한 일입니다. 외적으로 보이는 표적이 없다고 불안해한다든지 성령을 의심한다면 이는 성령에 대한 모욕입니다.

> 우리가 세상의 영을 받지 아니하고 오직 하나님으로부터 온 영을
> 받았으니 이는 우리로 하여금 하나님께서 우리에게 은혜로 주신
> 것들을 알게 하려 하심이라(고전 2:12).

우리는 세상의 영을 받지 아니하고 하나님으로부터 온 영, 곧 성령을 받았습니다. 이는 하나님께서 우리에게 주신 모든 은혜를 알게 하려고 주신 것입니다. 성령 앞에 감사해야 할 것이 얼마나 많은지요. 성령의 은혜를 받았기 때문에 우리가 예수를 알게 되지 않았습니까. 성령의 은혜를 받았기 때문에 우리가 십자가의 도를 깨닫지 않았습니까. 성령 때문에 우리가 하나님의 놀라운 약속, 구원의 선물을 받지 않았습니까. 성령 때문에 오늘도 우리는 하나님의 자녀인 것을 확신하고 살아갑니다. 성령 때문에, 우리가 구하는 것을 하나님이 들으실 줄 믿고 날마다 기도합니다.

이 모든 은혜를 받았는데 지금 눈에 보이는 표적이 없다고 불만스러워한다든지, 성령이 함께하시지 않는 것처럼 생각한다든지, 성령을 불신하는 것은 그야말로 성령을 모독하는 행위입니다. 영적 체험이 있든지 없든지 이미 예수 믿는 나에게 성령이 함께하신다는 것을 확신합시다.

성령의 역사인지 분별하라

사탄은 순수한 영적 체험을 모방합니다. 무시무시한 일입니다. 성령이 주시는 것 외에도 방언 같은 현상이 일어날 수 있습니다. 다른 종교에서도, 심지어는 정신병동에서도 방언

현상은 얼마든지 나타난다는 사실을 마음에 두기 바랍니다.

만약 성령이 이런 외적 표적을 주셨다면, 그 결과는 성경적이어야 합니다. 분명히 그는 하나님을 찬송할 것입니다. 성령 받은 사람들의 공통점이기 때문입니다. 에베소서 5장 18절 이하에 나오는 성령 충만한 사람들을 보면 모두 하나님을 찬양합니다. 사도행전 2장을 보아도 성령 충만한 사람들은 하나님의 크신 일을 찬양합니다. 찬양이 넘칩니다. 예수 그리스도를 자랑하고 드러냅니다. 왜냐하면 성령은 진리의 영이기 때문입니다.

또한 성령이 주신 표적이라면 자기를 선전하지 않습니다. 진정 성령의 은혜를 받은 사람은 자기를 숨깁니다. 자신이 한 체험도 가급적 숨기려 할 것입니다. 오직 하나님만 영광 받으시도록, 예수 그리스도만 높입니다. 무엇보다 참다운 성령의 은혜를 받은 사람은 겸손하고 온유합니다. 하나님이 주시는 성령의 충만함을 받으면 서로 순종하게 됩니다. 서로 순종하여 교회에 덕을 세웁니다. 성령이 주신 은혜로 방언하고 기뻐하는 사람들에게는 이 같은 특징이 있습니다. 그렇지 않다면 일단 경계해야 합니다. 경계해야 할 몇 가지 경우를 살펴보면 이렇습니다.

먼저, 성령의 체험을 했다고 해서 자신만이 완전한 경지에 도달한 것처럼 행세하고 성령을 독점한 것처럼 말하는 사람이 있습니다. 이들은 자신만 천국을 누리고 천국의 기쁨을 맛보는 것처럼 행세합니다. 이런 사람을 보면 의심해야 합니다. 하나님은 교만한 자를 가장 미워하시기 때문입니다. 거룩한 성령이 충만히 임한 사람에게 교만이 번뜩인다는 것은 상상도 못할 이야기입니다. 일단은 의심해보아야 합니다. 사도 요한은 "영을 다 믿지 말고 오직 영들이 하나님께 속하였나 분별하라 많은 거짓 선지자가 세상에 나왔음이라"(요일 4:1)

라고 했습니다. 우리는 분명히 분별할 수 있습니다.

둘째는 다른 사람들을 내려다보면서 지배하려고 드는 사람이 있다면, 그 사람이 무슨 대단한 체험을 했든지 간에 일단 의심해야 합니다. 예를 들면 자신이 기도하면서 신비한 체험을 하고 능력을 받았으니 무슨 일이 있으면 자기에게 와서 물어보라고 한다든지, 사람들을 찾아다니면서 안수기도를 해주겠다고 한다든지, 일상에서 사람들 간에 생기는 사사로운 문제를 놓고 이래라저래라 명령하는 자들이 있습니다. 그러나 참다운 성령의 역사는 순종과 섬김입니다. 성령 충만하신 예수님도 종으로서 겸손하게 섬기는 모습을 보이셨습니다. 이래라저래라 명령하는 지배자가 아니었습니다. 그 원칙에서 어그러지는 것은 성령의 역사라고 할 수 없습니다.

셋째로 다른 사람에게 자기의 체험과 같은 일을 하도록 강요하는 사람들을 조심해야 합니다. 성경은 모든 사람이 성령의 은사를 동일하게 받는다고 하지 않았습니다. 여러 가지 은사 중에서 성령이 기뻐하시는 대로 각 사람에게 주신다고만 했을 뿐입니다(고전 12:4-11). 그러므로 "내가 받았으니 너도 받아라" 하는 것은 비성경적입니다.

이렇게 자기 체험을 다른 사람에게 강요하는 것은 성령의 주권을 침해하는 행위입니다. 은사를 주고 안 주고는 성령의 뜻에 달린 것이지, 사람의 의지가 아닙니다. 이런 사람들은 또한 상대를 실족하게 하는 우를 범합니다. 믿음이 약한 사람들이 은사를 받기 위해 애를 쓰다가 원하는 대로 받지 못하면 실족하지 않겠습니까?

또 하나 선을 그어야 할 것이 있습니다. 신앙과 생활이 일치하지 않는 사람을 주의해야 합니다. 믿음도 좋아 보이고 성령의 은사를 받았다며 굉장히 들떠 있는데 그의 가정생활, 직장생활, 대인관계를 보면 참 기가 막힌 사람들이 있습니다. 성경에서는 가정을 등한시하는 사람을 성령의 사람이라고 하지 않습니다. 자기 생활에 충실하지 않은 사람을 성령의 사람이라고 말하지 않습니다. 주님의 말씀에 철저하게 복종하는 삶이 없는 사람, 말로만 떠들고 다니는 사람을 성령의 사람이라고 하지 않습니다.

마지막으로, 어떤 사람이 은사를 받았다고 하면서 다른 형제에게 봉사를 했는데 결과가 나쁜 경우입니다. 예를 들어 병자를 위해 기도해주었는데 그만 병자에게 악령이 들어가 상태가 더 악화되었다든지 정신적으로 이상해졌다든지 하는 일이 일어나면 일단 그 사람은 의심해야 합니다.

마귀는 간교해서 우리가 영적으로 어지간히 예민하지 않으면 구별할 수 없습니다. 결론적으로 말씀드립니다. 체험 그 자체는 절대 나쁜 것이 아닙니다. 체험할 수만 있다면, 다시 말해 성령이 체험을 주시면 감사하게 받으십시오. 그러나 체험이 없다면 없는 대로 겸손하십시오. 체험이 있는 사람을 시기한다든지 무조건 비판하는 것도 죄가 됩니다. 성령 받은 사람은 체험이 있어도 성령의 사람이요, 체험이 없어도 성령의 사람입니다. 시기할 것도 없고, 비판할 것도 없습니다.

참고로, 성령의 체험은 주로 기질과 관련이 있다는 것을 알아두는 것이 좋습니다. 우리가 아무리 예수를 잘 믿어도 타고난 기질은 잘 안 바뀝니다. 그런데 일반적으로 성령 체험에 민감한 기질이 있습니다. 이런 기질 때문에 남다른 체험을 할 수 있습니다. 그리고 성령께서도 그런 기질을 가진 사람에게 은사를 주셔서 하나님이 영광 받으실 일을 시키실 때가 있습니다. 그러나 성령은 냉정한 사람을 붙들고 일하기도 하시고, 다혈질인 사람을 붙들고 일하기도 하십니다. 성령의 역사는 굉장히 폭이 넓고, 하나님의 역사는 다양합니다.

73

두란노 서원에서
하나님 나라를 말하다

> 에베소에 사는 유대인과 헬라인들이 다 이 일을 알고 두려워하며 주 예수의 이름을 높이고 믿은 사람들이 많이 와서 자복하여 행한 일을 알리며 … 이와 같이 주의 말씀이 힘이 있어 흥왕하여 세력을 얻으니라(행 19:17-18, 20)

바울은 2차 전도 여행을 거의 마치고 고향으로 돌아가는 길목에서 에베소를 처음 방문했습니다. 더 오래 있기를 청하는 에베소 사람들에게 '하나님의 뜻이면 너희에게 돌아오리라'는 약속을 남기고 떠났던 바울은 3차 전도 여행에서 에베소를 다시 방문했습니다.

다시 찾은 에베소에서 바울은 회당에 들어가 석 달 동안 담대히 하나님 나라에 대해 가르치다가 상황이 여의치 않자 제자들을 따로 세우고 두란노 서원으로 옮겨 두 해 동안 강론했습니다. 이렇게 두란노 서원을 중심으로 복음이 힘 있게 퍼져나갔고, 아시아에 사는 자는 유대인이나 헬라인이나 다 주의 말씀을 들었습니다(19:10). 동시에 하나님은 깊은 뜻을 가지고 바울의 손으로 놀라운 능력까지 행하게 하셨습니다.

성령의 역사가 강하게 일어나면 사탄의 방해도 그만큼 격렬해지는 것을 우리는 성경을 통해 누누이 보았습니다. 에베소에서도 복음이 흥왕하자 사탄의 영역에 속한 사람들이 들고 일어나 소요를 일으켰습니다. 이것이 19장에서 벌어진 일의 대략적인 내용입니다.

바울의 꿈, 하나님 나라

바울이 에베소에서 가르친 대주제는 '하나님 나라'입니다. 흔히들 하나님 나라라고 하면 항상 보이지 않는 저 너머의 세계로 알고 있지만 교회가 이 세상에서 가장 중요하게 가르치고 배워야 할 것이 바로 하나님 나라입니다.

하나님 나라는 원래 예수님이 가르치신 첫 주제입니다. 이 세상에 처음 모습을 드러내셨을 때 "회개하라 천국이 가까이 왔느니라"(마 4:17)라고 하셨고, 부활하신 후 40일 동안 가르치신 대주제도 "하나님 나라"(1:3)였습니다.

성경을 가르치고 배울 때 제일 먼저 다룰 것이 '예수 그리스도'입니다. '예수 그리스도'를 하나의 국가 혹은 공동체로 바꾸면 바로 '하나님 나라'가 됩니다. 그래서 하나님 나라에 대해 강론했다고 하면 하나님 나라의 왕이신 예수 그리스도에 대해 강론했다는 말과 같습니다.

하나님 나라라는 주제가 얼마나 광대하고 깊은지 바울은 회당에서 3개월 동안 이 문제만 가지고 강론했고, 회당을 나와 두란노 서원으로 옮겨가서도 2년이나 가르쳤습니다. 바울이 쓴 로마서를 비롯해 여러 서신서를 보면 하나님 나라에 대한 그의 깨달음이 얼마나 심오한지 알 수 있습니다. 강론이란, 어떤 주제에 대해 논리적으로 깊이 있게 다루고, 참여한 모든 사람이 함께 생각하며 동참하도록 이끄는 하나의 교수 방법입니다. 그러므로 회당과 두란도 서원에서 했던 하나님 나라에 대한 강론은 30~40분짜리 설교 수준이 아니었음을 알 수 있습니다.

사실 하나님 나라는 어려운 주제입니다. 그러나 에베소에서 바울은 예수를 갓 믿은 사람들에게 이렇게 쉽지 않은 주제를 오랜 시간 가르쳤습니다. 바울은 은혜 받은 사람이요, 하나님 나라에 완전히 매료되어 눈앞에 보이는 영원한 나라를 위해 어떻게 살아야 할까 하는 이야기로 시간 가는 줄 몰랐을 것입니다.

오늘날 교회와 얼마나 대조적입니까? 현대 교회가 주로 다루는 주제는 무엇입니까? 정작 알아야 할 예수 그리스도와 하나님 나라는 경시하고 개인의 평안과 문제 해결에 더 큰 관심을 갖는 경향을 띠지 않습니까? 제 진단이 맞다면, 이는 정말 심각한 문제입니다.

영원한 나라에 대한 꿈이 살아 있으면 자신이 지금 하고 있는 일에 권태증이 생기지 않습니다. 왜 그렇습니까? 그 일이 영원히 지속되지 않는다는 것을 알기 때문입니다. 가정에 어떤 문제가 있어도 이겨낼 힘이 있습니다. 더 큰 것을 보고 있기에 그렇습니다. 더 큰 것을 가진 사람은 작은 것에 연연하지 않고 담대할 수 있습니다. 큰 것이 없으면 작은 것이 큰 것처럼 부각됩니다. 우리에게 진정 하나님 나라의 꿈이 있습니까?

두란노 서원이 텅 비는 시간에

바울이 먼저 회당에서 석 달 동안 하나님 나라에 대해 열심히 가르쳤지만 어떤 사람들은 끝까지 듣지 않았습니다. 성경은 이들을 가리켜 '마음이 굳었다'고 표현했습니다. 돌멩이처럼 단단한 마음이었습니다.

이렇게 마음이 굳은 사람은 성령도 어떻게 할 도리가 없습니다. 바울처럼 능력 있는 하나님의 종도 어떻게 할 도리가 없습니다. 그래서 바울은 그들을 떠났습니다. 부지런히 가르쳐주어도 끝까지 마음을 안 열면 그 책임은 본인이 져야 합니다. 유대교가 예수 그리스도를 메시아로 인정하지 않으니까 바울이 회당에서 물러나 장소를 두란노 서원으로 옮겼습니다. 두란노 서원은 두란노라는 유명한 철학자가 자기 생도들에게 강론하기 위해 만든 곳으로 일종의 학원 같은 성격이었습니다. 바울이 이런 장소를 어떻게 얻을 수 있었는지 참 궁금합니다.

터키 지역의 낮 시간은 무척이나 덥습니다. 기록에 따르면 터키가 있는 소아시아 지역은 아침 7시나 9시부터 11시까지 수업을 하고, 11시부터는 휴식에 들어가 식사를 하고 1시쯤 되면 낮잠을 잔다고 합니다. 그렇게 자고 일어나면 일이 바로 손에 안 잡히니까 결국 오전 11시부터 오후 4시까지는 일이 제대로 되지 않는다고 합니다. 이러한 배경을 놓고 볼 때 두란노 서원도 오전 11시 이후에는 비었을 거라 짐작할 수 있습니다.

학자들에 따르면, 바울은 오전 11시부터 오후 4시까지 서원이 비는 시간을 이용해 가르쳤다고 합니다. 바울은 다른 사람들이 일하는 오전 7시부터 11시까지는 남들처럼 똑같이 일을 하다가 오전 11시부터 오후 4시까지는 회당에서 말씀을 강론하고, 그다음에 좀 쉬다가 밤 시간대에 일터로 돌아가 천막을 만들며 생활한 것 같습니다. 그렇게 생계를 꾸려가면서 하나님의 나라를 2년 3개월 동안 강론한 것입니다.

바울이 택한 시간, 또 바울을 찾아온 사람들이 강론을 들은 시간을 눈여겨볼 필요가 있습니다. 그 시간은 대부분의 사람들이 휴식을 취하는 시간, 제일 힘들고, 덥고, 졸리고, 피곤하고, 가장 능률이 오르지 않는 시간입니다. 세상 사람들이 쉬는 시간, 세상 사람들이 꺼리는 시간을 이용해 말씀을 배우려고 심혈을 기울였습니다. 이런 시간에 말씀을 전하려고 주의 종들은 잠을 설쳤으며 쉴 틈 없이 움직였습니다.

중국의 문이 열리기 전 공산 치하에서 목숨을 걸고 믿음을 지켰던 신자들이 어떻게 했습니까? 하루 종일 노동하고 소양교육까지 받은 후 집에 돌아와서는 그야말로 만사 다 제치고 자야 할 시간에 이불을 뒤집어쓰고 라디오를 틀었습니다. 라디오에서 나오는 하나님의 말씀을 또박또박 받아 적으며 그 말씀을 마음에 담고, 외우고, 기도하던 신자가 한두 명이 아니었습니다. 구소련의 그리스도인들도 비슷했습니다. 하루 종일 공장에서 일하고 집에 돌아온 뒤 남들이 한참 밥을 먹고 TV 보는 시간을 이용해 몇몇이 모여 기도하고 서로 격려하고, 하나님의 말씀을 한 마디라도 더 나누는 등 그야말로 가물거리는 신앙의 등불이 꺼지지 않도록 노력했습니다. 이것이 기독교입니다.

기독교는 시원한 에어컨 바람을 맞으며 걸어오지 않았습니다. 기독교는 가장 좋은 시간, 가장 능률이 오르는 시간을 골라 하나님의 말씀을 배웠기 때문에 이만큼 뿌리를 내린 것이 아닙니다. 가장 어려운 시간에, 가장 힘든 여건을 무릅쓰고 일어섰습니다. 그런데 오늘날 우리의 모습은 어떻습니까? 하나님의 말씀을 배우려면 에베소 사람들처럼 남들이 자는 시간, 남들이 쉬는 시간을 이용해야 합니다. 말씀을 배우고 싶으면 TV 보는 시간을 줄여야 합니다. 기독교는 한가한 사람들이 믿는 종교가 아닙니다. 배우고자 하는 갈망, 가르치고자 하는 열정으로 뙤약볕 아래에서도 선포되는 것이 하나님 나라입니다. 세상 지식을 얻기 위해서도 땀 흘리기를 마다하지 않는데 영혼을 살리는 문제를 두고 어떻게 시간 날 때만 적당히 할 수 있겠습니까? 어떻게 하나님 나라를 세워갈 수 있겠습니까?

바울의 손수건과 앞치마

사도행전에서 중요한 두 인물은 베드로와 바울입니다. 이들에 관한 기록을 보면 비슷한 점이 많습니다. 베드로와 바울 모두 걷지 못하는 자를 일으켰고, 귀신을 쫓아냈으며, 각각 마술사와 대결했습니다. 또 두 사람 모두 죽은 자를 살렸고, 감옥에 갇혔다가 기적적으로 구출됩니다. 정말 비슷합니다. 성령께서 이들의 능력과 이적 기사를 비슷비슷하게 엮어 말씀을 기록하신 것을 볼 때 과연 이들처럼 능력을 체험하고 행사하며 산 사람이 역사상 몇이나 될까 생각하게 됩니다.

흔히들 '믿는 대로 되리라' 해놓고는 자신이 바울과 같은 수준이나 되는 것처럼 착각합니다. 그러나 믿음은 그렇게 허황한 것이 아닙니다. 특별한 능력은 하나님의 섭리에 따라 주어지는 것입니다.

> 하나님이 바울의 손으로 놀라운 능력을 행하게 하시니 심지어 사람들이 바울의 몸에서 손수건이나 앞치마를 가져다가 병든 사람에게 얹으면 그 병이 떠나고 악귀도 나가더라(19:11-12).

정말 희한한 일들이 일어났습니다. 바울의 손수건을 갖다가 얹기만 해도 병든 사람이 낫는 역사가 일어났습니다. 도대체 어떤 손수건이었기에 이런 일이 일어난 걸까요?

여기서 저는 재미있는 상상을 합니다. 바울이 두란노 서원에서 가르칠 때 땀이 얼마나 흘렸겠습니까? 선풍기도 없는 곳에서 열을 내며 가르칠 때 사용하던 손수건이 아니었을까요? 그 손수건에서는 아마도 퀴퀴한 냄새가 났을 것입니다. 그런데 그것으로 병자가 나았다니 얼마나 기가 막힌 역사입니까? 어떤 사람의 손에서 기적이 일어납니까? 주님의 영광을 위해서, 하나님의 나라를 위해서, 말씀을 위해서 땀 흘린 사람의 손에서 능력이 일어나지 않겠습니까?

이적과 기사를 경험한 에베소 사람들의 반응은 놀라웠습니다.

> 믿은 사람들이 많이 와서 자복하여 행한 일을 알리며 또 마술을 행하던 많은 사람이 그 책을 모아 가지고 와서 모든 사람 앞에서 불사르니 그 책값을 계산한즉 은 오만이나 되더라(19:18-19).

예수 믿은 사람들이 와서 자복하는 회개의 역사가 일어났습니다. 과거에 마술을 행하던 사람들이 예수를 믿고도 집에다 몰래 두고 틈틈이 보던 마술책을 전부 가지고 나와 불살랐습니다. 성경은 이런 현상을 '말씀이 흥왕하여 세력을 얻은' 것으로 표현합니다.

아무리 강하고 놀라운 이적 기사가 일어나도 그런 것들을 앞세우면 안 됩니다. 성령은 말씀을 앞세워 일하시기 때문입니다. 누구의 말씀입니까? 하나님 나라에 관한 말씀은 곧 예수 그리스도의 말씀입니다. '주의 말씀'이 힘이 있어서 흥왕하여 세력을 얻었다고 했지, 이적 기사 때문에 세력을 얻었다고 하지 않았습니다. 이적 기사가 아니라 '주의 말씀'을 드러내는 것이 하나님 나라의 법칙입니다.

에베소에서 소란이 일어난 것도 무엇 때문입니까? 이적 기사 때문입니까? 아닙니다. 19장 23절을 보면 "이 도로 말미암아 적지 않은 소동이 있었으니"라고 성경은 분명히 밝히고 있습니다. '이 도'(the Way)는 예수 그리스도를 가리킵니다. 예수님은 스스로 "나는 길이요 진리요 생명"이라고 말씀하셨습니다.

에베소에서 예수 그리스도에 관한 말씀이 얼마나 힘이 있었는지 우상 만드는 사람들이 모여 다음과 같이 증언했습니다.

> 이 바울이 에베소뿐 아니라 거의 전 아시아를 통하여 수많은 사람을 권유하여 말하되 사람의 손으로 만든 것들은 신이 아니라 하니 이는 그대들도 보고 들은 것이라(19:26).

하나님의 말씀이 에베소뿐만 아니라 소아시아 전역에 퍼져 영향을 끼쳤습니다. 그 영향으로 우상 만드는 사람들의 사업이 안 될 정도가 되었으니 두란노 서원에서 했던 강론에 얼마나 큰 능력이 있었는지 짐작이 갑니다. 그래서 어떤 학자는 이렇게 말합니다. "요한계시록에 나오는 아시아 일곱 교회가 완전히 뿌리를 내리고 든든히 선 것은 두란노 서원의 강론이 시작된 이후부터다." 그만큼 막강했습니다.

복음으로 승리하다

복음이 흥왕한 곳 어디서나 그랬듯이 결국 에베소에서도 큰 소란이 일어났습니다. 신상을 조각하는 데메드리오가 바울이 전하는 복음 때문에 자기 사업이 불리해지는 것을 보고 사람들을 선동해 소란을 일으킨 것입니다. 경제적 이해관계 때문에 개인적으로 소송하여 바울을 옥에 가둔 경우는 있지만, 이렇게 같은 업종의 사람들이 결속해서 집단적으로 일어난 사건은 아마 이번이 처음인 것 같습니다.

예수 믿지 않는 사람들의 마음을 지배하고 있는 우상은 무엇입니까? 맘몬, 즉 돈이라는 신입니다. 맘몬을 모시고 사는 사람은 조금이라도 돈을 잃게 되면 견디질 못합니다. 돈을 좋아하는 인간의 마음을 사탄이 얼마나 교묘하게 이용하는지 모릅니다. 사탄은 이렇게 경제적인 문제로 사람들을 미혹하고 시험합니다. 그렇게 해서 사람들의 마음을 사로잡은 뒤, 복음을 방해하고 교회를 핍박하고 하나님의 일을 가로막습니다.

그러므로 예수 믿는 사람들은 경제적인 부분에서 더욱 깨끗하고 정직해야 합니다. 또한 초연할 줄 알아야 합니다. 양보도 할 수 있어야 하고, 때로는 손해 볼 줄도 아는 용기가 필요합니다. 세상에 복음을 전하고 그들에게 하나님 나라를 가르쳐주어야 할 중차대한 책임을 진 우리는 무언가 달라야 합니다.

복음 사역은 많은 경우, 경제적 이해관계로 도전을 받습니다. 복음이 들어가면 우상과 관계된 업종이 자연히 퇴보하게 되고, 주류 판매자나 유흥업소가 분명히 손해를 보게 되어 있습니다. 바울은 에베소에서 우상을 만드는 업종에 종사하는 사람들을 찾아가 그만두라고 소리치지 않았습니다. 우상을 다 부숴버리자고 선동하지도 않았습니다. 조용히 예수 그리스도만 전했습니다. 결국 어떻게 되었습니까? 말씀의 능력 앞에 우상이 깨어지기 시작했고, 우상과 연관된 업종이 힘을 잃기 시작했습니다.

우리는 복음만 전하면 됩니다. 괜히 마을에 있는 산당을 찾아가서 불을 지르고 신상을 부수다가 잡혀가는 어리석은 짓은 하지 않는 것이 좋습니다. 폭력으로 맞선다고 해서 이길 수 있는 것이 아닙니다. 오직 복음으로만 이길 수 있습니다.

사도행전 20장

이 놀라운 성령의 불길 때문에 비천한 노예들을 통해서 로마가 복음에 정복당한 것입니다. 아무런 영향력이 없고 존재감도 없는 사람들, 힘이 없고 가치가 없어 보이는 사람들을 하나님이 들어 사용하셨습니다.

74

로마를 향한
직로를 막으시다

그 주간의 첫날에 우리가 떡을 떼려 하여 모였더니 바울이 이튿날 떠나고자 하여 그들에게 강론할새 말을 밤중까지 계속하매(행 20:7)

소요가 그치매 바울은 제자들을 불러 권한 후에 작별하고 떠나 마게도냐로 가니라 그 지방으로 다녀가며 여러 말로 제자들에게 권하고 헬라에 이르러(20:1-2).

바울은 에베소의 소요가 그치자 그곳을 떠나 마게도냐와 아가야를 거쳐 예루살렘으로 가기로 작정했습니다. 여기서 '권하고'는 '파라칼레오'라는 헬라어로 '간곡하게 타이른다, 간절하게 알아듣도록 말한다'는 뜻입니다.

목회자의 권면, 성도 간의 권면

초대교회의 모습을 들여다보면 두 가지 형태의 권면이 있습니다. 목회자가 양 떼에게 하는 권면과 성도 간의 권면입니다. 특별히 목회자의 권면에 대해 성경은 이렇게 전합니다.

그러므로 우리가 그리스도를 대신하여 사신이 되어 하나님이 우리를 통하여 너희를 권면하시는 것같이 그리스도를 대신하여 간청하노니…(고후 5:20).

목회자가 양 떼에게 하나님의 말씀으로 권면하는 것은 그리스도를 대신하여 권면하는 것이라고 말합니다. 바울은 그레데섬에서 목회하는 디도에게 권면하기를 가르쳤습니다.

미쁜 말씀의 가르침을 그대로 지켜야 하리니 이는 능히 바른 교훈으로 권면하고 거슬러 말하는 자들을 책망하게 하려 함이라(딛 1:9).

너는 이와 같이 젊은 남자들을 신중하도록 권면하되(딛 2:6).

너는 이것을 말하고 권면하며 모든 권위로 책망하여 누구에게서든지 업신여김을 받지 말라(딛 2:15).

하나님 말씀을 잘 깨우치고 지키게 하는 것, 젊은이들에게 신중하도록 권하는 것, 또 잘못된 길로 간 사람을 권위로 책망하는 것 등이 목회자로서 권면해야 하는 내용입니다.

그렇다면 성도 간의 권면에는 어떤 것이 있을까요?

그러므로 피차 권면하고 서로 덕을 세우기를 너희가 하는 것같이 하라(살전 5:11).

그리스도의 말씀이 너희 속에 풍성히 거하여 모든 지혜로 피차 가르치며 권면하고 시와 찬송과 신령한 노래를 부르며 감사하는 마음으로 하나님을 찬양하고(골 3:16).

오직 오늘이라 일컫는 동안에 매일 피차 권면하여 너희 중에 누구든지 죄의 유혹으로 완고하게 되지 않도록 하라(히 3:13).

특히 히브리서 말씀은 권면의 시점을 아주 강한 어투로 강조하고 있습니다. 형제 가운데 누가 죄의 유혹을 받아 반복해서 죄를 짓고 있다면, 마음이 돌처럼 굳어져 양심의 가책조차 없어지기 전에 권면하라는 뜻입니다. 언제 권면하라고 했습니까? 바로 "오늘이라 일컫는 동안"입니다. 내일로 미루지 말고 오늘이라는 시간에 소망을 잃어버리는 위기에 빠지지 않도록 서로 붙들어주라는 말입니다.

권면이라는 것은 대부분 쓴 약입니다. 그러나 이 쓴 약을 나를 위해 주는 것이라 믿고, 목회자가 그리스도를 대신하여 전하는 하나님의 말씀이라는 믿음으로 받는다면 대단히 유익한 약이 됩니다. 불행하게도 현대 교회에서 목회자의 간곡한 권면은 점점 사라지고 있습니다. 심리학의 영향을 받아서 그런지 권면 대신 '상담'이란 용어를 많이 씁니다. 좋은 상담자의 모습은 어떤 말을 해주기보다는 내담자의 이야기를 끝까지 들어주는 것입니다. 그래서 심리학의 영향을 받은 목회자들이 분명히 책망할 것이 있는 성도를 앞에 두고도 그저 그 사람의 변명, 그 사람의 형편, 그 사람의 입장에서 들어주느라 시간을 다 써버립니다. 그러고는 기도해주고 돌려보냅니다. 참 안타까운 모습입니다.

목회자의 권면과 함께 성도 간의 권면도 중요합니다. 권면이란 함부로 남의 일에 이래라저래라 하는 것이 아닙니다. 그 형제가 명백하게 잘못된 길로 가고 있을 때, 그를 뜨겁게 사랑하는 마음으로 진실을 이야기하고 격려하는 것입니다. 이렇게 권면할 수 있는 성도, 곧 준비된 성도들이 있는 교회라면 그 교회는 삽니다. 서로 붙들어주기 때문에 생명력이 있습니다. 그러나 형제가 영적으로 병들었다는 것을 알면서도 간절한 마음으로, 아끼는 마음으로, 안타까운 마음으로 충고하는 사람이 없다면 교회 안에 계신 성령께서 분명히 탄식하실 것입니다.

로마서의 탄생

예루살렘으로 가는 여정에서 바울은 헬라에 이르러 석 달을 머물렀습니다. 헬라는 고린도와 아덴이 있는 아가야 지방을 말합니다. 성경학자들은 바울이 고린도에서 머문 것으로 추정합니다. 고린도는 아가야의 수도로 그 지역에서 가장 큰 도시였고, 바울이 1년 6개월 이상 사역했던 곳이기 때문입니다.

바울은 고린도에서 석 달 동안 무엇을 했을까요? 바로 여기서 로마서를 썼습니다. 하나님은 바울에게 다른 일거리를 주시지 않고 잠시 머물러 조용히 묵상하며 말씀을 기록하게 하셨습니다. 헬라에 머물렀던 바울을 보면 하나님이 쓰시는 도구는 가만히 앉아 있어도 하나님의 일을 한다는 것을 알게 됩니다. 눈에 드러나게 뛰어다니지 않아도, 무언가 특별히 하는 것이 없어 보여도 하나님의 일을 하고 하나님의 손에 쓰임받는다는 사실을 알게 됩니다. 고린도에서 바울이 보낸 3개월은 만고불변의 진리인 로마서를 우리에게 남겨준 고귀한 시간입니다.

가끔 이런 생각을 합니다. '만일 성경에 로마서가 없다면 얼마나 많은 혼란이 일어날까?' '예수 그리스도의 십자가 공로가 과소평가 될 위험은 얼마나 클까?' 로마서가 있어서 우리는 흔들림 없는 구원의 확신을 가질 수 있습니다.

사실 바울은 로마로 가기를 원했습니다. 당시 로마는 최대의 국제도시요, 황제가 있는 도시니까 그곳에 가서 복음을 전하면 파급 효과가 대단히 크기 때문입니다. 더 나아가 스페인까지 가서 복음을 전하겠다는 꿈을 꾸고 있었습니다. 로마서 15장 22-24절에는 '내가 너희에게 여러 번 가려고 했지만 길이 막혔도다. 그러나 내가 꼭 가기를 원한다. 그리고 내가 스페인까지 가서 복음을 전할 계획인데, 가는 길에 너희에게 들러서 은혜를 받고 너희의 전송을 받아 스페인까지 가기를 원한다'라는 내용이 있습니다.

결국 바울은 고린도에서 로마서를 써서 보내고 난 뒤 나중에 예루살렘에서 잡혀 2년간 감옥 생활을 하다가 죄수의 몸으로 마침내 로마로 가서 황제 앞에 서게 됩니다. 바울의 계획과는 달랐지만 하나님의 놀라운 섭리로 결국 로마행이 이루어진 것입니다.

고린도에서 로마서를 완성한 바울은 이제 수리아로 향합니다. 유월절에 맞춰 예루살렘에 가기 위해서였습니다. 당시 어지간한 유대인이라면 다들 유월절을 지내기 위해 예루살렘으로 가지 않았습니까? 바울도 그때를 기해 예루살렘교회를 방문하려고 한 것 같습니다. 처음에는 가까운 뱃길로 가려고 했으나 바울을 해하려고 공모하는 유대인들이 있어 육로를 따라 가게 되었습니다. 바울이 그렇게 육로를 따라 소아시아로 넘어갈 때 동행한 사람들이 있었습니다.

그들은 일곱 교회 대표들이었습니다. 당시 예루살렘 성도들은 기근으로 고생했고, 그 소식을 들은 교회들은 그들을 돕기 위해 정성껏 구제금을 모았습니다. 그 구제금을 전달하기 위해 교회 대표들이 바울과 동행한 것입니다. 당시 교회는 정말 순수하고 뜨거웠습니다. 예루살렘 지역의 교회가 기근으로 어려움을 당한다는 소식에 소아시아와 유럽의 교회들은 멀리 떨어져 있으면서도 그 아픔을 같이 느꼈습니다. 우리는 모두 한 교회라는 생각이 굉장히 강했습니다. 얼마나 부러운 모습인지 모릅니다.

오늘날 교회들에 이러한 '한 교회 의식'이 있는지 모르겠습니다. 교단이 다르고, 지역적으로 연관이 없어도 예수 그리스도가 영광을 받으시는 교회라면 어느 한 교회가 고통당할 때 함께 고통스러워하면서 기도하는 교회가 되었으면 합니다. 그런 교회들이 될 때 하나님께서 얼마나 기뻐하실까요?

예루살렘으로 가는 여정에 드로아에서 이레를 머물게 되는데 거기에서 인상적인 일이 벌어집니다. 유두고 사건입니다.

강론하는 열심, 듣는 열심

초대교회의 예배 모습을 보면 밤 시간에도 사람들이 모였습니다. 특별히 이 시간대에는 주로 노예 신분인 사람들이 모였을 거라 생각됩니다. 하루 종일 주인에게 시달리며 고된 일을 하던 사람들이 말씀을 듣겠다고 와서 앉았습니다. 그들이 모인 곳은 3층으로 된 조그마한 방이었습니다. 아마도 아래층은 다른 층보다 더웠을 것입니다. 게다가 밤이었으므로 횃불 아니면 등잔불 같은 것으로 불을 밝혔을 것이고, 방 안은 연기가 자욱하며 사람들의 코가 금방 까매지는 상황이었을 것입니다. 공기가 탁한 것은 이루 말할 수 없었으리라 봅니다. 유두고는 졸립기도 하고 공기도 텁텁해서 바람이 선들선들 들어오는 창문에 걸터앉아 말씀을 들어야겠다고 생각한 모양입니다.

그러나 창문 쪽은 아무래도 강론하는 사람 쪽에선 거리가 멀고, 바깥으로 주의가 쏠릴 수 있는 자리입니다. 예배당에는 졸기 쉬운 자리가 있습니다. 그러니 졸지 않으려면 자리를 잘 잡아야 합니다. 가급적이면 앞자리, 또 사람들의 눈이 제일 많이 오고가는 자리에 앉으면 어지간히 피곤해도 꾸벅꾸벅 졸 수 없습니다.

사실 유두고가 졸음을 이기지 못해 떨어진 데는 바울의 책임도 있습니다. 너무 설교를 오래 했기 때문입니다. 그래서였을까요? 바울이 내려가서 그를 살려주었습니다. 나중에 바울은 자기 동행자들은 먼저 배로 보낸 후 자신은 나중에 육로로 이동합니다. 그 이유 중에 하나는 유두고가 완전히 회복되는 것을 보고 떠나기 위해서였습니다. 자기 책임이 있다고 생각했던 것 같습니다.

유두고의 사건에서 하나 느낄 수 있는 것은 강론하는 자나, 듣는 자나 얼마나 열심이었나 하는 것입니다. 내일 떠나야 할 사람이 날이 새는 줄도 모르고, 사고가 나서 사람이 죽어가는 상황에서도 하나님의 말씀을 가르치려했으며, 사람들은 또 그 말씀을 들으려고 얼마나 열심을 냈습니까? 이 놀라운 성령의 불길 때문에 비천한 노예들을 통해서 로마가 복음에 정복당한 것입니다. 아무런 영향력이 없고 존재감도 없는 사람들, 힘이 없고 가치가 없어 보이는 사람들을 하나님이 들어 사용하셨습니다.

그들이 가진 능력이 어디서 나왔을까요? 하나님의 말씀을 사모하는 그들의 열심입니다. 갈급한 영혼을 위해 피곤한 것도, 무더운 것도, 공기가 탁한 것도, 잠이 오는 것도, 내일 길을 떠나야 할 것도 개의치 않고 하나님의 말씀을 가르치던 바울과 같은 위대한 종들 때문에, 성도들 때문에 복음이 그처럼 활활 타오를 수 있었다는 것을 잊어서는 안 됩니다.

또한 유두고처럼 졸더라도, 피곤하더라도, 그 자리를 떠나고 싶지 않아 끝까지 버티고 앉아서 말씀을 들으려고 하는 사람들이 있는 이상 교회는 병들지 않습니다. 사람이 창에서 떨어져 목숨이 끊어질 뻔한 사건을 보고도 다시 올라가 하나님의 말씀을 듣고, 또 올라가서 성만찬을 나누고, 서로 헤어지기 싫어서 날이 새기까지 한자리에 붙어 있던 그 위대한 사랑, 그 위대한 열정, 그 위대한 정신이 오늘날도 살아 있다면 교회는 병들지 않을 것입니다. 성령이 주시고, 말씀이 우리 마음속에 일으키는 이 놀라운 불꽃은 세상의 어떤 세력도 끌 수 없습니다.

유두고 사건이 주는 긍정적인 교훈이 있습니다. 얼마나 피곤했겠습니까? 밤중 내내 설교하면 졸지 않을 사람이 누가 있겠습니까? 그 자리에서 유두고만 졸았을까요? 아닙니다. 바람이 드는 창가에서도 졸았는데, 한가운데 앉아 후텁지근한 공기를 마시고 있던 사람들이 졸지 않았을 리가 없습니다. 그러나 바울은 졸고 있는 것을 알면서도 말을 그치지 않았습니다. 그는 불타는 마음으로 잠결에라도 들으라고 외쳤습니다. 하나님의 종들에게 이와 같은 열정이 남아 있다면 오늘 문제가 아무리 많다고 할지라도 두려울 것이 없습니다. 하나님의 말씀을 향한 열정이 유두고와 거기에 참석했던 모든 사람의 가슴속에 있었던 것처럼 오늘날 성도들에게도 있다면 하나님 나라는 완성될 것이요, 하나님의 영광은 드러나고 말 것입니다. 초대 교회의 아름다운 이 열정을 이어받는 교회들이 많아졌으면 좋겠습니다.

75

에베소를 향한
바울의 고별 설교

바울이 밀레도에서 사람을 에베소로 보내어 교회 장로들을 청하니(행 20:17)

사도행전 20장 17-35절은 에베소교회를 향한 바울의 고별 설교입니다. 이 본문은 사도행전에 기록된 설교 중 유일하게 신자가 대상인 설교입니다. 여러 의미를 따져보기에 앞서 이것이 바울의 고별 설교라는 점이 가슴을 울립니다.

에베소교회가 어떤 교회입니까? 에베소의 회당에서 복음을 전하던 바울은 유대인들의 반대로 두란노 서원으로 옮겨 밤낮없이 말씀을 가르쳤습니다. 말씀의 능력이 얼마나 강했던지 에베소뿐만 아니라 아시아의 여러 지역까지 복음이 전파되지 않았습니까? 에베소는 바울이 전도한 도시 중에 가장 오랜 시간 머문 곳이기도 합니다. 그만큼 에베소가 선교 거점지로 중요했기 때문으로 보입니다.

3년이라는 기간 동안 교회를 세워 목회를 하던 바울은 대소란이 일어나자 자기가 떠나는 것이 교회에 유익하다고 판단했습니다. 바울은 떠나기 전에 지도자로서 역량이 있다고 생각되는 사람 몇을 세워 교회를 감독하게 했습니다. 그리고 그들에게 마지막 당부의 말을 남깁니다.

예루살렘을 향해 가던 바울은 아시아에서 지체하지 않기 위해 에베소를 들르지 않고 지나가기로 작정했습니다. 오순절 안에 도착하려고 급하게 가는 중이었기 때문입니다. 바울은 에베소를 들르지 않는 대신 에베소에서 약 30마일 떨어진 밀레도라는 곳에서 사람을 보내어 에베소의 장로들을 초청했습니다. 그리고 마지막으로 메시지를 전했습니다. 바울의 뭉클한 마음을 읽을 수 있는 설교입니다.

이 고별 설교를 보면 바울이 3년 동안 에베소에서 목회하면서 얼마나 깨끗하고 진실하게 사역했는지를 알 수 있습니다. 그는 교회의 장래를 염려하며 자신이 할 수 있는 최선의 권면을 하고 있습니다. 이 설교는 목회자들에게 부러움을 주는 동시에 한편으로는 두려움을 불러일으키는 설교입니다. 사람은 끝맺음이 좋아야 합니다. 마무리를 어떻게 하고 떠나느냐, 또 떠날 때 얼마나 은혜롭게 정리하느냐가 무척 중요하다는 사실을 바울을 통해 더 깊이 깨닫게 됩니다.

성령에 매이다

바울이 예루살렘으로 가는 이유 중에 하나는 그가 개척한 교회들이 모은 구제 헌금 때문이었습니다. 이 헌금은 유대 지역에 든 심한 기근으로 예루살렘 성도들이 고생한다는 소식을 들은 소아시아와 유럽의 성도들이 모은 것이었습니다.

> 보라 이제 나는 성령에 매여 예루살렘으로 가는데 거기서 무슨 일을 당할는지 알지 못하노라(20:22).

예루살렘으로 가는 바울의 심경이 심상치 않았음을 볼 수 있습니다. 바울의 마음에는 가야 된다는 강박이 강하게 작용했습니다. 그는 그것을 '성령에 매여'라고 표현했습니다. 이 말은 '성령의 인도하심을 받아' 혹은 '마음속에 하지 아니하면 안 된다는 음성이 있어서'로 바꾸어 표현해도 무방합니다.

바울이 느낀 것은 성도들이 가끔 느끼는 내면의 강박관념과 같았습니다. 바울은 그것을 뿌리칠 수가 없었습니다. 마음속에서 예루살렘에 가지 않을 수 없다는 음성이 들렸습니다. 그러므로 그는 마치 배가 바람에 밀려서 바다를 미끄러져 나가듯이 자신의 힘이 아니라 보이지 않는 힘에 이끌려 예루살렘을 향해 가고 있었던 것입니다. 그런데 주변의 반응은 어떠했습니까? 지역에서든, 교회에서든 예루살렘에 간다는 말을 듣는 사람마다 성령께서 하신 말씀이라며 그곳에 가면 투옥된다, 굉장한 환란을 당한다고 만류했습니다. 바울은 만류하는 이들의 말을 부인하지 않았습니다. 오히려 예루살렘에서 자신이 어떤 일을 당할지에 대해 성령이 형제들을 통해 가르쳐주시는 것으로 받아들였습니다.

바울의 마음을 움직이는 것은 누구입니까? 성령입니다. 바울에게 말씀하시는 성령님은 예루살렘으로 가야 된다는 강박만 주셨지 무슨 일이 일어날 것인지는 가르쳐주시지 않았습니다. 오히려 바울이 아니라 제3자인 형제들을 통해 바울이 핍박당할 것임을 알려주셨습니다. 이 두 가지를 놓고 보면 분명한 사실이 나옵니다. 바울은 반드시 예루살렘에 가야 되며, 그곳에 가면 다시는 돌아오지 못한다는 것입니다.

바울의 마음속에서 역사하시는 성령은 가라 하시고, 다른 형제들을 통해서 말씀하시는 성령은 가지 말라고 하셨다니 이렇게 상반된 것이 모두 성령의 음성이었을까요? 아닙니다. 그러면 형제들이 말하는 성령의 말씀이란 무엇이었겠습니까? 그것은 성령의 음성이 아니라 바울을 사랑하는 사람들의 인간적인 정입니다. 마치 소설 《쿠오바디스》에서 예루살렘을 향해 가는 예수님을 베드로가 막았듯이 말입니다. 다른 사람의 입을 통해 들려오는 하나님의 뜻은 불순물이 낄 가능성이 대단히 많다는 것을 알아야 합니다. 가장 정확한 것은 내 마음속에 주시는 성령의 음성입니다.

우리가 하나님의 뜻을 분명하게 찾을 수 있습니까? 기도하지 않으면 안 됩니다. 또한 우리 마음속에서 인간적인 관계나 이해관계, 감정적인 문제를 완전히 제거하기 전에는 하나님의 뜻을 찾는다는 것이 모래밭에서 바늘을 찾는 것과 마찬가지입니다. 아니, 결코 찾아낼 수가 없습니다. 인간에게는 불순물이 많습니다. 바울의 친구들은 은혜 받고 성령 충만한 사람들이었지만, 한편은 성령의 뜻을 바로 이야기했고, 또 다른 한편은 자기들 마음대로 이야기했습니다. 그러나 바울은 속지 않았습니다. 정확하게 성령의 음성을 붙잡았습니다. 자기가 하고 있는 생각이 성령의 뜻임을 알았습니다. 그래서 그는 예루살렘을 향해 전진했습니다.

로마가 아닌 예루살렘으로

바울이 꼭 예루살렘을 가야 했던 문제를 놓고 찾아볼 말씀이 있습니다. 로마서 15장입니다. 로마서는 바울이 예루살렘을 향하기 전에 로마의 성도들에게 보낸 서신입니다. 때문에 로마행을 미루고 예루살렘으로 향했던 바울의 심정이 그대로 나타나 있습니다.

형제들아 내가 우리 주 예수 그리스도와 성령의 사랑으로 말미암아 너희를 권하노니 너희 기도에 나와 힘을 같이하여 나를 위하여 하나님께 빌어 나로 유대에서 순종하지 아니하는 자들로부터 건짐을 받게 하고 또 예루살렘에 대하여 내가 섬기는 일을 성도들이 받을 만하게 하고(롬 15:30-31).

성령의 음성을 정확히 알고 그 음성을 따르던 바울에게도 마음에 불안감이 있었습니다. 예루살렘에서 무슨 일이 일어나리라는 것을 예감하고 있었던 것입니다. 그러니까 자기를 위해 기도해달라고 부탁한 것입니다.

바울은 마음에 불안이 있었지만 가는 발길을 멈추지 않았습니다. 가라고 하는 성령의 음성 때문이었습니다. 또한 하나님이 예루살렘을 통해 로마와 스페인으로 복음을 들려 보내게 하실 것을 알고 있었기 때문입니다. 그래서 그는 그 고난의 길을 말없이 순종하며 갔습니다.

하나님의 종들에게는 가끔 이와 같은 성령의 음성이 들립니다. 사람이 이해할 수 없는 내용입니다. 사람의 판단으로는 갈 수 없는 길인데 성령이 밀어 넣으실 때가 있습니다. 이럴 때는 순종하는 도리밖에 없습니다. 사랑의교회를 개척할 때도 같은 심정이었습니다. 아내도 반대하고, 주위 사람들도 반대하고, 누구 하나 교회 개척을 좋아하는 사람이 없었습니다. 나이 마흔에 개척한다니까 모두 고개를 절레절레 흔들었습니다. 더욱이 유학까지 갔다 와서 그 어려운 개척을 한다니까 다들 정신 나갔다는 반응이었습니다. 미국의 교포 교회 성도들은 나를 보고 측은하다는 듯 말하곤 했습니다.

하나님의 일을 위해 뛰는 사람들의 마음에는 가끔 사람들이 이해하지 못하는 성령의 음성이 있습니다. 나를 밀어붙이는 음성이 있습니다. 그 음성은 내가 도무지 바꿀 수 없습니다. 마음에 있는 음성을 절대로 지워버릴 수 없습니다. 아무리 고생스럽게 보여도, 아무리 어려운 길이 앞에 있어도, 하나님이 명하시는 뜻이라고 생각할 때는 돌아설 수 없습니다.

그러므로 하나님의 음성이 마음에 있을 때는 순종해야 합니다. 목사뿐만 아니라 평신도 지도자들도 가끔 교회를 위해 십자가를 질 때가 있고, 교회를 위해 어려운 짐을 홀로 져야 될 때도 있습니다. 마음속에서 성령이 주시는 음성이 있습니다. "네가 져라, 교회를 위해 져라, 교회를 위해 네 재물을 희생해라, 교회를 위해 그 비난을 그대로 받아라, 괜찮다." 성령이 주시는 음성이라면 그 일이 자신에게 손해를 끼칠지라도 바울처럼 그대로 순종하는 자세를 가져야 합니다. 하나님의 사람이라면, 목회자라면, 신자라면 그래야 합니다.

76

자신의 목회를 돌아보다

오매 그들에게 말하되 아시아에 들어온 첫날부터 지금까지 내가 항상 여러분 가운데서 어떻게 행하였는지를 여러분도 아는 바니 곧 모든 겸손과 눈물이며 유대인의 간계로 말미암아 당한 시험을 참고 주를 섬긴 것과 유익한 것은 무엇이든지 공중 앞에서나 각 집에서나 거리낌이 없이 여러분에게 전하여 가르치고 유대인과 헬라인들에게 하나님께 대한 회개와 우리 주 예수 그리스도께 대한 믿음을 증언한 것이라 (행 20:18-21)

하나님의 판단과 사람의 공증

바울의 고별 설교는 목회자들에게 와닿는 말씀이지만, 성도들에게도 중요한 의미가 있습니다. 목회자를 좀 더 깊이 이해하는 데 도움이 될 수 있고, 평신도 지도자나 주일학교 교사 등 목회자를 도와 다른 이들을 양육하는 사람들이 꼭 알아두어야 할 중요한 원리가 들어 있기 때문입니다. 그러므로 이 본문은 교역자뿐만 아니라 성도들에게도 필요한 말씀입니다.

바울은 3년 동안 에베소에서 목회를 했습니다. 개척 목회였습니다. 그가 목회를 바로 했는지, 그러지 못했는지에 대해서는 주님이 말씀하시고 판단하실 부분입니다. 당연히 그럴 수밖에 없습니다. 그러나 바울은 참 중요한 말을 했습니다. 그는 자신의 모든 목회 과정과 결산에 대해 주님의 판단만을 기다린 것이 아니었습니다.

오매 그들에게 말하되 아시아에 들어온 첫날부터 지금까지 내가
항상 여러분 가운데서 어떻게 행하였는지를 여러분도 아는 바니
(20:18).

바울이 아시아에 들어온 것이 3년 전인지, 4년 전인지 정확히 알 수 없습니다. 목회는 3년 했지만 바울이 에베소 성도들을 만나기 전까지 시간이 있기 때문입니다. 하여튼 그는 처음부터 지금까지 자신이 에베소 성도들에게 항상 어떻게 행해왔는지를 성도들이 알고 있다고 말합니다.

바울의 이 말은 참으로 중요합니다. 목회를 잘했느냐 못했느냐, 교역자와 성도들이 참으로 교회를 위해 바로 충성하고 바로 헌신했느냐는 주님 앞에 가서 판단 받을 일이지만, 세상에서도 이 사실을 공증할 수 있는 사람들이 있다는 것입니다. 성도들은 목사가 목회를 잘했는지 못했는지 평가할 자격도 없고, 판단해서도 안 된다고 주장하는 목사는 교만한 사람입니다. 분명히 바울은 자신이 어떻게 목회했는지 처음부터 마지막까지 성도들이 다 알고 있으니 성도들이 증인이라고 했습니다. 목회자의 목회 내용은 양 떼가 정확하게 안다는 것입니다. 양 떼를 속이는 목회는 있을 수 없다는 말입니다. 바울은 이 점을 분명히 했습니다.

바울은 자신의 목회에서 다음 세 가지를 에베소 성도들이 알고 있다고 이야기했습니다. 첫째로 양심적인 목회를 했는지, 둘째로 바른 목회를 했는지, 셋째로 바른 인간관계를 맺었는지입니다. 교회에서 일하는 사람은 바울이 말한 이 세 가지를 항상 기억하고 주의해야 합니다. 양심껏 목회하고 있습니까? 올바른 사역, 즉 할 일을 바로 하고 있습니까? 사람과의 관계가 깨끗합니까?

겸손한 목회

한 교회에서 목회한다는 것은 주님 앞에서 영광입니다. 인간이 감히 어떻게 그런 영광스러운 일을 할 수 있겠습니까? 그러나 다른 측면으로 볼 때는 세상에서 가장 어려운 일 중의 하나가 아닌가 합니다. 바울은 자기가 어떻게 목회를 했는지 양심에 따라 이야기했습니다.

> 곧 모든 겸손과 눈물이며 유대인의 간계로 말미암아 당한 시험을 참고 주를 섬긴 것과(20:19).

19절을 보면 놀라지 않을 수가 없습니다. 성도들이 목회자가 모든 겸손으로 목회한다고 인정할 수 있을까요? 목사가 정말 눈물로 목회하고 있다는 것을 모든 성도가 인정할 수 있을까요?

목회를 할 때, 교회를 지도할 때 제일 어려운 것이 겸손입니다. 목사라는 위치는 하나님의 말씀을 가르치고, 늘 앞에서 지도하며, 때로는 명령하고 책망하는 위치에 있는 사람이기 때문에 자기도 모르게 교만에 빠질 위험 요소를 늘 갖고 있습니다. 스스로는 겸손하다고 여길지라도 그 겸손이 불완전하면 오히려 교만하다는 말을 듣기 쉽습니다. 그러므로 겸손하려면 바울이 말한 것처럼 철저하게 겸손하든지, 아니면 포기하든지 해야지 어중간한 겸손을 가지고는 교만하다는 평가를 받고 맙니다.

> 유익한 것은 무엇이든지 공중 앞에서나 각 집에서나 거리낌이 없이 여러분에게 전하여 가르치고(20:20).

'겸손한 목사' 하면 많은 성도가 말소리도 조용하고, 항상 웃고, 절대 꾸짖지도 않는 사람을 떠올릴 것입니다. 그러나 20절에 참 흥미로운 말이 나옵니다. '거리낌이 없이'입니다. 바울은 유익한 것이면 무엇이든지 공중 앞에서나 각 집에서나 거리낌이 없이 가르치고 전했습니다. 거리낌이 없이 했다는 것을 보니 바울은 절대로 우리가 생각하는 것처럼 고분고분하고 부드럽게 항상 웃는 스타일이 아니었던 것 같습니다.

목사가 가장 하기 어려운 일이 있다면 바로 거리낌이 없이 가르치는 것입니다. 정말 어렵습니다. 사람을 의식하지 않고, 환경을 의식하지 않고 하나님의 말씀이기에 어떤 때는 냉혹하게, 어떤 때는 엄하게, 어떤 때는 솔직하게 꺼리지 않고 말한다는 것은 목사에게 어려운 일입니다. 그렇게 해야 될 위치에 있으면서도 가장 어려운 부분입니다. 그러나 바울은 양심적으로 목회했습니다. 무엇이든 유익하다고 생각한 것은 누군가 그 자리에서 상처를 입든지, 받아들이지 못하든지, 자칫 오해하고 마음의 문을 닫는 일이 생기더라도 상관하지 않고, 꺼리지 않고 말했습니다. 바울의 겸손은 우리가 생각하는 이미지가 결코 아니었습니다.

진정한 겸손이란 무엇일까요? 하나님을 두려워하는 마음으로 일관하는 자세입니다. 사실 주님의 일을 하는 사람이 목사든, 평신도든 간에 그 일을 맡긴 분은 주님 아니니까? 내가 내 일을 하는 것이 아닙니다. 그러니 내게는 자랑할 것이 하나도 없습니다.

겸손해지기 위해서는 시종일관 하나님을 두려워하는 마음을 간직하고 살아야 합니다. 바울이 말하는 것처럼 날마다 부들부들 떨어야 하고, 날마다 죽어야 합니다. 바울은 "나는 시종일관 겸손했다"라고 양심적으로 말했습니다. 이 모습을 목회자뿐만 아니라 모두가 배워야 합니다. 그러지 않으면 우리는 성령의 도구라고 말할 수 없습니다. 겸손하지 못한 사람은 성령의 도구가 아닙니다.

> 젊은 자들아 이와 같이 장로들에게 순종하고 다 서로 겸손으로 허리를 동이라 하나님은 교만한 자를 대적하시되 겸손한 자들에게는 은혜를 주시느니라(벧전 5:5).

허리를 동이는 것은 띠입니다. 띠는 그 사람의 인품을 마지막으로 매듭짓는 장신구로서 중요한 역할을 합니다. 아무리 믿음 좋고, 성경 지식이 탁월하고, 남을 잘 가르치고, 모든 면에서 능력이 있으며 은사가 있는 사람이라 할지라도 겸손이 없으면 마치 좋은 옷을 입고도 허리띠를 매지 않은 것과 똑같습니다. 나중에는 망신을 당하고 곤란한 상황에 빠지기도 합니다.

교회의 모든 교역자, 평신도 지도자들은 겸손하지 않으면 제대로 목회할 수 없습니다. 그러나 만약 목사가 겸손하지 않은 것이 분명하다면, 충분히 기도한 후 충고하는 것이 좋습니다. 이것이 서로를 위한 방법입니다.

눈물과 인내로

바울은 눈물로 목회했다고 말합니다. 바울은 세 부류의 사람들로 인해 눈물을 흘렸습니다. 먼저 불신자들입니다(20:19). 또한 교회에서 문제를 자주 일으키는 성도들 때문에 눈물을 흘렸습니다.

> 내가 마음에 큰 눌림과 걱정이 있어 많은 눈물로 너희에게 썼노니

> 이는 너희로 근심하게 하려 한 것이 아니요 오직 내가 너희를 향
> 하여 넘치는 사랑이 있음을 너희로 알게 하려 함이라(고후 2:4).

불신자들을 향해 눈물을 흘리는 것은 자연스러운 일입니다. 그러나 사실 목회자의 입장에서 제일 안 되는 것이 문제 일으키는 성도를 놓고 눈물을 흘리는 것입니다. 고의적으로 사탄의 도구가 되어 교회 안에서 여러 가지 문제를 일으키는 성도는 먼저 사람들의 마음부터 상하게 만들기 때문에 그런 사람을 생각하면 좀처럼 눈물이 나지 않습니다. 인간적인 마음으로는 원망하게 되고 대적하고 싶은 마음이 앞서지, 바울처럼 눈물을 흘리고 그 사람을 위해 기도하며, 권면하는 것은 어렵습니다. 솔직한 고백입니다.

> 내가 여러 번 너희에게 말하였거니와 이제도 눈물을 흘리며 말하
> 노니 여러 사람들이 그리스도의 십자가의 원수로 행하느니라(빌
> 3:18).

바울이 또 눈물을 흘린 대상이 있었습니다. 그리스도의 십자가의 원수로 행하는 사람들, 즉 완전히 이단으로 돌아선 사람들, 교회를 떠나 복음을 팽개쳐버린 사람들입니다. 이러한 배교자들을 놓고 바울은 눈물을 흘렸습니다. 이 눈물도 쉽지 않습니다. 영혼을 정말 사랑하는 뜨거운 사람이 아니면 흘리지 못할 눈물입니다.

바울은 위대한 선교사일 뿐만 아니라 위대한 목회자입니다. 왜냐하면 눈물이 있었기 때문입니다. 믿지 아니하는 자들을 향해서도, 교회 안에서 걸림돌의 역할을 하는 사람들을 놓고도, 교회를 등지고 예수를 저버리고 떠나는 사람들을 놓고도 눈물을 흘릴 줄 알았기에

그렇습니다.

오늘날 목사들이 목회에서 위기를 당하는 이유가 무엇일까요? 눈물이 메말랐기 때문 아닐까요? 영혼 하나하나를 놓고 흘리는 눈물이 메마르지는 않았습니까? 목회 현장에서 눈물이 메마르면 안 됩니다. 목사를 포함한 모든 교역자는 물론, 장로들까지도 양 떼를 위해 무릎을 꿇고 약한 자를 위해 눈물을 흘리고, 교회를 떠난 사람을 떠올리며 눈물을 흘리는 뜨거운 마음이 있어야 합니다. 그런 교회라면 날로 하나님의 복을 받을 수 있습니다. 눈물이 마른 곳에서는 생명이 싹트지 않습니다. 잘 우는 것도 은사입니다.

바울은 태생이 냉정한 사람이었습니다. 사실 바울처럼 찔러도 피 한 방울 안 나올 것 같은 사람이 누가 있습니까? 바울처럼 눈물 없는 삶도 없습니다. 바울이 기록한 서신만 보더라도 그가 얼마나 날카로운 사람이었는지 알 수 있습니다. 그러나 그도 결국에는 눈물을 흘렸습니다. 그것도 마를 새 없이 흘렸습니다. 은혜를 받았기에 가능한 일이었습니다. 바울이 우리 주님의 눈물을 이어받은 것처럼, 교회 지도자들도, 또한 교회에서 영적 사역에 동참하고 있는 평신도들도 바울의 눈물을 이어받아야 하겠습니다.

바울이 양심적으로 목회했다고 하는 또 하나의 이유는 인내입니다. 오래 참는 것은 대단히 중요합니다. 평신도 사역을 하는 분들을 보아도 인내할 줄 아는 분이 사역을 잘합니다. 인내하지 못했다면 얼마 후 그만두었어야 할 일인데, 인내했기 때문에 열매가 따라오는 것을 많이 보았습니다. 그러나 여러 가지 어려운 문제가 생길 때 그 고비를 인내하지 못해 뿌려놓은 씨앗의 열매를 못 거두는 안타까운 장면 또한 자주 보게 됩니다. 목회에서도 마찬가지입니다.

내가 달려갈 길과 주 예수께 받은 사명 곧 하나님의 은혜의 복음을 증언하는 일을 마치려 함에는 나의 생명조차 조금도 귀한 것으로 여기지 아니하노라(20:24).

바울처럼 주님의 교회를 위해, 이웃에 있는 형제들을 위해 참된 영적 지도자로서 쓰임받기를 원한다면 그가 했던 결심이 우리에게도 필요합니다. 소명의식이 필요합니다. 주님의 일을 위해서는 생명을 조금도 귀한 것으로 여기지 않았던 바울의 자세를 닮아야 합니다. 이 말씀은 바울 같은 사람에게만 적용되는 것이 아닙니다. 주님께 부름받고 하나님의 영광을 위해 소명 받은 모든 그리스도인에게 적용되는 말씀입니다.

주님은 에베소교회를 향해 죽도록 충성하라고 말씀하셨습니다. 죽도록 충성하는 것은 자기 생명을 조금도 귀한 것으로 여기지 않고, 주님의 영광을 위해 희생하려는 자에게만 가능한 이야기입니다. 바울과 같이 겸손과 눈물과 인내를 가지고 죽기까지 충성하기를 원하는 영적 지도자가 되기를 원합니다. 지도자가 되기 위해 노력하라는 말도 당부하고 싶습니다. 어떤 형태로라도 다른 형제를 영적으로 도와주는 사람이 되십시오. 눈물을 흘릴 줄 아는 영적 지도자가 되십시오. 그것이야말로 참으로 영광스러운 일입니다.

77

에베소교회를
말씀에 맡기다

지금 내가 여러분을 주와 및 그 은혜의 말씀에 부탁하노니 그 말씀이 여러분을 능히 든든히 세우사 거룩하게 하심을 입은 모든 자 가운데 기업이 있게 하시리라(행 20:32)

성령이 세우신 감독자

세월이 흐를수록 교역자와 교회에서 중요한 직분을 맡은 사람들을 과소평가하는 경향이 두드러지고 있습니다. 평신도들의 수준이 그만큼 높아졌다고 긍정적으로 받아들일 수도 있겠지만 그만큼 교역자들의 권위가 땅에 떨어졌다는 말도 됩니다. 그래서 교역자가 필요 없다는 극단적인 말까지 나오고, 교역자를 너무 쉽게 내보내는 교회도 있습니다. 그 이유가 어디 있든 성경적인 입장에서 보면 비극이라 하지 않을 수 없습니다.

여러분은 자기를 위하여 또는 온 양 떼를 위하여 삼가라 성령이 그들 가운데 여러분을 감독자로 삼고 하나님이 자기 피로 사신 교회를 보살피게 하셨느니라(20:28).

바울이 에베소교회의 지도자인 장로들을 앞에 놓고 한 이 말씀은 교회 지도자와 양 떼의 관계, 또 교회 지도자의 권위, 교회 지도자의 중요성 등을 충분히 검토할 수 있는 좋은 근거가 된다고 봅니다.

교역자는 성령이 세운 교회 지도자입니다. 목사나 장로는 이미 성령께서 세운 사람이라고 우리는 믿음으로 받아들입니다. 성령으로 세운 사람은 절대로 교회에 해를 끼치지 않습니다. 그럼에도 교회에 해를 끼치는 지도자가 있다면 그런 사람을 과연 성령이 세웠다고 말할 수 있을까요? 아닙니다. 인간적인 수단과 방법으로 목사, 장로가 된 사람도 많습니다. 안수를 받았다고 해서 무조건 다 성령이 세웠다고 말하는 것은 착각입니다.

좋은 나무는 열매를 보면 안다고 하신 것과 같이 과연 하나님이 세운 목사인지, 장로인지를 보려면 끝을 봐야 합니다. 열매를 보면 알 수 있습니다. 양 떼를 위해 헌신하고 주님의 일에 충성한다면 성령이 세운 사람입니다. 반면 교회에 걸림돌이 되고, 남의 믿음을 끌어내리며, 교회를 혼란스럽게 만든다면 그는 성령이 세운 사람이 아닙니다. 어떻게 성령이 그런 사람을 세우겠습니까?

성경이 젊은이들을 향해서 장로들을 존경하고 겸손하게 순종하라 말씀한 이유가 있습니다. 장로가 잘나서 그럴까요? 아닙니다. 사람은 잘난 것이 없습니다. 똑같은 인간일 뿐입니다. 냄새 나는 부분도 있고, 결점도 많습니다. 그럼에도 성경은 그들을 존경하라고 합니다. 그들을 교회 감독자로 세운 성령 하나님 때문입니다. 하나님께서 세운 사람을 함부로 대할 수는 없습니다. 이것이 본문의 중요한 의미입니다.

한번 생각해봅시다. 성경은 교회를 가리켜 하나님이 자기 피로 사신 것이라고 말씀합니다. 이는 예수 그리스도가 십자가에서 죽으시고 인류를 위해, 교회를 위해 모든 죗값을 지불하셨다는 의미입니다. 예수님이 십자가에서 죽으셨기 때문에 비로소 교회가 지상에 탄생할 수 있었습니다. 하나님께서 자신이 지불할 수 있는 최대치를 지불하신 것입니다. 이는 어떠한 말로도 표현할 수 없습니다. 하나님이 자기 피를 주고 사셨는데, 우리가 그 값을 어떻게 매길 수 있겠습니까? 그러니 하나님께는 교회만큼 귀한 존재가 없습니다. 전 재산을 털어서 산 보석이 있다면 그 보석만큼 자신에게 귀한 것이 또 어디 있겠습니까? 지불한 액수가 크면 클수록 값을 치른 당사자에게는 굉장히 중요한 가치를 지니게 됩니다.

지도자의 직분

하나님께서 자기 피를 주고 교회를 샀다는 것은 하나님께 교회보다 더 중요한 것이 없다는 뜻입니다. 이처럼 중요한 교회를 맡을 감독자라면 하나님께서 절대로 아무렇게나 세우지 않으실 것입니다. 맡기신 다음에도 인간의 수단과 방법을 사용해 마음대로 하도록 내버려둘 리 만무합니다. 그러므로 교회를 맡은 감독자가 사역을 제대로 감당하지 못한다면 교회를 눈동자같이 지키시는 하나님께서 분명히 개입하십니다.

따라서 일단 교회 지도자는 평신도와 직분상 구별된다는 것을 먼저 기억해야 하겠습니다. 신분상의 차이는 없다 하더라도 하나님께서 주신 직분상의 차이는 있습니다. 하나는 감독자요, 하나는 양 떼입니다. 이 두 관계를 혼동하면 안 됩니다. 목사에게는 성도에게 없는 것이 하나 있습니다. 장로에게도 평신도가 갖지 못한 중요한 것이 하나 있습니다. 바로 양 떼를 치는 직분을 맡았다는 것입니다.

> 하나님이 교회 중에 몇을 세우셨으니 첫째는 사도요 둘째는 선지
> 자요 셋째는 교사요 그다음은 능력을 행하는 자요 그다음은 병 고
> 치는 은사와 서로 돕는 것과 다스리는 것과 각종 방언을 말하는
> 것이라 다 사도이겠느냐 다 선지자이겠느냐 다 교사이겠느냐 다
> 능력을 행하는 자이겠느냐(고전 12:28-29).

바울이 말한 것처럼 다 사도요, 다 교사요, 다 목사일 수 없습니다. 하나님이 그런 식으로 교회를 맡기시지 않았습니다. 그러므로 이 두 관계를 분명히 구별해야 합니다. 신분의 구별이 아니라 직분의 차이입니다.

성령께서 선택하시고 교회를 맡겨주신 감독자들에게는 성령이 특별히 역사하시는 것을 봅니다. 성령이 예수 갓 믿은 사람에게나, 교회를 맡은 목사에게나 별 차이 없이 일하신다고 생각합니까? 꼭 같은 사람이고, 꼭 같은 성령이 일하신다고 해서 그렇게 여기는 것은 너무 순진한 생각입니다. 목사는 직분이 너무 막중하기 때문에 하나님께서는 일반 양 떼보다도 더 예민하게, 더 무섭게 개입하십니다. 이런 면에서 성도들은 교회 감독 직분을 맡은 사람들을 대할 때마다 하나님께서 특별히 간섭하시고 은혜 주신다는 사실을 인정해야 합니다. 그래서 목사가 마음에 들지 않는 말을 할지라도 그가 기도하고 교회를 위해 깊이 생각한 뒤에 하는 말이라면 들어야 합니다. 하나님께서 목사를 통해 무엇인가 가르쳐주신다는 믿음이 있어야 합니다. 이것이 감독자의 권위를 인정하는 자세입니다. 만약 성도들이 권위를 인정하지 않는다면 교역자나 장로들은 교회를 지도하지 못합니다.

양 떼를 맡은 자

교회 책임자는 양 떼를 맡았기에 맡은 자로서의 사명을 다해야 합니다. 그런데 어느 정도까지 해야 모든 사명을 마쳤다고 할 수 있을까요?

> 그러므로 오늘 여러분에게 증언하거니와 모든 사람의 피에 대하여 내가 깨끗하니(20:26).

바울은 에베소 성도들을 비롯해 믿지 않는 사람들에게까지 그들의 피에 대해 결백하다고 자신 있게 말했습니다. 바울의 고백은 하나님께서 에스겔에게 말씀하신 개념을 그대로 적용한 것입니다.

> 인자야 내가 너를 이스라엘 족속의 파수꾼으로 삼음이 이와 같으니라 그런즉 너는 내 입의 말을 듣고 나를 대신하여 그들에게 경고할지어다 가령 내가 악인에게 이르기를 악인아 너는 반드시 죽으리라 하였다 하자 네가 그 악인에게 말로 경고하여 그의 길에서 떠나게 하지 아니하면 그 악인은 자기 죄악으로 말미암아 죽으려니와 내가 그의 피를 네 손에서 찾으리라 그러나 너는 악인에게 경고하여 돌이켜 그의 길에서 떠나라고 하되 그가 돌이켜 그의 길에서 떠나지 아니하면 그는 자기 죄악으로 말미암아 죽으려니와 너는 네 생명을 보전하리라(겔 33:7-9).

하나님께서는 에스겔에게 당신이 세운 파수꾼이라 하시며 일을 제대로 하면 핏값을 묻지 않겠지만, 직분을 감당하지 못해서 이스라엘 백성이 멸망하면 그 핏값을 찾겠다고 말씀하셨습니다.

바울이 에베소 사람들에게 핏값이 없다고 당당하게 말하는 것을 볼 때 한편으로는 가슴이 서늘해집니다. 에베소교회를 맡은 목회자로서 성도들을 바르게 가르치고 복음을 성실하게 전하는 데 최선을 다했으므로 설혹 교회 안에서, 혹은 교회 밖의 어떤 사람이 잘못된다고 해도 바울에게는 책임이 없다는 것입니다.

그런데 이 개념을 뒤집어 본다면 바울이 만약 게을러서, 성도들을 바로 가르치지 않아서 이단에 넘어갔거나 바울이 복음을 꼭 전해야 될 대상에게 복음을 전하지 않은 채 가만히 내버려두고, 에베소의 수많은 사람이 복음을 듣지 못하고 그대로 죽었다면 그 책임 또한 바울이 진다는 이야기입니다.

교회의 지도자인 목회자가 지는 짐은 너무나 무겁습니다. 목회자 한 사람의 잘못으로 수많은 생명이 한꺼번에 어려움을 당할 수 있기 때문입니다. 오늘날의 목회자들도 바울처럼 자신 있게 말할 수 있으면 얼마나 좋을까요?

이리로부터 보호하다

바울이 떠나면서 특별히 걱정하고 염려한 것이 있었습니다. 자신이 떠난 뒤 흉악한 이리가 들어와 양 떼를 약탈하는 것이었습니다.

교역자가 해야 할 중요한 일 중 하나가 이단을 막는 것입니다. 이는 교역자가 중요한 이유, 가르치는 사람이 그 교회에 자기 위치를 바로 지켜야 되는 이유 중의 하나이기도 합니다.

교회사를 보면 주후 3세기부터 교역자 제도가 체계적으로 정착하기 시작했습니다. 교회가 성직자 제도를 급하게 받아들인 이유는 이단 때문이었습니다. 사방에서 너무나 많은 이단들이 일어났습니다. 이단을 구별하고 막아내기 위해서 성경과 신학을 전문적으로 공부한 사람들이 교회의 지도자로 서야만 했습니다.

이단 때문에 기록된 서신서는 총 아홉 권으로 볼 수 있습니다. 고린도후서, 갈라디아서, 데살로니가후서, 히브리서, 베드로후서, 요한일서, 요한이서, 요한삼서, 유다서가 전부 교회에 들어온 이단 때문에 쓴 것입니다. 그만큼 지상교회에는 잘못된 교리가 들어올 수 있고, 악한 지도자가 들어와서 양 떼를 낚아챌 수도 있고, 사탄의 역사가 일어날 여지도 충분합니다.

교회 지도자들이 흉악한 이리로부터 양 떼를 보호할 수 있는 방법은 철저하게 가르치는 것뿐입니다. 이단이나 잘못된 교훈에 귀를 기울이지 않도록 지도해야 합니다. 가끔 보면 잘못된 지도자나 불건전하고 불순한 신학 사상 때문에 교회가 물이 들어서 상당히 진통하는 것을 봅니다. 그 책임은 교역자가 져야 합니다. 성도들을 바로 가르치지 않았기 때문입니다.

그러므로 일단 어느 교회에 들어가 담임목사 밑에서 지도를 받을 때 목사가 진리를 바로 가르치지 않는다면 두말없이 그곳을 떠나야 합니다. 하지만 하나님의 말씀을 바로 가르친다면 그 말씀에 정착해야 합니다. 그래야 위험을 방지할 수 있습니다. 또한 교회의 지도자는 모든 이단과 세속주의와 그릇된 신비주의와 하나님 아버지의 말씀을 허물어뜨리는 잘못된 교훈에서 양 떼를 지켜야 합니다.

말씀에 맡기다

바울은 떠나면서 교회와 교회 지도자들을 주님과 그 은혜의 말씀에 부탁했습니다. 다시 말해 하나님의 말씀에 교회 지도자들을 맡기고 떠났습니다.

> 지금 내가 여러분을 주와 및 그 은혜의 말씀에 부탁하노니 그 말
> 씀이 여러분을 능히 든든히 세우사 거룩하게 하심을 입은 모든 자
> 가운데 기업이 있게 하시리라(20:32).

에베소교회는 시작될 때 열두 사람이 성령의 은사를 체험한 교회입니다. 바울이 그들에게 안수를 하자 마치 예루살렘에서 120문도가 성령을 충만하게 체험한 것처럼 신비로운 체험을 했습니다. 그런데도 3년이 지난 다음 바울은 그들에게 "내가 너희를 성령의 은사와 체험에 맡기고 떠난다"라고 하지 않고 "하나님 말씀에 맡긴다"라고 말했습니다. 에베소교회의 상황에서는 성령 운동이 복잡한 양상으로 나타날 수 있었습니다. 그러나 에베소교회는 철저히 하나님 말씀 중심의 교회였습니다.

교회를 지도해야 될 감독자들이 가장 중요하게 여겨야 하는 원리는 하나님 말씀에 바로 서는 것입니다. 말씀이 교회를 든든히 세워주고 붙들어줄 것이기에 그렇습니다. 그러므로 성도들은 기도해야 합니다. 교회 지도자들이 하나님 말씀에 굳게 서도록 날마다 기도해야 합니다. 그것이 모두가 사는 길입니다.

> 내가 아무의 은이나 금이나 의복을 탐하지 아니하였고 여러분이
> 아는 바와 같이 이 손으로 나와 내 동행들이 쓰는 것을 충당하여
> 범사에 여러분에게 모본을 보여준 바와 같이 수고하여 약한 사람
> 들을 돕고 또 주 예수께서 친히 말씀하신 바 주는 것이 받는 것보
> 다 복이 있다 하심을 기억하여야 할지니라(20:33-35).

또한 바울은 인간관계에서 경제적인 문제로 복잡한 일들을 일으

키지 않았습니다. 교회에서는 목사든 부교역자든 물질 때문에 성도들에게 의심을 받는다든지, 거래가 명료하지 않아 서로 인격적으로 상처를 받는 일이 있어서는 안 됩니다. 교역자는 돈 문제에서 깨끗해야 합니다. 평신도 사역을 하고 있는 분들도 마찬가지입니다. 일단 말씀을 가르치는 사역을 하는 이상 금전관계로 복잡하게 얽히지 말아야 합니다. 모두 백해무익한 일입니다. 영적인 문제에 물질적인 것들이 걸리지 않도록, 바울처럼 깨끗하게 주님의 몸 된 교회를 섬겨야 하겠습니다.

사도행전 21장

뜨거운 영접과 하나님이 그동안 어떻게 일하셨는가를 세밀하게 자기의 일처럼 듣고 말하며 서로 하나님의 은혜를 나누는 것 그리고 그 결과 모두가 하나님께 영광과 찬양을 돌리는 이 세 가지는 참된 성도들이 모인 곳에서 볼 수 있는 은혜로운 모습입니다.

78

바울의 각오,
제자들의 승복

우리가 그 말을 듣고 그곳 사람들과 더불어 바울에게 예루살렘으로 올라가지 말라 권하니 바울이 대답하되 여러분이 어찌하여 울어 내 마음을 상하게 하느냐 나는 주 예수의 이름을 위하여 결박당할 뿐 아니라 예루살렘에서 죽을 것도 각오하였노라 하니 그가 권함을 받지 아니하므로 우리가 주의 뜻대로 이루어지이다 하고 그쳤노라(행 21:12-14)

예루살렘으로 향하다

바울 당시의 지도가 있다면 지도에서 바울이 예루살렘으로 돌아간 여정을 따라 가 보는 것도 좋습니다. 바울은 뱃길을 따라 밀레도에서 고스로, 고스에서 로도로, 로도에서 베니게로, 베니게에서 두로로, 두로에서 돌레마이로 갔고, 돌레마이부터는 육로를 따라 가이사랴를 지나 드디어 예루살렘으로 갔습니다.

주님을 위해 충성하는 일에는 끝이 없습니다. 두로, 고스, 로도 등 도대체 알려지지도 않은 이상한 이름들이 나열되어 있지만, 그 단어와 단어 사이에는 우리가 감히 상상도 할 수 없는 고초가 숨어 있을 것입니다. 그리고 주님을 위해 죽기를 각오하고 예루살렘으로 향했던 바울과 누가 그리고 동역자들의 발자취가 배어 있습니다. 그러므로 성경에 기록된 것은 한 글자라도 놓치면 안 되고 단순히 넘어갈 수도 없습니다.

본문 중에 참 인상 깊은 부분이 있습니다. 바울이 지중해를 완전히 건너 드디어 예루살렘 근방인 두로에 도착하지 않았습니까? 배의 짐을 풀기 위해 일주일을 머물렀는데 일을 다 마치고 떠나는 날 아주 감동적인 장면이 펼쳐졌습니다. 떠나는 바울을 전송하기 위해 나온 제자들과 그들의 처자가 함께 바닷가에서 무릎을 꿇고 기도한 것입니다.

오늘날에는 바닷가에서 이런 모습을 봐도 그리 이상하게 여기지 않을 것입니다. 예수 믿는 사람이 워낙 많고, 공항이든지 사람을 떠나보내는 곳이라면 기도하는 모습을 흔히 볼 수 있기 때문입니다. 그러나 바울이 사역하던 때는 그렇지 않았습니다. 당시만 해도 기독교는 완전히 이방 세계에 둘러싸여 있었고, 예수 믿는 사람이라 하면 항상 이상한 눈초리로 보았기에 사람들의 반응이 오늘날과는 달랐을 것입니다. 그러나 사람들의 눈총은 아랑곳하지 않고 바울을 위시한 모든 사람이 무릎을 꿇고 기도했습니다. 참으로 대단합니다.

이와 같이 무릎을 꿇고 기도하는 장면은 성경에 자주 등장합니다. 다니엘은 하루 세 번씩 예루살렘을 향해 무릎을 꿇고 기도했으며, 엘리야도 갈멜산에서 땅에 꿇어 엎드려 기도했습니다. 솔로몬은 성전 헌당식 때 백성들 앞에서 무릎을 꿇고 손을 들어 기도했으며, 에스라는 포로 생활을 하고 돌아온 이스라엘의 지도자들이 정신을 차리지 못한 채 이방 여자들과 통혼하는 것을 보고 가슴 아파 무릎을 꿇고 여호와 하나님께 기도했습니다.

신약에서도 무릎을 꿇고 기도하는 모습을 찾아볼 수 있습니다. 먼저 예수님 자신이 겟세마네 동산에서 기도하실 때 무릎을 꿇었습니다. 초대교회 성도들도, 베드로도 무릎을 꿇고 하나님께 기도했습니다. 로마 감옥에 갇혀 있는 바울이 에베소 성도들을 위해 기도할 때도 차가운 바닥에 무릎을 꿇었습니다. 이와 같이 신구약을 막론하고 성경에 기록된 위대한 성도들이 보여준 한결같은 기도의 자세는 '무릎 꿇음'이었습니다. 예수님을 위시해서 위대한 하나님의 종들은 모두 무릎 꿇고 기도했습니다.

그렇다면 무릎 꿇는다는 말의 의미는 무엇일까요? 다음 말씀을 살펴보면 명확하게 알 수 있습니다.

> 그러나 내가 이스라엘 가운데에 칠천 명을 남기리니 다 바알에게 무릎을 꿇지 아니하고 다 바알에게 입 맞추지 아니한 자니라(왕상 19:18).

> 그에게 하신 대답이 무엇이냐 내가 나를 위하여 바알에게 무릎을 꿇지 아니한 사람 칠천 명을 남겨두었다 하셨으니(롬 11:4).

바알에게 무릎을 꿇지 않았다는 것은 바알에게 복종하지 않았다는 의미입니다. 반대로 하나님 앞에 무릎을 꿇는다는 것은 믿음의 표현이요, 경외하는 표현이요, 복종의 표현이요, 정절을 지키는 표현이요, 헌신의 표현입니다. 모든 표현이 다 그 안에 있다 해도 과언이 아닙니다.

무릎 꿇고 기도했던 위대한 신앙의 선배들을 생각하며 우리 자신의 모습을 돌아보았으면 합니다. 어떻게 기도합니까? 물론 태도가 모든 것을 결정하지는 않습니다. 성경에도 태도를 근거로 기도의 잘잘못을 따지지 않았고, 기도가 진실한지 아닌지를 판단하지도 않았습니다. 하지만 인간의 행동은 마음이 좌우한다는 것을 고려할 때 행동을 완전히 무시하기는 어렵습니다. 하나님 앞에서 마음이 흐트러져 있으면 행동도 흐트러지고, 자신의 마음을 온전히 드리는 경외감이 있다면 태도에도 자연적으로 경외감이 묻어납니다. 이런 면에서 서양 사람들보다는 동양 사람들이 얼마나 아름다운지 모릅니다. 무릎 꿇는 전통이 유교에서 왔든지 불교에서 왔든지 무릎 꿇고 기도하는 것은 참으로 성경적입니다.

기도하는 자세와 함께 말하고 싶은 것이 있습니다. 세상을 의식한 나머지 교회 밖에서 성도들과 모였을 때 공적으로 기도하는 것을 피하면 안 됩니다. 기도란 얼마나 아름다운 일입니까? 쇼를 할 필요는 없습니다. 예수 믿는다는 것을 알리기 위해 의식적으로 기도할 필요도 없습니다. 그러나 사람들이 아무리 많이 있어도 정말 머리 숙여 기도해야 될 때는 기도해야 되고, 꼭 무릎을 꿇고 하나님 앞에 매달리지 아니하면 안 되는 어려운 상황에서는 무릎을 꿇어야 합니다. 바울 앞에 놓인 길은 죽음으로 들어가는 문이나 마찬가지였습니다. 그러니 사람들이 얼마나 진지했겠습니까? 자기들의 영적 지도자가 죽음을 향해 달려가는데 무릎을 꿇는 것이 문제며, 사람들이 쳐다보는 것이 문제였겠습니까? 아무 상관이 없었습니다. 두로의 바닷가는 그렇게 남녀노소는 물론 하나님의 사람들이 무릎 꿇어 드리는 간절한 기도 소리로 가득했습니다.

> 하늘에 있는 자들과 땅에 있는 자들과 땅 아래에 있는 자들로 모든 무릎을 예수의 이름에 꿇게 하시고(빌 2:10).

모든 무릎을 예수 그리스도의 이름 앞에 꿇게 하는 것은 하나님의 뜻입니다. 시편 기자가 말한 것과 같이 굽혀 경배하며 우리를 지으신 여호와 앞에 무릎을 꿇는 그리스도인이 되어야 하겠습니다.

빌립의 네 딸들

바울이 가이사랴로 갔습니다. 가이사랴는 예루살렘에서 불과 100킬로미터 거리에 있는 도시였습니다. 예루살렘에 더욱 가까이 온 것입니다.

> 이튿날 떠나 가이사랴에 이르러 일곱 집사 중 하나인 전도자 빌립의 집에 들어가서 머무르니라(21:8).

빌립은 초대교회에서 구제와 관련된 문제가 생겼을 때 그 일을 대신할 사람으로 뽑힌 일곱 집사 중 한 사람이었습니다. 그에게는 딸이 네 명 있었습니다. 성경은 빌립의 네 딸에 대해 은혜를 받아 예언하는 자라고 하면서 그들을 가리켜 '처녀'라고 소개합니다. '처녀'라는 말의 의미는 우리가 상식적으로 아는 것과 거리가 있습니다.

> 마음이 갈라지며 시집가지 않은 자와 처녀는 주의 일을 염려하여 몸과 영을 다 거룩하게 하려 하되 시집 간 자는 세상일을 염려하여 어찌하여야 남편을 기쁘게 할까 하느니라(고전 7:34).

고린도전서를 보면 '시집가지 않은 자'와 '처녀'를 따로 언급하고 있습니다. 시집가지 않은 사람은 진짜 미혼자를 말하는 것이고, 처녀는 성격이 좀 다릅니다. 결혼을 안 했을 수도 있고, 했을 수도 있습니다. 결혼을 안 한 경우는 혼기를 훨씬 넘겨버린 사람, 혹은 결혼할 생각을 안 하는 사람이고, 결혼을 한 경우는 남편과 서약을 한 사람입니다. 부부가 결혼해서 한 집에 살지만 주님께 몸과 정절을 바치고 거룩하게 살자는 서약을 한 경우입니다.

초대교회에는 이와 같은 묘한 현상이 있었습니다. 개인이 신앙의 양심으로 택한 길이지만, 이것은 전혀 합리적이지 않습니다. 왜 결혼을 하고 부부가 되어 한 집에 살면서도 각방을 쓰면서 애를 먹습니까? 부부가 한 방을 쓰지 않는 것을 아마도 하나님 앞에 큰 공로가 되는 것처럼 착각한 것 같습니다. 부부가 한 집에 살면서 시험에 빠지지 않게 해달라고 악을 쓰며 밤새도록 기도했을 사람들의 모습은 상상만 해도 얼마나 우스운지요? 그러나 바울은 이것을 나쁘다, 좋다, 지적하지 않고 받아들였습니다. 빌립 또한 자기 딸을 정죄하지 않고 받아들였습니다. 그 이유는 딸들이 받은 은혜대로, 자신들이 생각한 대로 하나님을 기쁘게 할 수 있다는 확신이 있었기 때문입니다. 받은 은혜대로 하나님께 헌신하는 것을 다른 사람이 뭐라 할 수는 없습니다. 간섭해서도 안 됩니다.

그러나 받은 은혜가 아니라 결혼을 부정하게 보는 시각이라면, 또한 공로주의가 개입되었다면 근본적으로 잘못되었다는 것을 알아야 합니다. 우리는 빌립의 딸들을 비판할 수는 있지만, 그러나 그들이 처녀로 살았다고 해서 나무랄 수는 없습니다. 오히려 결혼해서 어떻게 하면 남편을 기쁘게 할까, 어떻게 하면 자녀들의 마음을 위로해 주고 기쁘게 할까 하는 생각으로 주님께 헌신하지 못하는 사람보다는 정절을 지키며 살았던 빌립의 딸들에게 주님께서는 훨씬 더 은혜를 주셨을 것입니다.

바울을 향한 예언

하나님의 말씀이 완전히 완성되기 전까지 초대교회에는 선지자라는 직분이 있었습니다. 고린도전서 14장과 에베소서 4장 12절을 보면 하나님께서 교회에 선지자와 사도를 주셨다고 했습니다. 사도행전 21장 10절에서도 아가보라고 하는 선지자가 등장합니다.

아가보는 누구입니까? 사도행전 11장을 보면 예루살렘에서 안디옥으로 넘어와 천하에 큰 흉년이 들리라고 예언했던 선지자였습니다. 아가보가 내려와서 바울에게 뭐라고 했습니까? "성령이 말씀하시되" 하고는 바울의 띠를 풀어서 자기 손발을 묶고, 바울이 예루살렘에 가면 이와 같이 결박당한다고 말했습니다.

선지자는 가끔 이처럼 직접 행동으로 예언할 때가 있었습니다. 이사야가 옷과 신을 벗고 맨발에 반라 상태로 길을 걸어 다니면서 얼마 동안 살지 않았습니까? 그것은 애굽 사람들이 장차 망해서 이와 같이 헐벗고 신발을 벗은 채로 도망간다는 것을 가르쳐주기 위함이었습니다. 예레미야도 비슷하게 예언을 했습니다. 유대의 교만을 꺾기 위해 그리고 유대가 망한다는 것을 알려주기 위해 어떻게 했습니까? 자기가 매는 띠를 유브라데 강가에 숨겨놓고는 며칠 후에 완전히 썩어버린 그 띠를 찾아서 유대 백성에게 보여주었습니다. 그러면서 그들도 장차 교만이 꺾이고 이와 같이 망한다고 가르쳐주었습니다. 또한 에스겔이 이스라엘의 죄를 짊어지고 쇠똥에 빵을 구워 먹으면서 390일을 누워 지낸 것도 백성들의 죄가 얼마나 큰지를 보여준 행동이었습니다. 아가보가 바울의 띠를 가지고 자기 수족을 묶어 보여준 일도 바울이 예루살렘에 가서 장차 당하게 될 일을 예언한 것입니다.

> 제자들을 찾아 거기서 이레를 머물더니 그 제자들이 성령의 감동으로 바울더러 예루살렘에 들어가지 말라 하더라(21:4).

바울의 제자들은 바울에게 '성령의 감동'으로 예루살렘에 들어가지 말라고 말했습니다. 제자들의 행동은 아가보와 사뭇 달랐습니다. 아가보는 "성령이 말씀하시되" 하며 예언하면서도 "가라", 혹은 "가지 말라"라는 말을 하지 않았습니다. 제자들과 아가보의 모습을 비교해보며 꼭 기억해야 할 것이 있습니다. 성령께서 다른 사람을 통해 나에게 어떤 이야기를 할 수는 있지만, 성령의 음성은 사람의 뜻을 개입시키지 않는다는 것입니다.

많은 경우 하나님의 뜻, 성령의 뜻을 이야기한다고 하면서도 사람의 뜻이 개입되어 있는 것을 봅니다. 바울이 예루살렘으로 올라가는 것은 하나님의 뜻이었고, 그 일을 막은 것은 사람의 뜻이었습니다. 성령의 뜻은 참 어렵습니다. 성령의 뜻이 자신에게 순수하게 전달될 때와 불순하게 전달될 때를 잘 구별해야 하겠습니다.

> 바울이 대답하되 여러분이 어찌하여 울어 내 마음을 상하게 하느냐 나는 주 예수의 이름을 위하여 결박당할 뿐 아니라 예루살렘에서 죽을 것도 각오하였노라 하니(21:13).

마음 약한 제자들은 아가보의 예언을 듣고는 바울에게 더욱 예루살렘에 올라가지 말라고 권했습니다. 얼마나 권했는지 울기까지 했습니다. 그러나 제자들의 눈물 어린 만류에도 바울은 뜻을 굽히지 않았습니다. 그는 주 예수의 이름을 위해서라면 무엇도 아끼지 않고 헌신할 각오가 되어 있었습니다. 주님을 위해 죽을 것도 각오했습니다. 성령의 뜻을 알고 있기 때문입니다.

아름다운 신앙의 승복

정에 끌려서 바울에게 예루살렘으로 가지 말라고 만류했던 사람들은 바울이 성령의 뜻은 예루살렘으로 가는 것이라고 끝까지 고집하자 결국 승복했습니다.

> 그가 권함을 받지 아니하므로 우리가 주의 뜻대로 이루어지이다 하고 그쳤노라(21:14).

그리스도인들에게는 이와 같은 믿음의 자세가 있어야 합니다. 아무리 인정으로 보아도 마음에 허락이 안 되고, 여건으로 보아도 마음에 허락이 안 된다 하더라도 이것이 주의 뜻임을 발견했다면 바울과 그의 주변에 있던 제자들처럼 "주의 뜻대로 이루어지이다" 하며 아름다운 승복, 신앙의 승복을 해야 합니다.

하나님께서는 우리 모두에게 이와 같은 믿음의 자세를 원하십니다. 예수를 위해 목숨까지 바칠 각오, 오직 주의 뜻대로 이루어질 것을 바라는 차원 높은 믿음, 성숙한 믿음을 원하십니다. 자신만을 위한, 자신의 유익을 위한 믿음은 어린아이의 신앙입니다.

자신의 신앙 상태를 점검해봅시다. 주님이 우리에게 원하시는 신앙의 수준은 너무나 높습니다. 대한민국의 모든 그리스도인이 바울을 따라 예루살렘까지 죽음의 행진을 할 수 있는 믿음의 자세를 가질 수만 있다면 오늘날 교회는 세상의 비난을 받지 않을 것입니다. 우리는 바울을 따라가는 사람이요, 우리는 위대한 선배들을 따라가는 그리스도인입니다. 위대한 선배들이 남겨놓은 아름다운 발자국을 지워버리지 않도록 모두가 노력해야 합니다.

79

예루살렘에 입성하다

바울이 문안하고 하나님이 자기의 사역으로 말미암아 이방 가운데서 하신 일을 낱낱이 말하니 그들이 듣고 하나님께 영광을 돌리고…(행 21:19-20)

예루살렘교회의 영접

> 예루살렘에 이르니 형제들이 우리를 기꺼이 영접하거늘 그 이튿날 바울이 우리와 함께 야고보에게로 들어가니 장로들도 다 있더라 바울이 문안하고 하나님이 자기의 사역으로 말미암아 이방 가운데서 하신 일을 낱낱이 말하니 그들이 듣고 하나님께 영광을 돌리고…(21:17-20).

바울은 드디어 예루살렘에 왔습니다. 주변의 사랑하는 제자들이 한사코 가지 말라고 만류하는 길을 재촉해서 드디어 온 것입니다. 예루살렘에 도착한 바울이 교회 지도자들과 무엇을 했는지 짤막하게 요약한 이 구절에서 우리는 세 가지를 눈여겨보아야 합니다.

먼저 예루살렘에 이른 바울과 이방 교회의 지도자들은 예루살렘교회 지도자들로부터 기꺼운 영접을 받았습니다. 바울이 예루살렘으로 그렇게 오려고 애썼던 이유 중에 하나는 예루살렘교회와 이방 교회가 하나라는 것을 강조하기 위해서였습니다. 이방 교회 지도자들을 여러 명 데리고 온 것도 그 때문이었습니다. 바울은 구제금을 마련해 온 이방 교회 지도자들과 예루살렘 지도자들을 만나게 함으로 비록 율법에 대한 견해차는 있어도 교회는 하나요, 주님의 몸 된 교회는 나뉠 수 없다는 것을 가르쳐주고 싶었습니다. 결론적으로 예루살렘교회 지도자들이 보여준 환대와 모든 만남의 과정에서 바울은 교회가 하나라는 사실을 이방 교회 장로들에게 보여줄 수 있었습니다.

둘째로, 바울이 당시 예루살렘에 지도자로 있던 예수님의 동생 야고보와 장로들을 만나 그동안 이방인들을 향해 하나님이 어떻게 일하셨는지에 대해 낱낱이 보고한 모습과, 셋째로 그 보고를 듣고 난 뒤 모든 사람이 하나님께 영광을 돌린 모습입니다. 이 세 가지 모습, 즉 뜨거운 영접과 하나님이 그동안 어떻게 일하셨는가를 세밀하게 자기의 일처럼 듣고 말하며 하나님의 은혜를 나누는 것 그리고 그 결과 모두가 하나님께 영광과 찬양을 돌리는 장면은 참된 성도들이 모인 곳에서 볼 수 있는 은혜로운 모습입니다.

바울에 대한 거짓 소문

예루살렘에 있는 형제들이나 지도자들이 바울의 일행을 기꺼이 영접했다는 것은 당시 상황에서는 쉬운 일이 아니었습니다. 바울에 대한 오해가 예루살렘교회 안에 파다하게 퍼져 있었기 때문입니다.

…형제여 그대도 보는 바에 유대인 중에 믿는 자 수만 명이 있으니 다 율법에 열성을 가진 자라 네가 이방에 있는 모든 유대인을 가르치되 모세를 배반하고 아들들에게 할례를 행하지 말고 또 관습을 지키지 말라 한다 함을 그들이 들었도다(21:20-21).

20-21절을 보면 예루살렘 지도자들이 바울을 얼마나 걱정했는지 그들의 마음을 읽을 수 있습니다. 유대인 중에 믿는 자 수만 명이 바울을 오해하고 있었습니다. 믿는 자가 수만 명이었다니 일단 너무나 대단합니다. 예루살렘교회가 계속 확장된 것이 사실이고, 게다가 다른 나라로 이민을 갔던 많은 유대인들이 유월절을 맞아 예루살렘에 와 있었으므로 '수만 명'이라고 말한 것은 과장이 아닙니다. 이들은 예수를 믿었지만 동시에 율법을 철저히 지키는 율법주의자들이었습니다. 이들이 바울을 오해한 내용도 율법과 관계된 것이었습니다. 그들은 바울이 이방에 가서 전도할 때 유대인들도 할례를 받지 말아야 하고, 유대인들도 절대 율법을 지킬 필요가 없다고 선전한 것으로 오해하고 있었습니다. 바울을 헐뜯고 미워하는 사람들이 예루살렘에 와서 허위 선전을 했기 때문입니다.

그러나 사실 거짓 소문과는 상관없이 유대인의 입장에서 볼 때 바울의 신학은 이해하기가 대단히 어려운 것이었습니다. 유대인들에게 익숙하고 맞는 신학은 예수를 믿고 구원을 받지만 그와 함께 율법도 지켜야 한다는 것이었습니다. 그러므로 바울이 이방인 교회를 개척하면서 이방인들은 할례를 받지 않아도 되고, 율법을 지킬 의무가 없다고 하고, 구원받기 위한 조건으로 율법의 종이 될 필요가 없다고 가르치고, 또 그와 같은 복음을 예루살렘에 와서 전하니, 유대인들은 은근히 섭섭한 마음이 들었던 것도 사실입니다.

이와 같이 유대인 신자들이 섭섭한 마음을 품고 있던 차에, 거짓말을 하는 자들이 예루살렘에 와서 바울에 대한 거짓 소문을 퍼뜨리니 오해를 할 수밖에 없었습니다. 그러면 그들의 오해가 사실이었습니까? 아닙니다. 바울은 유대인들에게 할례 받지 말고 율법을 지키지 않아도 된다는 말을 한 적이 없습니다. 이방인들에게만 율법을 지키지 않아도 된다고 했습니다. 그것은 바울의 말이 아니었습니다. 예루살렘에 있는 사도들과 예루살렘 총회의 모든 장로들이 결정한 사항이었습니다. 본문 21장 25절을 보면 이방인에게는 우상의 제물, 피, 목매어 죽인 것, 음행 정도만 피하고 주의하라고 했지, 율법을 지키라고는 말하지 않았습니다. 바울이 절대 나쁜 일을 한 것이 아니요, 잘못 가르친 것이 아니었습니다.

> 할례자로서 부르심을 받은 자가 있느냐 무할례자가 되지 말며 무할례자로 부르심을 받은 자가 있느냐 할례를 받지 말라(고전 7:18).

바울은 유대인들에게 분명히 이야기했습니다. 할례를 받았으면 무할례자가 되지 말라고 말입니다. 할례 받은 것을 인정한 것입니다. 바울은 유대인들이 율법 지키는 것을 인정하고 있었습니다. 가끔은 바울 자신이 율법 의식을 행하기도 하지 않았습니까?

바울과 관련한 거짓 소문이 예루살렘의 많은 사람들에게 퍼져 있었기 때문에 바울이 예루살렘에 도착할 즈음에는 예루살렘교회 안에서도 바울을 의심하는 사람들이 대단히 많았던 것 같습니다. 그래서 색안경을 끼고 바울을 보기 시작한 것입니다.

21세기, 이 마지막 때에도 우는 사자와 같이 날뛰는 마귀는 어떻게 하든지 교회 안에 들어와 거짓말로 많은 성도를 미혹하고 있습니다. 예루살렘교회 안에 들어와서 바울에 대한 거짓 소문으로 많은 성도의 귀를 어둡게 했던 것처럼 오늘 교회 안에도 인간적인 견해로 다른 사람을 비판하게 하며, 다른 사람을 불신하게 하며, 다른 사람을 짓밟아버리게 하며, 성도와의 교제를 끊어버리게 하는 무서운 시험이 너무나 많은 것을 봅니다.

하나님의 몸 된 교회를 이리저리 나누며, 쪼개어버리는 인간적인 죄악을 주님 앞에 회개해야 합니다. 그리고 자신과 견해차가 있는 사람이라도 기꺼이 포용하는 아량과 그리스도 안에서 하나 된 형제라면 어떤 사람이라도 받아들이는 바다와 같이 넓은 마음을 가져야 하겠습니다. 또한 다른 사람의 말을 무턱대고 믿어 사람을 함부로 희생시키는 잔인한 사람이 되지 않도록 날마다 자신을 견제하며 절제할 수 있는 은혜를 주시길 하나님께 기도해야 합니다.

교회 지도자들의 태도

여기서 주목할 것은 예루살렘교회 지도자들입니다. 바울을 기꺼이 영접한 예루살렘교회 지도자들은 역시 달랐습니다. 많은 사람이 바울에 대해서 이러쿵저러쿵 떠들었지만 거기에 전혀 귀를 기울이지 않고 바울을 신뢰했습니다. 아주 커다란 마음을 가진 사람들입니다. 지도자의 자격을 갖춘 사람들이었다고 봅니다. 지도자는 소문에 함부로 마음이 움직여서는 안 됩니다. 사람들이 수군거리는 말에 쉽게 넘어가서도 안 됩니다. 어떤 사람의 허물을 들었을 때 그것을 금세 믿어버리고 색안경 끼고 그를 바라보는 좁은 소견을 가져서도 안 됩니다.

예수님의 동생 야고보 같은 사람의 경우 가난에 찌든 형편에서 무슨 공부를 했겠습니까? 분명 무식한 사람이었을 것입니다. 그러나 하나님의 은혜를 받으니 도량이 넓어져 모든 말을 분별할 수 있는 하늘의 지혜를 갖게 되었습니다. 예루살렘교회 야고보 장로와 70~80명의 동료 장로들은 한결같이 성도들의 인간적인 판단에 넘어가지 않았습니다. 이것이 지도자의 자격입니다. 이들은 분명히 바울과 같이 귀한 하나님의 종을 아끼는 사람들이었습니다. 하나님께서 바울을 어떠한 과정을 통해 택하셨는지 너무나 잘 알고 있었기 때문에 많은 사람이 바울에 대해서 뭐라고 해도 바울을 신뢰하고 아꼈습니다. 오늘날 특별히 목사와 평신도 지도자들은 하나님의 은혜 안에서 바울과 야고보같이, 예루살렘 장로들과 같이 하나 되어 한시라도 이탈하지 않도록 서로 신뢰하고, 서로 은혜를 나누며, 그리스도 안에서 성장해야 합니다.

바울과 야고보 두 사람 사이에는 상이점이 있었습니다. 둘 다 할례자요, 율법을 지키는 자였지만 바울은 이방에 가서 율법에 매이지 않고 가르치며 전도하고 있었습니다. 이에 반해 야고보는 구원은 예수를 믿음으로만 받는다고 분명히 이야기했지만, 예루살렘교회 장로였기 때문에 철저하게 할례를 받았고, 자기 자녀에게도 할례를 주었고, 율법을 지켰고, 또 율법대로 살아야 된다고 가르친 사람임에 틀림없습니다. 바울과 야고보는 복음으로 하나가 되었지만 복음 아닌 세부적인 문제에서는 상당히 거리가 있는 사람들이었습니다. 그럼에도 야고보가 바울을 얼마나 아꼈는지 모릅니다. 바울 역시 마찬가지였습니다.

그렇습니다. 복음만 같으면, 복음만 하나 되면 약간의 견해차가 있어도 하나가 될 수 있고, 기꺼이 영접하는 마음의 자세를 가질 수 있습니다. 오늘날 교회 안에서도 마찬가지입니다. 예수를 믿고, 예수 때문에 구원을 받고, 예수님의 영광을 위해 산다고 고백하는 복음의 기본 노선이 같아도 사소한 부분에서는 약간의 견해차가 있을 수 있습니다. 그러나 하나님의 진정한 자녀는 바울과 야고보가 하나 되고 바울과 예루살렘 장로들이 서로 기꺼이 영접하고 서로 마음을 열고 받아들인 것처럼 하나가 될 수 있습니다. 복음만 같으면 하나가 될 수 있습니다. 교단이 달라도 복음만 같으면 기꺼이 서로 영접할 수 있습니다. 이것이 하나님의 자녀입니다.

그리스도인은 이런 점에서 마음이 넓어야 합니다. 특히 평신도 지도자로 교회를 섬기는 모든 성도는 바울과 야고보처럼 그리고 예루살렘 장로들처럼 마음이 넓어야 합니다. 자신과 부분적인 차이가 있다고 할지라도 기꺼이 영접하고 포용하는 마음을 가져야 합니다. 일단 복음으로 하나가 된 사람을 신뢰할 줄도 알아야 합니다. 많은 사람이 이런 말 저런 말로 떠드는 것을 쉽게 믿어서는 안 됩니다. 또한 사람 하나를 아주 귀히 아낄 줄도 알아야 합니다.

> 몸이 하나요 성령도 한 분이시니 이와 같이 너희가 부르심의 한 소망 안에서 부르심을 받았느니라(엡 4:4).

성령의 하나 되게 하심을 힘써 지킵시다. 하나님도 하나요, 예수도 하나요, 성령도 하나요, 믿음도 하나요, 교회도 하나입니다. 인간이 서로 하나가 된다는 것은 쉬운 일이 아닙니다. 그러므로 힘써 노력해야 합니다. 기도해야 합니다. 바다같이 넓은 마음을 갖게 해달라고, 그래서 견해차가 있는 형제라도 그리스도의 사랑으로 항상 포용할 수 있게 해달라고, 이런 소문 저런 소문을 듣고 오해받고 있는 사람일지라도 그리스도의 사랑으로 포용하고 아낄 수 있도록 마음을 넓혀달라고 기도해야 합니다. 그래야만 주님의 나라를 위해 지도자로 쓰임받을 수 있고, 주의 몸 된 교회의 중요한 일을 맡아서 그리스도의 아름다운 도구가 될 수 있습니다.

바울의 사역 보고

바울은 예루살렘에 와서 자신이 이방에 머무는 동안 어떤 사역을 했는지 보고했습니다. 그의 보고에서 중요한 것은 바로 '하나님이 하신 일'이라는 표현입니다. 자신이 한 일은 아무것도 없다는 말과 같습니다. 단지 하나님이 쓰시는 도구로 사용되었을 뿐이라는 의미를 담고 있습니다. 바울은 지금 이렇게 고백하는 것입니다.

> 이방에 가서 지금까지 많은 교회를 개척하고, 많은 환난을 겪고, 많은 고통을 당했지만 나는 오직 하나님의 손에 사용되는 도구였고, 실제로는 하나님께서 하셨습니다. 그러므로 예루살렘의 사랑하는 형제들이여, 하나님께서 이방에서 어떤 일을 하셨는지 들으십시오.

바울의 이런 모습은 진정 주의 종들이 취할 자세요, 주의 종들이 날마다 생각해야 할 마음의 자세입니다. 우리는 하나님의 손에 들려 쓰임받는 지팡이 역할밖에 못합니다. 그런 인간이 얼마나 자기가 한 일을 드러내고, 많은 사람에게 자랑하며, 많은 사람에게 인정받으려고 합니까? 하나님의 큰 역사가 일어나면 자신은 도구에 불과함에도 마치 자신이 그 일을 한 것처럼 선전하며 사람들에게 내세우려 하지 않습니까?

그러나 바울의 자세를 보십시오. 바울이 한 일에 비하면 우리는 도대체 그의 신발 끈이라도 풀 만한 자격이 있습니까? 없습니다. 그런데도 바울은 "하나님이 나의 사역을 통해 하신 일을 낱낱이 고했다"라고 하면서 한낱 도구에 불과하며 모든 일을 하나님께서 하셨다고 고백합니다. 참 은혜로운 이야기입니다.

교회에서 수고하는 모두를 통해 하나님이 어떤 기적을 이루신다 할지라도 형제들 앞에 나가 그 일을 증거 할 때는 하나님이 하셨다고 말합시다. 그리고 우리는 주님의 뒤에 살짝 감추도록 합시다. "나는 도구입니다"라는 고백을 합시다. 하나님이 하신 것을 내세울 때 듣는 사람들이 은혜를 받습니다. 그리고 하나님을 내세워서 말할 때 비로소 자기 자랑이 되지 않습니다. 특히나 목회자들은 이러한 자세가 더욱 중요합니다. 같은 일을 어떻게 말하느냐에 따라 그 사람의 사상과 생각이 드러납니다. "하나님이 하셨지"라는 말은 듣는 사람에게 은혜로 다가옵니다. 우리도 배워야 합니다.

하나님께 영광을 돌리다

바울처럼 우리도 하나님이 우리를 통해 일하셨다고 말할 수 있도록 입을 크게 엽시다. "하나님이 일하셨다. 하나님이 일하신다"라고 크게 말합시다.

> 그들이 듣고 하나님께 영광을 돌리고…(21:20).

바울과 예루살렘교회 장로들처럼 은혜로운 자세를 가지고 받은 은혜를 함께 나누면 어떤 결과가 나타납니까? 하나님께 영광을 돌리게 됩니다. 신앙생활에서 하나님께만 영광 돌리고 우리가 받은 은혜를 나누는 것이 얼마나 중요한지 모릅니다. 예루살렘교회 지도자들이 이방에서 일한 바울과 형제들이 보고한 말씀을 통해 하나님께 영광을 돌릴 수 있었던 것처럼, 또 이방에서 일하는 바울이 예루살렘 안에서 하나님이 일하시는 모든 사실을 눈으로 보고 귀로 들음으로써 바울과 그의 동료들이 힘을 얻고 하나님께 영광을 돌릴 수 있었던 것처럼 오늘날도 교회 안에서 성도들이 서로 은혜를 나누어야 합니다. 자신이 받은 은혜, 자신을 통해 하나님이 어떤 일을 하셨는가를 형제들과 나눌 때 말하는 자나 듣는 자가 모두 은혜 받고 비로소 하나님께 영광을 돌릴 수 있습니다.

혼자서는 건전한 신앙생활을 하지 못합니다. 그래서 함께 모여 하나님의 말씀을 공부하며 서로가 받은 은혜를 나누는 성도들의 모임이 중요한 것입니다. 말씀을 공유하고 받은 은혜를 공유함으로써 함께 성장하기 때문입니다. 얼마나 귀한지 모릅니다. 교회는 그런 곳입니다. 교회는 이렇게 아름다운 은혜를 나누고 복을 함께 누리는 곳입니다. 하나님께 영광 돌리는 곳입니다. 얼마나 복된 자리로 우리가 초대를 받았습니까? 그리스도 안에서 하나라는 것을 기억하며 서로 신뢰하면서 주님이 원하시는 분량까지 함께 자라가는 아름다운 교제가 교회 안에 늘 이어지길 바랍니다.

80

교회의 평화를 위해
고집을 꺾다

우리가 말하는 이대로 하라 서원한 네 사람이 우리에게 있으니 그들을 데리고 함께 결례를 행하고 그들을 위하여 비용을 내어 머리를 깎게 하라 그러면 모든 사람이 그대에 대하여 들은 것이 사실이 아니고 그대도 율법을 지켜 행하는 줄로 알 것이라(행 21:23-24)

장로들의 권면

사도행전 21장에서는 바울에게서 의외의 모습을 볼 수 있습니다. 양보하고 타협하는 모습이 나옵니다. 예루살렘 장로들과 모든 지도자들은 바울을 진심으로 환영하고 바울을 통해 일하신 하나님께 영광과 찬양을 돌렸지만 그들 모두가 우려하는 점이 하나 있었습니다. 바울에 대한 깊은 오해가 예루살렘 성도들 안에 퍼져 있다는 사실입니다. 그래서 성도들이 바울이 온 것을 알게 되면 필연코 어떤 말이 나올 것이고, 그 말이 나중에는 문제를 야기하는 불씨가 되지 아니할까, 그래서 예루살렘교회가 크게 시험을 받게 되지 않을까 하는 우려가 있었습니다. 이 문제를 놓고 야고보를 위시해서 예루살렘 지도자들이 바울과 깊이 의논하는 장면이 나옵니다.

그러면 어찌할꼬…(21:22).

예루살렘 지도자들은 깊은 고민에 빠졌습니다. 그들 입장에서는 참 난처한 상황이었습니다. 바울 편을 들자니 성도들의 오해를 씻어줄 길이 없고, 성도들 편을 들자니 바울에게 큰 상처를 줄 것 같은 애매한 상태에 놓였습니다. 게다가 예루살렘 성도들은 대부분 율법주의자들이었기 때문에 예수를 믿으면서도 율법을 철저히 지키는 사람들이었습니다. 그들에게는 누구든지 조금이라도 율법을 과소평가하는 말을 하면 참지 못하는 기질이 있었습니다. 그러므로 바울을 무조건 두둔한다는 것은 예루살렘교회 지도자들에겐 참 난처한 일이었습니다.

이러지도, 저러지도 못하는 상황에서 그들은 바울과 같이 의논을 시작했습니다. 어떻게 하면 교회가 은혜 가운데 이 고비를 넘길 수 있을까, 어떻게 하면 바울도 무사히 예루살렘에서 일을 다 마치고 돌아갈 수 있을까 하는 문제를 상의했습니다. 그리고 예루살렘 장로들은 안을 내놓았습니다.

성도들 가운데는 율법의 예를 좇아 서원을 하는 사람이 가끔 있었습니다. 특별히 병을 앓다가 나았다든지 죽음의 고비에서 구원을 받았다든지, 아니면 큰 손해를 볼 만한 위험에서 하나님의 은혜로 고비를 넘기면 하나님 앞에 자신이 받은 은혜를 보답하고 감사하기 위해 특별히 서원하는 의식이 있었습니다. 구약의 나실인 의식을 그대로 본받아서 하는 것이었습니다.

앞서 보았듯이 나실인의 서원을 하면 몇 가지 까다로운 문제가 따랐습니다. 적어도 30일 동안은 술과 고기를 먹지 말아야 하고, 처음 시작할 때 7일과 끝낼 때 7일은 머리를 깎아야 하고, 8일째는 번

제와 화목제와 소제를 하나님 앞에 드려야 했습니다. 제사 드리는 데 드는 비용이 하나님 앞에 감사예물로 들어갑니다. 가난한 사람들은 하나님께 감사를 표하고 싶어도 비용이 엄청나게 들기 때문에 쉽게 하지 못했습니다. 그래서 비용 문제로 서원을 해놓고도 지키지 못하고 날짜만 보내는 사람들이 있었습니다.

그런 이들의 딱한 사정을 들은 사람들 가운데 돈을 좀 가진 사람들이 대신 돈을 내주는 사례가 왕왕 있었습니다. 그렇게 서원하는 사람을 위해 대신 비용을 지불해주는 사람은 교회 안에서 대단한 존경과 칭찬을 받곤 했습니다. 교회 지도자들은 바울에게 바로 이런 일을 제안했습니다. 어려운 사람들을 위해 비용을 대는 역할을 해보라는 것입니다.

> 서원을 하고 하나님 앞에 특별히 감사를 드리고 싶어하는 사람이 네 명 있는데, 그들은 하나님 앞에 제사를 드릴 만한 여유가 없다. 그런데 마침 바울 당신이 왔으니 잘된 것 아닌가? 당신이 비용을 대고, 당신도 그들과 함께 나실인의 서약을 하며 30일 동안 성전에서 율법을 지키면 예루살렘 성도들의 오해가 풀릴 것이다. 어려운 사람을 위해 비용을 대어 사람들에게 칭찬도 들을 수 있고, 당신이 실제로 나실인의 서약을 함으로써 당신이 율법을 무시한다고 하는 오해도 풀 수 있고, 이것도 좋고 저것도 좋지 않으냐.

사실 바울은 이 권면을 받아들이기 몹시 어려운 입장이었습니다. 이방 교회의 장로들과 함께 예루살렘에 와 있는 상태였기 때문입니다. 예루살렘교회를 돕기 위해 구제금을 들고 온 이들은 유대인이 아니라 모두 이방인이었습니다. 이 이방인들은 율법과는 상관이 없는 사람들이었습니다. 바울은 이들에게 구원받기 위해 율법을 지킬 필요는 없으며 오직 예수를 믿음으로만 구원받는다고 가르치고 할례 또한 받을 필요가 없다고 가르쳤습니다.

그런데 그렇게 가르친 바울 자신이 나실인의 서약을 하고는 율법을 지키는 사람으로 머리를 깎고 며칠 동안 성전에서 지내면서 마치 율법의 종이 된 것처럼 행동하기란 어려운 일이었습니다. 때문에 바울은 상당히 고민했을 것입니다. 예루살렘 장로들의 충고대로 하느냐, 아니면 모든 것을 거절하고 빨리 돌아가느냐, 이런 문제 저런 문제로 고심했을 것입니다.

교회의 평화를 위해

> 바울이 이 사람들을 데리고 이튿날 그들과 함께 결례를 행하고 성전에 들어가서 각 사람을 위하여 제사 드릴 때까지의 결례 기간이 만기된 것을 신고하니라(21:26).

바울은 교회 지도자들의 권면을 따르기로 했습니다. 그의 선택에서 배울 수 있는 중요한 것이 하나 있습니다. 바울은 왜 예루살렘 장로들의 권면을 받아들였을까요? 바울에게 그런 일은 분명히 자기의 주견을 꺾는 것이나 다름없었는데도 왜 듣고, 왜 양보하고, 왜 타협했을까요? 여러 가지 이유를 찾을 수 있겠지만 크게 두 가지로 정리할 수 있습니다.

하나는 예루살렘교회의 평화를 위해 바울이 양보한 것입니다. 교회의 평화를 위해 가끔은 중대한 것을 양보하기도 해야 합니다. 바울이 나실인의 서약을 하고 머리를 깎고 성전에 들어가기로 했지만 그렇게 했다고 해서 복음을 양보한 것은 아니었습니다. 예수를 믿음으로 구원을 얻는다고 하는 믿음과 변하지 않는 복음을 양보한 것이 아닙니다. 복음은, 하나님의 진리는 절대로 양보할 수 없습니다. 그러나 교회의 평화를 위해 복음 외의 문제는 양보하는 것이 옳다고 생각했을 것입니다. 고집대로 행동했다가는 예루살렘교회가 혼란스러워지고 장로들과 양 떼 사이에 상당히 골치 아픈 문제들이 생길 수 있기 때문에 차라리 나실인의 서약을 함으로써 교회가 평안하기를 바랐던 것입니다.

이는 참 중요한 진리입니다. 한번 생각해봅시다. 일이 중요합니까, 아니면 교회의 평화가 중요합니까? 물론 경우에 따라 다르겠지만 일반적으로 지역 교회를 놓고 일이 중요하냐, 교회의 평화가 중요하냐를 따질 때는 교회의 평화가 더 중요합니다. 교회의 평화가 깨지면, 그래서 양 떼가 서로에게 상처를 주고받는다면 아무리 주님을 위한 사역이나 사업에 많이 투자하고 땀 흘리고 노력한다 할지라도 은혜를 받을 수 없기 때문입니다.

그러므로 아무리 중요한 일이라 하더라도 그것 때문에 교회의 평화가 깨질 위험이 있을 때는 일단 멈춰야 합니다. 이 원칙에서 교회의 일을 다루어야 합니다. 그런데 교회가 너무 일에 욕심을 내다가 교회의 평화를 다 깨뜨리고 양 떼가 상처 입어 이리저리 뿔뿔이 흩어지는 사례를 자주 봅니다. 바울은 하나님의 몸 된 교회에서 평화가 깨지는 것을 원치 않았습니다. 차라리 자기가 이방 장로들 앞에 약간 오해를 받을망정 예루살렘에 있는 수만 명의 양 떼가 어려움을 겪고, 교회가 시험에 빠지고, 교회 지도자들이 난처한 입장에 놓이게 되는 것을 원치 않았습니다. 교회의 평화를 위해 자신을 희생한 것입니다.

자신의 뜻이 관철되지 않는다고 끝까지 고집을 피우는 사람은 교회에서 일할 자격이 없습니다. 아무리 자신의 말이 옳다고 할지라도 교회의 평화를 더 생각해야 합니다. 그러지 않고 자신의 목적을 이루기 위해 교회 안에 여러 가지 어려움을 일으킨다면, 그 사람에게 교회란, 자기를 위한 것이지 하나님을 위한 것이 아닙니다.

영혼 구원을 위해

또 하나 바울이 양보한 이유가 있습니다. 그것은 고린도전서 9장의 원리에 따른 것이라고 봅니다.

> 내가 모든 사람에게서 자유로우나 스스로 모든 사람에게 종이 된 것은 더 많은 사람을 얻고자 함이라 유대인들에게 내가 유대인과 같이 된 것은 유대인들을 얻고자 함이요 율법 아래에 있는 자들에게는 내가 율법 아래에 있지 아니하나 율법 아래에 있는 자같이 된 것은 율법 아래에 있는 자들을 얻고자 함이요 율법 없는 자에게는 내가 하나님께는 율법 없는 자가 아니요 도리어 그리스도의 율법 아래에 있는 자이나 율법 없는 자와 같이 된 것은 율법 없는 자들을 얻고자 함이라 약한 자들에게 내가 약한 자와 같이 된 것은 약한 자들을 얻고자 함이요 내가 여러 사람에게 여러 모습이 된 것은 아무쪼록 몇 사람이라도 구원하고자 함이니(고전 9:19-22).

바울이 유대인들에게 유대인과 같이 된 것은 그들을 얻고자 함이었습니다. 이 '얻고자 한다'는 말의 첫째 뜻은 '구원하기 위해'이고, 둘째 뜻은 '실족하지 않도록 하기 위해'입니다. 여기서는 구원하고자 한다는 말이 우선입니다. 한 영혼이라도 구원하기 위해 양보할 수 있는 것은 다 양보한다는 말입니다. 바울은 유대인의 영혼을 구원하기 위해 스스로 유대인이 되었고, 율법을 지키는 자들의 영혼을 구원하기 위해 율법 아래에 있는 자같이 되었습니다. 또한 율법 없는 이방인들의 구원을 위해 율법 없는 자와 같이 되었습니다. 그는 비록 하나님께 율법 없는 자가 아니었는데도 말입니다. 또 약한 자들에게는 약한 자같이 되었습니다.

내가 복음을 위하여 모든 것을 행함은 복음에 참여하고자 함이라
(고전 9:23).

바울이 대상에 따라 여러 모양이 되었던 것은 아무쪼록 몇 사람이라도 더 구원하고자 함이었다는 것을 성경을 통해 우리는 알 수 있습니다. 바울의 깊은 중심을 우리는 느낄 수 있습니다. 예루살렘의 많은 유대인이 예수 믿도록 하기 위한 뜨거운 마음에서 우러나온 행동이었습니다. 믿음을 포기하는 일이 아닌 이상, 또 하나님의 진리를 거스르지 않는 이상 한 영혼을 구원하기 위해 필요한 일이라면 기꺼이 하는 것, 이것이 바울의 정신이었습니다.

오늘 우리에게는 바울과 같은 정신이 있습니까? 예수 믿는 사람들은 적극적인 자세를 가지고 희생해야 합니다. 우리가 희생하지 않아서 오늘 기독교가 문제를 안고 있는 것입니다. 한 사람의 영혼을 구원하는 데 필요한 희생이 무엇인지 뻔히 알고 있으면서도 지불하지 못하기 때문입니다. 양보하지 못하기 때문입니다. 희생하지 못하기 때문입니다. 우리 모두 가책을 느껴야 합니다. 바울처럼 머리를 깎아야 될 때는 깎아야 합니다. 한 사람을 구원할 수만 있다면 머리 깎는 것은 문제가 되지 않습니다.

바울이 체포되다

교회 장로들과 바울이 노력했지만, 결국 사건이 일어났습니다. 예루살렘 성도들이 아니라 아시아로부터 온 유대인들이 사건을 일으켰습니다. 이 사람들은 그리스도인들이 아니었습니다. 아시아에서 선교할 때 바울을 따라다니면서 핍박하고, 바울을 쫓아내고, 나중에는 바울을 돌로 쳐서 실신 상태에 빠뜨리기도 했으며, 바울을 죽이려고 음모를 꾸민 사람들인데, 유월절을 지키기 위해 예루살렘에 왔다가 바울을 본 것 같습니다. 그들은 거짓말을 늘어놓기 시작했습니다.

> 외치되 이스라엘 사람들아 도우라 이 사람은 각처에서 우리 백성과 율법과 이곳을 비방하여 모든 사람을 가르치는 그 자인데 또 헬라인을 데리고 성전에 들어가서 이 거룩한 곳을 더럽혔다 하니 (21:28).

첫 번째 거짓말은 바울이 율법을 비방하고 예루살렘 성전을 더럽혔다는 것입니다. 그러나 바울은 율법을 비방하지도, 예루살렘 성전을 더럽히지도 않았습니다. 또 유대 백성을 비방한 일도 없었습니다. 한마디로 새빨간 거짓말이었습니다.

두 번째 거짓말은 헬라인을 데리고 성전에 들어갔다는 것입니다. 여기서 말하는 '성전'은 이스라엘 사람들만 들어가는 뜰을 이야기합니다. 이방인은 절대 들어가지 못하는 곳이었습니다. 그곳에 들어간 이방인은 죽여도 된다고 로마법에서 허용할 정도였습니다. 이런 곳에 바울이 헬라인을 데리고 들어갔다고 거짓말을 했습니다.

그렇다면 바울이 실제로 그렇게 했습니까? 아닙니다. 구제금을 가지고 함께 예루살렘에 온 에베소 사람 드로비모가 이방인들이 들어가도 되는 뜰에서 바울과 같이 있었던 사실을 왜곡한 것입니다. 바울이 그를 데리고 이스라엘의 뜰로 들어갔다고 말입니다. 이방인들을 함부로 데리고 들어가서 예루살렘 성전을 더럽혔다는 소문에 사람들은 흥분했습니다. 삽시간에 소동이 일어났습니다. 바울이 위기에 처한 것입니다.

군중의 기질을 주의해야 합니다. 군중은 참말과 거짓말을 분별하지 못하는 경우가 많습니다. 그저 선동에 맹목적으로 흥분해버리는 것이 군중의 기질입니다. 사탄은 이 군중의 기질을 자주 이용합니다. 역사적으로 교회가 이러한 군중심리 때문에 얼마나 어려움을 당했습니까? 네로 황제의 로마 방화와 교회 핍박이 한 예입니다. 얼마나 많은 그리스도인들이 이와 같은 거짓말에 속은 군중 때문에 억울한 희생을 당했는지 모릅니다. 이 원수를 누가 갚아줍니까? 하나님이 갚아주십니다. 기독교 역사를 한번 보십시오. 마귀가 거짓말로 선동한 사람들이 기독교를 얼마나 잔인하게 짓밟고, 그것 때문에 얼마나 많은 그리스도인들이 피 흘리고, 억울하게 세상을 떠났는지 모릅니다. 그 억울함을 누가 갚아줍니까? 주님이 재림하시면 갚아주시겠다고 약속하셨습니다.

위기에서 건지신 하나님

바울이 죽을 위기에 처했을 때 하나님께서는 이미 그를 건질 준비를 하고 계셨습니다. 하나님이 천부장을 보내 바울을 끌어내 온 것입니다.

바울이 층대에 이를 때에 무리의 폭행으로 말미암아 군사들에게 들려가니(21:35).

얼마나 심각한 상황이었는지 보십시오. 바울이 층대에 이를 때에 사람들이 그를 폭행했습니다. 결국 바울은 군사들에게 들려 갔습니다. 아마도 군사들이 어깨에 메고 나왔나 봅니다. 사람들이 바울을 죽일 것 같으니까 군사들이 그렇게 한 것입니다.

저는 사실 이해가 잘 안 됩니다. 왜 하나님은 예루살렘에서 바울에게 이와 같이 어려운 상황을 당하게 하셨을까요? 바울의 고초는 여기서 끝이 아니라 사실 이제부터 시작입니다. 이렇게 붙들린 바울은 약 2년 동안 감옥살이를 하게 됩니다. 그 2년 동안 선교 활동을 하지 못했습니다. 성경도 한 권 쓰지 않았습니다. 2년 동안 가이사랴 감옥에서 허송세월한 것 같은 느낌조차 받습니다. 왜 하나님이 그렇게 하셨을까요? 그 모든 과정이 로마에 보내기 위해서였다면 무엇 때문에 2년 동안 감옥에서 바울을 고생시키셔야 했을까요? 바울도 그 이유에 대해서는 설명하지 않았습니다. 그러나 이 모든 과정에 하나님의 깊은 뜻이 있었다는 것을 믿습니다.

하나님께서는 아마도 바울을 바쁘고 힘들고 쉴 틈 없는 선교 현장에서 이끌어내셔서 억지로 쉬게 만들어놓으신 것 같습니다. 그 장소가 비록 가이사랴 감옥이었지만 무조건 갇혀서 꼼짝도 못 하는 생활이 아니었습니다. 마음대로 출입할 수 있도록 자유가 허용되었고, 앞뒤로 로마 군사들의 호위를 받으며 안전하게 2년 동안 쉴 수 있었습니다. 아마도 앞으로 로마에서 너무나 격렬한 싸움을 해야 했기에 하나님께서 특별히 바울에게 안식년을 주셔서 쉬게 하신 것 같다는 생각이 듭니다. 이 해석이 맞는지 안 맞는지는 모르겠습니다. 그러나 이 생각 외에는 무엇 때문에 하나님이 그렇게 하셨는지 이해를 못 하겠다는 게 솔직한 고백입니다.

바울이 체포되어 긴 세월 옥고를 치른 것과 같이 가끔 우리에게도 도저히 이해하지 못할 만한 일들이 일어납니다. 그러나 그것마저도 하나님께서 선하신 뜻을 가지고 인도하시는 과정임을 믿어야 하겠습니다.

사도행전 22장

층대에 서서 성난 군중을 바라보는 바울에게는 마치 순교 직전의 스데반처럼 어딘지 모르게 다른 사람들이 범접할 수 없는 거룩함과 하나님의 영광이 있었을 것입니다. 예수를 믿는 우리 또한 바울이 보여준 영광과 권세를 회복해야 합니다.

81

부형들아 들으라

그가 또 이르되 우리 조상들의 하나님이 너를 택하여 너로 하여금 자기 뜻을 알게 하시며 그 의인을 보게 하시고 그 입에서 나오는 음성을 듣게 하셨으니 네가 그를 위하여 모든 사람 앞에서 네가 보고 들은 것에 증인이 되리라 이제는 왜 주저하느냐 일어나 주의 이름을 불러 세례를 받고 너의 죄를 씻으라 하더라(행 22:14-16)

사슬에 매였으나 하늘의 권세로

사도행전 22장을 읽으면서 사도 바울이 지금 어떤 상황에 처해 있는지 눈을 감고 상상해봅시다. 이를 갈며 포악한 난동을 부리던 유대인들에게 이리 뜯기고 저리 뜯겨 살아남지 못할 것 같은 위기에서 겨우 건짐을 받았지 않습니까? 그래서 천부장이 자기 군사를 동원해 바울을 구해 나오는 장면입니다. 그런데 바울이 천부장에게 어떤 요구를 했습니다. 사람들에게 전할 말이 있다는 것입니다.

쇠사슬에 매인 몸, 갈기갈기 찢긴 옷, 피멍이 든 얼굴, 헝클어진 머리를 한 채 층대 위에 서 있는 바울의 모습이 떠오릅니다. 표독스러운 눈으로 바울을 노려보고 있는 많은 사람들의 얼굴도 눈에 선합니다. 바울이 드디어 청중을 향해 입술을 뗍니다. 그것도 태연자약하게 말입니다. 바울에게는 청중을 압도하는 위력이 있었습니다.

하나님이 그에게 함께하시는 데서 나오는 권세가 있었습니다.

성령 충만한 바울은 말하지 아니하고는 못 견딜 마음의 충동이 있었습니다. 바울은 이유야 어떻든 자연적으로 모인 이 예루살렘 사람들에게 한마디라도 전하려는, 이 기회를 놓치지 않고 한 사람이라고 구원하려는 뜨거운 열정으로 층대 위에 섰습니다. 위대한 전도자, 위대한 사도의 모습입니다. 영혼 구원에 대한 바울의 열정과 뜨거운 마음을 생각하면 우리는 성경을 읽을 자격조차 없는 것 같습니다. 바울은 그렇게 찢긴 자신의 모습을 결코 부끄러워하지 않았습니다. 디모데후서 1장 8절처럼 주를 위하여 갇힌 자신을 부끄러워하지 않았습니다. 그러므로 바울은 사슬에 매인 자신을 부끄러워하지 않고 부지런히 찾아온 오네시보로를 칭찬했습니다. 바울은 그런 사람이었습니다. 외모가 어떻든지, 세상 사람들이 자기를 보고 무엇이라고 하든지 사람의 말을 듣기보다는 하나님의 말씀을 듣고 싶어 했던 사람이었습니다.

층대에 서서 성난 군중을 바라보는 바울에게는 마치 순교 직전의 스데반처럼 어딘지 모르게 다른 사람들이 범접할 수 없는 거룩함과 하나님의 영광이 있었을 것입니다. 예수를 믿는 우리 또한 바울이 보여준 영광과 권세를 회복해야 합니다. 집은 찌그러져가도 예수 그리스도의 영광이 우리에게 있고, 누추한 옷을 입고 있다 해도 예수를 이야기하는 우리 모습에서 다른 사람들을 압도할 수 있는 권위와 권세와 능력이 나타나야 합니다.

바울의 간증

바울이 드디어 메시지를 전하기 시작했습니다. 간증으로 문을 열었습니다. 자기가 어떻게 예수 그리스도를 만나게 되었는가를 간증했습니다. 간증은 바울이 상당히 많이 사용한 메시지 전달 방법이었습니다. 이러한 패턴으로 메시지를 전한 사례가 사도행전 22장과 26장에 기록되어 있습니다. 바울이 메시지를 전할 때 간증을 먼저 들고 나왔던 이유는 무엇일까요?

간증에는 이점이 참 많습니다. 간증은 전하는 자가 강한 확신으로 표명하는 것이기 때문에 듣는 이가 확신을 갖게 하는 데 상당히 큰 작용을 합니다. 그러므로 '내가 예수를 믿습니다', '내가 예수를 보았습니다', '나는 예수를 나의 구원자로 확신합니다', '나는 예수 믿기 전에 이런 사람이었습니다' 하고 자신 있게 말할 수 없는 사람은 간증을 할 수 없습니다. 주어인 '나'가 빠지면 간증이 안 되기 때문입니다.

이와 같이 자기 확신을 사실적으로 전달하는 간증은 자연히 상대방의 마음을 쉽게 사로잡는 이점이 있습니다. 뿐만 아니라 상대방이 쉽게 들을 수 있습니다. 일단 당사자가 소화한 것을 이야기로 듣기 때문에 부담이 없습니다. 그래서 바울은 중요한 기회마다 간증을 했던 것으로 보입니다. 그는 예루살렘 군중 앞에서도, 이후 아그립바 왕 앞에 설 때도, 재판을 받을 때도 간증을 했습니다. 아마도 사도행전에 일일이 다 기록되지는 않았지만 바울은 이방 선교를 할 때마다 필요한 경우 간증을 들고 나왔을 것이라 생각합니다. 사도행전을 기록한 누가는 바울을 일생 동안 따라다니며 그의 간증을 수십 번 넘게 들었을지도 모릅니다.

바울의 간증을 살펴보면 경우에 따라 스타일을 약간씩 바꾸는 것을 알 수 있습니다. 22장과 26장도 조금 다른 면이 있습니다. 상황에 따라서 간증의 길이를 줄이기도 하고 늘리기도 하고, 어떤 부분은 생략하기도 하고 또 보완하기도 했습니다. 그때그때 성령께서 인도

하시는 대로 간증을 잘 활용했습니다.

22장에서는 자신이 예수를 만나기 전에 어떤 사람이었는가에 대해 말하며 유대인 중의 유대인이라고 표현했습니다. 열심히 예수 믿는 사람을 핍박하던 사람이라고 했습니다. 개종 전 자신의 모습을 이렇게 이야기한 다음 드디어 다메섹 도상에서 예수님을 어떻게 만나게 되었는가를 이야기하고, 그러고 나서는 다메섹으로 가서 아나니아를 통해 무슨 말을 들었는지 이야기했습니다. 그다음에 아라비아로 가서 3년 동안 주님과 깊은 교제를 나누고 계시를 받은 다음 돌아와 예루살렘에 잠깐 들렀을 때 비몽사몽간에 보았던 환상을 이야기했습니다.

이 환상에 대한 이야기로 간증은 중단되고 말았습니다. 환상 중에 주님이 나타나셔서 이방으로 자신을 보내셨다는 말을 하자 그 말에 화가 치민 군중이 소동을 일으켰기 때문입니다. 옷을 벗어 던지고, 티끌을 날렸습니다. 간증이 그대로 진행되었더라면 복음 제시까지 이어졌을 텐데 중간에 소란이 일어나는 바람에 그러지 못했습니다. 이것이 22장에 나타난 바울의 간증 스타일입니다.

26장의 간증을 보면 개종 전에 자기가 어떤 사람이었는지를 이야기하고 나서 개종 사건을 이야기합니다. 그러나 22장에서 본 간증과는 달리 다메섹에 들어가 아나니아를 통해 들은 이야기는 전부 생략했습니다. 그리고 예루살렘에 갔던 이야기도 생략했습니다. 대신 어떻게 주님께서 자기를 이방에 보내어 자신이 지금까지 전도했는지, 왜 자신이 유대인들에게 이와 같이 미움을 받고 핍박을 받는지 그 이유를 마지막으로 증거 하고 간증을 끝맺습니다.

간증이 있는가

바울의 간증을 보면서 한번 자문해보았으면 합니다. 우리도 바울처럼 항상 간증이 준비되어 있습니까?

> 너희 마음에 그리스도를 주로 삼아 거룩하게 하고 너희 속에 있는 소망에 관한 이유를 묻는 자에게는 대답할 것을 항상 준비하되 온유와 두려움으로 하고(벧전 3:15).

예수를 믿지 않는 사람들, 예수 믿는 사람들을 핍박하는 자들이 와서 우리의 소망에 대해 질문한다면 항상 온유한 마음과 겸손한 마음으로 대답할 수 있도록 늘 준비해두라고 성경은 당부합니다. 그리스도를 다른 사람에게 쉽게 전하기 위해서 간증이라는 도구를 항상 준비하고 있습니까?

일반적으로 바울처럼 극적으로 예수를 믿게 된 사람들은 간증을 좋아합니다. 할 이야기가 있기 때문입니다. 그런 사람들은 늘 간증이 준비되어 있고, 안 믿는 사람을 만나든지, 친구를 만나면 쉽게 간증이 터져나옵니다. 반면 간증하기 어려운 사람이 있습니다. 어릴 때부터 예수를 잘 믿어서 언제 믿었는지 알 수 없는 경우가 그렇습니다. 예수님을 영접했다고 말할 수 있는 특별한 순간이 없습니다. 어느 면에서는 비극이라고 생각합니다. 그래서 만약 내가 간증을 한다면 무엇을 간증할까를 늘 생각했습니다. 믿지 않는 사람이 내 간증을 듣길 원한다면 어떤 식으로 간증할까 고심했습니다. 바울처럼 다메섹의 체험도 없고, 다메섹 이전에 믿는 사람을 핍박한 경력도 없기 때문입니다.

그러나 할 이야기는 분명 있습니다. 예수 믿는 집안에서 태어나 믿음 안에서 자랐다는 것을 간증하고 싶지는 않습니다. 저는 예수 믿는 집안에 태어났다는 사실 때문에 제가 예수를 믿게 되었다고 생각하지 않습니다. 제가 이야기하고 싶은 내용은 어떤 계기로 예수님이 구주이심을 분명히 확신하게 되고 마음으로 뜨겁게 감격하고 주님 앞에 저를 헌신할 수 있었는가에 대한 것입니다. 그리고 그 확신을 갖기 전과 후의 관계를 이야기해야겠다고 생각했습니다. 여기에 덧붙여 예수님이 지난 세월 동안 주님을 영접한 후 제 마음속 깊은 곳에서 어떻게 주님이 저와 함께 동행하셨으며 저를 인도해주셨는가, 그분의 위치가 얼마나 저에게 중요한가를 말하고 싶습니다. 또한 예수님 때문에 갖게 된 놀라운 하늘의 소망, 영생의 기쁨, 하나님 아버지가 저의 아버지인 것을 믿을 때마다 항상 마음 든든한 제 심정을 이야기할 수 있습니다.

자신만의 간증을 하나하나 구체화하기 바랍니다. 큰 사건이 아니더라도 진실하게 그리고 논리적으로 간단하게 정리해서 제시하면 듣는 사람에게 하나님의 감화가 따라올 것입니다. 바울처럼 한 사람이라도 구원하기를 원하는 뜨거운 열정이 있습니까? 그들에게 복음을 전할 수 있는 좋은 도구인 간증을 항상 준비해 다닙시다. 바울처럼 쇠사슬에 매인 순간이라도 말할 수 있도록 말입니다.

그런데 반드시 한 가지 알아두어야 할 부분이 있습니다. 간증은 복음을 제시할 때 좋은 방법 중에 하나지만 간증이 곧 복음은 아니라는 것입니다. 다시 말해 간증 그 자체는 복음이 아닙니다. 간증은 어디까지나 예수 그리스도의 복음을 전하기 위한 서론에 불과합니다. 전도를 받는 이가 방어하는 마음을 좀 풀고 관심을 기울이도록 하기 위한 하나의 방법일 뿐입니다. 그러므로 간증만 잔뜩 이야기해 놓고 복음을 제대로 제시하지 않은 채로 끝나버리면 그것은 전도가 아닙니다. 결국 사람의 마음을 사로잡는 것은 십자가의 능력이요, 하나님 앞에 무릎 꿇게 하는 것은 나사렛 예수 그리스도의 이름뿐입니다.

그분이 우리를 위해 죽으셨고 다시 살아나셨다는 복음만이 듣는 사람의 마음을 사로잡는 능력이 있고, 어둠을 쫓아내는 능력이 있습니다. 간증은 예수 그리스도를 모셔다가 상대의 마음에 소개해주는 보조 도구입니다. 간증 자체가 사람을 변화시키지는 않습니다.

의미 없는 고난을 피하다

바울은 간증을 하다가 말을 끝맺지 못한 채 결국 중단하고 말았습니다. 상황이 그렇게 돌아가자 더 이상 내버려 두어서는 안 되겠다 싶은 천부장이 바울을 군대 막사 안으로 데려갔습니다. 천부장과 군사들은 히브리어를 전혀 알아듣지 못했기 때문에 도대체 바울이 무슨 죄를 얼마나 범해서 온 성안이 소동을 했는지 몰랐습니다. 그래서 바울을 고문해 그것을 알아내려는 계획을 세웠습니다.

그들은 바울을 가죽 줄로 맸습니다. 가죽 줄로 맨다는 것은 예수님께서 십자가에 달리시기 직전에 당했던 채찍질을 의미합니다. 이것은 무서운 형벌이었습니다. 이 형벌을 받은 사람은 대부분 죽거나 미쳐버릴 정도였다고 합니다. 그러나 로마 사람에게는 절대로 이 형벌을 가하지 않았습니다. 왜냐하면 인간을 개로 취급하는 것과 다름없었기 때문입니다. 로마 시민권을 가진 사람은 아무리 중벌을 범했다 할지라도 이 형벌을 받지 않았다고 합니다.

가죽 줄로 바울을 매니 바울이 곁에 서 있는 백부장더러 이르되

너희가 로마 시민 된 자를 죄도 정하지 아니하고 채찍질할 수 있
느냐 하니(22:25).

바울도 이 형벌이 무엇인지를 알았습니다. 그래서 어떻게 대처했습니까? 자신이 로마 시민이라 밝히고 법적인 절차를 따져 물었습니다. 로마 시민이라는 말을 듣고 놀란 천부장은 바울을 풀어주고 채찍으로 때릴 계획을 취소했습니다. 이 장면을 두고 바울이 실패했다고 보는 견해가 있습니다. 바울이 형벌을 피하기 위해 로마 시민권을 이용하는 비겁한 행동을 했다는 것입니다.

그러나 저는 그렇게 보지 않습니다. 왜냐하면 쓸데없는 고문은 당할 필요가 없기 때문입니다. 바울을 비판하는 사람은 이 대목에서 다음과 같이 질문할 것입니다. "그러면 왜 바울이 빌립보 감옥에 갇혔을 때는 실라와 함께 그렇게 두들겨 맞았느냐? 왜 그때는 시민권이 있다고 하지 않았느냐? 그때는 그렇게 대범하게 매를 맞으면서 모든 것을 참았는데, 왜 여기서는 그렇게 비겁하게 행동했느냐?"라고 말입니다. 이 비판은 바르지 않습니다. 빌립보 감옥에서는 바울이 시민권을 내놓지 않은 이유가 분명히 있었습니다. 그리고 성령께서 분명히 그를 인도하셨다고 봅니다. 빌립보 감옥에서 바울이 매를 맞았기 때문에 간수 집안이 구원받아 그들이 빌립보교회의 개척 멤버가 되었습니다. 하나님의 뜻이 있었습니다.

바울은 아마도 채찍을 맞을 필요가 없다고 생각한 것 같습니다. 장차 로마에 가서 황제 앞에 복음을 전해야 되는데, 하나님께서 분명히 이 소명을 자신에게 주셨는데 로마에 가기도 전에 매를 맞다가 희생과 어려움을 당하면 그것은 지혜로운 방법이 아니라고 생각했을 것입니다. 게다가 예루살렘의 고문은 빌립보 감옥에서 매 맞는

것과는 상대가 안 될 만큼 가혹했습니다. 저는 하나님께서 바울에게 시민권을 가지고 그 고문을 피하도록 하셨다고 봅니다.

　예수 믿는 사람은 십자가를 짊어져야 하고, 복음을 위해 때로는 고통도 당해야 되고 고난도 받지만, 의미 없는 고난과 십자가는 질 필요가 없다고 봅니다. 피할 수 있는 일은 피하고, 안 맞아도 되는 매는 안 맞는 게 옳습니다. 하나님의 종들, 또 주님의 자녀에게는 하나님의 이와 같은 역사가 순간순간마다 정확하게 마음속에 보인다고 생각합니다. 그러므로 바울이 고문을 피했다고 해서 그가 비겁한 사람도 아니요, 이 고문을 피했다고 그가 실패한 것도 아닙니다. 그는 떳떳하게 행한 것입니다.

사도행전 24장

1세기 때 비참한 노예생활을 하던 사람들이 상류계급의 귀족들을 감동시킬 수 있었던 것은 그들 내면에 있는 행복, 기쁨, 만족, 감사, 평안이었습니다. 예수 이름이 주는 값진 선물을 가지고 있었던 것입니다.

82

벨릭스 총독 앞에 서다

> 우리가 보니 이 사람은 전염병 같은 자라 천하에 흩어진 유대인을 다 소요하게 하는 자요 나사렛 이단의 우두머리라(행 24:5)

복음을 전하는 자리

사도행전 23장과 24장에서는 바울이 산헤드린 공회와 로마 총독 벨릭스 앞에서 재판을 받는 장면을 보게 됩니다. 이 두 재판은 모두 결과 없이 끝납니다. 산헤드린에서 진행된 유대인 지도자들의 재판도, 가이사랴로 호송되어 로마 총독 앞에서 받은 재판도 시간만 끌었을 뿐 결과가 없습니다.

> 주께서 이르시되 가라 이 사람은 내 이름을 이방인과 임금들과 이스라엘 자손들에게 전하기 위하여 택한 나의 그릇이라 그가 내 이름을 위하여 얼마나 고난을 받아야 할 것을 내가 그에게 보이리라 하시니(9:15-16).

바울이 재판 받는 모습에서 사도행전 9장이 떠오릅니다. 예수님은 아나니아에게 나타나셔서 바울을 찾아가라고 하시며 중요한 말씀을 하셨습니다. 바울은 예수 그리스도의 이름을 위하여 첫째는 이방인, 둘째는 임금들, 셋째는 이스라엘 자손에게 복음을 전하게 될 사람이라는 것입니다. 또한 복음을 위해 서되 평안하게 서지 못한다는 것과, 해를 많이 받는 가운데 그리스도를 전하리라는 것을 예언적으로 말씀하셨습니다.

바울은 예수님의 말씀대로 여러 해 동안 복음을 전했습니다. 먼저 1차 전도 여행, 2차 전도 여행, 3차 전도 여행을 통해 지속적으로 하나님의 말씀을 이방인들에게 전하고 곳곳에 교회를 세웠습니다. 동시에 바울은 이스라엘 백성 앞에서도 복음을 전했습니다. 그렇다면 이제 누가 남았습니까? 바로 '임금들'입니다. 사도행전 23장부터 나타나는 일련의 사건들은 바울이 임금들 앞에 서기 위한 하나의 작업이었다고 볼 수 있습니다.

산헤드린 공회에서 재판을 받은 것은 유대의 정치적인 임금들 앞에 선 것이나 다름이 없었습니다. 공회원이었던 대제사장들과 장로들은 최고의 권력자들이었기 때문입니다. 바울은 이 산헤드린 공회의 재판 이후 유대 임금들뿐만 아니라 로마 황제가 임명해서 팔레스타인 지역을 총괄토록 한 총독 앞에서도, 더 나아가 로마 황제 가이사 앞에서도 하나님의 말씀을 증거 하게 됩니다. 세상의 임금들이 보기에는 죄인을 재판하는 자리였지만 하나님의 사람 바울에게는 임금들에게 복음을 증거 하는 자리였던 것입니다.

23장의 공회는 산헤드린 공회를 말합니다. 산헤드린 공회는 유대의 의결기관으로 최고 권한을 가진 조직이었습니다. 공회의 회장은 대제사장이 되었고, 회원 수는 70인이었습니다. 공회원은 바리새파에서 나온 사람들, 사두개파에서 나온 사람들로 구성되었고, 거기에 백성의 대표인 장로들이 포함되어 있었습니다. 한마디로 산헤드린 공회는 유대의 중요한 세 그룹의 대표들로 이루어져 유대 전체의 중요한 문제들을 의결하고 또 그들의 통치자인 로마 황제가 내린 명령을 백성에게 전달하는 역할도 하면서 영육의 모든 문제를 관장하는, 아주 막강한 권력을 가진 기관이었습니다.

산헤드린 공회 앞에 처음 선 사람은 예수님이었습니다. 예수님은 밤새도록 불법 재판을 받다가 날이 샌 다음에 빌라도에게 넘겨졌고, 아무 죄도 정해진 것 없이 처형되셨습니다. 예수님의 뒤를 이은 사람은 스데반입니다. 스데반은 예수님의 이름 때문에, 예수님이 섰던 그 자리에 서게 됩니다. 스데반 역시 재판다운 재판을 받지 못한 채 폭도들에게 끌려가서 죽음을 당했습니다. 그다음 공회 앞에 선 인물은 베드로와 요한입니다. 그런데 이상하게도 하나님께서는 베드로와 요한을 살려내셨습니다. 사형을 앞둔 전날 밤 천사를 보내어 감옥에서 끌어내셨습니다. 베드로와 요한은 특별히 할 일이 남아 있었기 때문에 일을 마치기까지 하나님께서 데리고 가시지 않기로 작정하신 것이 틀림없습니다. 베드로와 요한 이후 이제 바울이 산헤드린 공회에 서게 되었습니다.

그들에게 없는 것

여기서 한 가지 의문이 생깁니다. 왜 하나님께서는 지체 높은 사람들에게 복음을 주실 때 그들과 맞먹는 사람이나 그들이 감히 내려다보지 못할 사람들을 보내지 않으셨을까요? 왜 하필이면 죄수의 신분을 가진 사람을 통해 복음이 전해지도록 하셨을까요? 예수님도, 스데반도, 베드로와 요한도, 바울도 죄수의 신분으로 그들 앞에 서게 된 데는 분명 하나님의 깊은 뜻이 있었을 것입니다. 모두 죄수의 모습으로 높은 사람들 앞에 서게 만드시고 그 입을 통해 예수 그리스도를 이야기하도록 하신 하나님의 뜻을 어떻게 이해해야 할까요?

하나님께서는 높은 곳에 있는 사람일수록 낮은 사람을 들어 전도하게 하십니다. 사실 재판석에 앉아서 재판하는 사람에게 죄수의 몰골이란 참으로 천하기 이를 데 없지 않습니까? 자신의 명령에 따라 생사가 갈리는 초라한 목숨으로 보일 뿐입니다. 거드름을 피우며 재판하는 사람 앞에 죄인의 존재가 뭐 그리 대단하겠습니까?

열매가 어떠했는지는 알 수 없습니다. 바울이 전한 증거에 산헤드린 공회원 중 한 사람이라도 예수 믿고 돌아왔다는 기록이 없습니다. 벨릭스 총독 앞에서도 예수 그리스도를 전했지만 총독이 회개했다는 증거는 없습니다. 우리가 보기에는 아무런 열매가 없는데도 왜 하나님이 그렇게 하셨을까요? 당장은 모릅니다. 최후의 심판 날에나 알 수 있지 않겠습니까?

천한 자들을 들어 높은 자들을 부끄럽게 하시는 하나님의 지혜에 머리를 숙이지 않을 수 없습니다. 부유하거나 높은 지위에 있어서 모든 것을 다 가졌다고 생각하는 사람들은 때때로 비천한 사람들을 보며 깜짝 놀라게 됩니다. 자기들이 지위나 돈으로도 사지 못하는 것을 천한 사람이 갖고 있는 모습을 보기 때문입니다. 아름다운 배우자와 함께 좋은 집에서 살며, 먹고 싶은 것과 하고 싶은 일을 다 즐기며 살아도 자신이 누리지 못하는 것을 쇠사슬을 찬 천한 사람이 누리는 모습을 봅니다. 그것은 한마디로 충격입니다.

벨릭스 총독도 바울에게서 그런 모습을 보았을 것입니다. 네로 황제 또한 짐승에게 찢겨 죽는 많은 그리스도인들에게서 그와 같은 모습을 보았을 것입니다. 또한 그것이 얼마나 무서운 능력인지도 알았습니다. 바울을 앞에 놓고 재판하던 산헤드린 공회원들은 그래서 질릴 수밖에 없었던 것입니다. 1세기 때 비참한 노예생활을 하던 사람들이 상류계급의 귀족들을 감동시킬 수 있었던 것은 그들 내면에 있는 행복, 기쁨, 만족, 감사, 평안이었습니다. 예수 이름이 주는 값진 선물을 가지고 있었던 것입니다.

천한 자에게는 높은 자의 마음을 사로잡을 능력이 있습니다. 하나님께서는 그것을 사용하셨습니다. 그러므로 한 가지 알아둡시다. 생활 형편이 좋지 않거나 스스로 자격이 없다고 생각하여 항상 기가 죽어 있다든지 입을 열지 않는다면 그것은 성경을 잘 모르는 사람의 이야기입니다. 실패자일수록 예수를 전할 수 있는 능력이 더 있습니다. 왜입니까? 성공한 사람이 갖지 못한 것을 가지고 있기 때문입니다. 때문에 오히려 성공한 사람들이 그 마음을 통해 쉴 수가 있습니다. 가난한 사람이 곤궁한 형편에도 부자들이 누리지 못하는 행복을 누릴 수 있다면 그에게는 부자들을 꺾을 수 있는 능력이 있습니다. 이것을 알아야 합니다.

바울의 담대함

바울은 왜 하나님께서 천한 죄수의 신분으로 임금들 앞에 자신을 서게 하시고 예수 그리스도의 복음을 전하게 하시는지 알고 있었습니다. 그래서 담대했습니다. 산헤드린 공회의 지체 높은 사람들을 향해 "형제들아" 하고 부를 정도였습니다. 격식을 갖추고 제대로 부르면 베드로와 요한이 했던 것처럼 "백성의 관원들과 장로들아"라고 했어야 합니다. 아마도 재판석에 앉아 있는 사람들은 굉장히 놀랐을 것입니다. 이렇게 부른 것은 "너나 나나 뭐 다른 게 있느냐. 내가 쇠사슬을 찼다는 것뿐이지 너희하고 나하고 하나님 앞에 다른 것이 뭐가 있느냐? 형제들아 내 말을 들으라"
와 같은 의미였기 때문입니다.

바울의 담대함은 여기서 멈추지 않았습니다. 나중에는 공회원들 사이에 싸움을 붙여놓았습니다. 지능적으로 70명이 두 갈래로 나뉘게 한 뒤 서로 물어뜯게 만들어놓았습니다. 얼마나 격론이 심했던지 바울을 가운데 놓고 한쪽에서는 바울을 변호하려고 달려들고, 다른 한쪽은 잡아 뜯으려고 달려들었습니다. 나중에는 바울이 찢겨 죽을 처지가 될 정도였습니다. 그런 상황이다 보니 군사들이 바울을 끌어냈습니다. 결국 산헤드린 공회에서는 바울 자신이 재판을 주도한 결과가 되고 말았습니다.

바울의 담대함은 성령 충만으로 가능했습니다. 사도행전을 보면 성령 충만한 사람에게 담대하다는 말을 많이 쓰고 있습니다. 이들의 한결같은 공통점은 사람을 두려워하지 않는다는 것과 죽음도 두려워하지 않는다는 것입니다. 모두가 생명을 내걸고 담대히 하나님의 말씀을 증거 했습니다.

> 오늘까지 나는 범사에 양심을 따라 하나님을 섬겼노라 하거늘 (23:1).

바울의 담대함에는 또 다른 이유가 있었습니다. 바로 깨끗한 양심입니다. 바울이 소리친 것처럼 그는 범사에 양심을 따라 하나님을 섬겼습니다. 바울의 말에 대제사장은 마음이 찔릴 수밖에 없었습니다. 대제사장이야말로 온갖 권모술수를 부리며 약자 위에 군림하는 사람이었기 때문입니다. 그는 '양심'이라는 말에 화가 났습니다. 그래서 옆에 있는 사람에게 이렇게 말했습니다.

… 그 입을 치라(23:2).

바울은 담대했습니다. 양심이 깨끗했기 때문에 담대할 수 있었습니다. 하나님 앞에 걸릴 것이 없었습니다. 이렇게 담대한 바울 한 사람으로 인해 아시아가 소란했고, 유럽이 소란했으며, 결국은 가이사랴 총독이 앉아 있는 재판석까지 예수의 복음이 울려 퍼지는 역사가 일어났습니다. 바울뿐만 아니라 누구든지 양심이 깨끗하면 대범해집니다.

> 그날 밤에 주께서 바울 곁에 서서 이르시되 담대하라 네가 예루살렘에서 나의 일을 증언한 것같이 로마에서도 증언하여야 하리라 하시니라(23:11).

바울에게 있어서나 모든 하나님의 자녀에게 있어서 두려움이 없고 담대한 것이 얼마나 중요한지 23장 11절을 보면 알 수 있습니다. 주님이 밤에 바울 곁에 나타나셔서 하신 첫마디가 '담대하라'였습니다. 주님이 특별히 바울에게 나타나셔서 그를 강하게 붙들고 일으켜 주신 일이 꼭 세 번 있는데, 그때마다 하신 말씀이 '두려워 말라, 담대하라'였습니다.

> 밤에 주께서 환상 가운데 바울에게 말씀하시되 두려워하지 말며 침묵하지 말고 말하라(18:9).

> 바울아 두려워하지 말라 네가 가이사 앞에 서야 하겠고 또 하나님께서 너와 함께 항해하는 자를 다 네게 주셨다 하였으니(27:24).

고린도에서 1년 6개월 동안 전도할 때 주민의 3분의 2가 노예들임을 기억할 것입니다. 그 사람들에게 그리스도의 복음을 전할 때 바울이 얼마나 많이 좌절했겠습니까? 어느 날 저녁 좌절한 채 무거운 마음으로 있던 바울에게 주님이 나타나셔서 격려해주셨습니다. 그때의 첫마디가 바로 '두려워하지 말라'였습니다. 바울이 쇠사슬을 차고 로마로 압송될 때 풍랑을 만나 사경을 헤매는 상황에서도 주의 천사가 나타나서 한 첫마디 역시 '바울아, 두려워 말라'였습니다. 주님께서 바울에게 나타나실 때마다 제일 먼저 하셨던 말씀이 '두려워 말고 담대하라'였던 것입니다.

바울도 인간이었기에 자기도 모르게 두려움에 빠지는 때가 많았다는 것을 알 수 있습니다. 그러므로 우리는 늘 주님이 주시는 은혜로 담대할 필요가 있습니다. 어떠한 어려움이 와도 두려워하지 않는 담대함이 우리에게 있어야 합니다.

전염병 같은 자

바울이 가이사랴로 호송되었습니다. 당시 유대에서는 과격한 젊은이들 40명이 바울을 죽이기 전에는 먹지도 않고 마시지도 않겠다는 결사를 했습니다. 비밀 결사의 공모가 바울의 생질을 통해 노출되어 천부장에게로 전달되었습니다. 천부장은 바울을 살리려고 밤중에 군사 470명을 동원해서 아무도 모르게 바울을 가이사랴로 압송합니다.

사람들은 바울을 죽이려고 했지만 하나님께서는 오히려 그 상황을 이용하셔서 바울을 훨씬 더 안전한 곳 가이사랴로 보내셨습니다. 게다가 수많은 군사가 호위하면서 말입니다. 하나님께서 오히려 해하려고 하는 사람, 악한 수단을 가지고 덤비는 사람을 통해 선을 이루신 것입니다. 악을 선으로 돌이켜주셨습니다. 이것은 하나님의 자녀에게 나타나는 큰 역사입니다.

> 닷새 후에 대제사장 아나니아가 어떤 장로들과 한 변호사 더둘로와 함께 내려와서 총독 앞에서 바울을 고발하니라(24:1).

바울이 드디어 벨릭스 총독 앞에 서게 되었습니다. 이때 대제사장 아나니아가 어떤 장로들과 함께 더둘로라는 변호사를 데리고 왔는데, 그는 총독에게 아첨을 떱니다. 그가 말한 내용은 참으로 가관입니다. 그는 총독 덕분에 유대 민족이 태평을 누리며 총독의 선견으로 여러 환경이 개선되었다고 감사의 뜻을 표하면서 바울을 향하여 한마디 던집니다.

> 우리가 보니 이 사람은 전염병 같은 자라…(24:5).

성경에서 말하는 전염병은 페스트를 뜻합니다. 다른 말로 흑사병입니다. 역사가들에 따르면 흑사병은 역사상 수억에 달하는 인명을 앗아갔으며, 역사의 진로를 바꾸어놓았다고 해도 과언이 아닐 정도의 무서운 병이었습니다. 그렇다면 바울더러 '전염병'이라고 말할 때 그 의미가 무엇이었겠습니까? 굉장히 무섭다, 혹은 전염률이 높다는 말과 같은 것 아니겠습니까? 사실 바울 하나를 놓고 전염병이라고 말한 것은 참 적절한 표현입니다. 그 사람들 눈에는 바울이 정말 무서운 힘을 가진 사람이었습니다. 바울 한 사람, 아무것도 아닌 한 사람 때문에 온 천하에 그리스도의 복음이 놀라우리만치 빠른 속도로 전파되고 있었으니 어쩌면 '전염병'이라는 말이 정확한 표현이었을지도 모릅니다.

그리스도의 손에 강하게 붙들린 바울은 모든 사람이 전염병처럼 볼 정도로 무서운 존재가 되었습니다. 이런 사람들은 세상이 감당하지 못한다고 성경은 말씀합니다(히 11:38). 예루살렘에서 내려온 유대 임금들 그리고 벨릭스 총독을 위시해 로마 정부를 대표하는 재판관들은 쇠사슬을 찬 바울 앞에서 쩔쩔매며 어찌할 줄 몰랐습니다. 그를 감당하지 못했습니다. 얼마나 하나님의 능력에 잡혀 있었으면 그랬을까요?

대한민국의 교회가 복음에 사로잡힌 전염병이 되기를 원합니다. 하루빨리 모든 민족이 주님 앞에 돌아와, 그들의 부패하고 굳은 마음이 녹아서 새 마음이 되어 하나님께 영광을 돌리는 날이 왔으면 합니다. 그렇게 되기 위해서는 우리 자신부터 바울처럼 복음의 전염병이 되어야 합니다. 그래서 내 손을 잡았을 때 병이 전염되는 것처럼 복음이 사람들에게 전해져 예수 이름으로 구원받는 일들이 일어나야 하겠습니다.

사도행전 26장

그렇다면 바울이 예수님께서 부활하셨다고 말하는 것은 결국 무슨 의미였겠습니까? 예수님이야말로 구약 선지자들이 예언한 메시아라는 사실입니다. 그런데 유대인 지도자들에게 이것은 보통 큰 문제가 아니었습니다.

83

아그립바왕 앞에 서다

> 아그립바가 바울에게 이르되 네가 적은 말로 나를 권하여 그리스도인이 되게 하려 하는도다 바울이 이르되 말이 적으나 많으나 당신뿐만 아니라 오늘 내 말을 듣는 모든 사람도 다 이렇게 결박된 것 외에는 나와 같이 되기를 하나님께 원하나이다 하니라(행 26:28-29)

로마로 보낼 죄목

바울은 2년간 가이사랴 감옥에 수감되어 있었습니다. 그동안 그는 미결수로 재판을 기다리던 중이었습니다. 바울의 재판을 맡은 사람은 로마 황제의 파견을 받아 팔레스타인 지역을 관할하는 총독이었습니다. 총독의 입장에서 보면 바울 사건은 난처한 면이 있었습니다. 구속할 만큼 죄가 크지는 않았지만 함부로 석방할 경우 유대인의 분노를 살 위험이 있기 때문입니다. 민심을 잃을까 두려워한 것입니다.

그런 상황에서 시간만 보내고 있다가 벨릭스라는 덕망이 두터운 총독이 다른 곳으로 전보되고 베스도라고 하는 새 총독이 부임하게 되었습니다. 새로 부임한 베스도 역시 오자마자 바울을 심문했습니다. 심문 결과 여전히 죽일 만한 죄를 범한 일이 없음이 확인되었습니다. 그러나 석방은 쉬운 일이 아니었습니다. 예루살렘에 있는 지도자들이 바울을 굉장히 증오하고 있다는 사실을 알았기 때문입니다. 그런 차에 바울이 강력하게 자기를 로마 황제의 재판에 회부해 달라고 요청한 것입니다.

베스도 총독의 처지에서는 짐을 덜 수 있는 일이었습니다. 그런데 바울을 로마로 보내려니 한 가지 문제가 있었습니다. 황제의 재판에 죄수를 회부하려면 황제가 납득할 만한 죄목이 있어야 했기 때문입니다. 아무런 죄가 없는 사람을 로마에 보내어 황제 앞에 세울 경우 오히려 자신이 위태로워질 수도 있었습니다. 그래서 바울의 죄목과 황제 앞에 세울 구실을 찾아야 하는데, 마침 좋은 기회가 온 것입니다.

당시 예루살렘은 이중 통치제도를 가지고 있었습니다. 헤롯 왕가에서 지역을 다스리는 왕이 선출되었고, 그를 감독하는 동시에 로마 황제의 명령을 직접 받아서 지역을 관할하는 총독이 따로 있었습니다. 이 체제에서 시행되던 관례 중 하나가 총독이 새로 부임하면 지역을 관할하는 헤롯가의 왕이 인사를 오는 것이었습니다.

베스도가 부임한 지 얼마 안 되어서 헤롯 아그립바왕은 관례에 따라 베스도 총독을 방문하게 되었습니다. 그래서 베스도는 아그립바와 바울 문제를 상의한 것입니다. "바울이라는 사람에게서 죄를 찾으려니 죄는 없고, 석방을 하자니 형편상 어려운데 본인 스스로 로마에 보내달라고 한다. 로마로 보내자니 뚜렷한 죄목도 없고, 이것 참 난처하다. 그러니 내일 같이 이 사람을 심문하고 로마로 보낼 수 있는 구실을 찾아보자"는 것입니다. 이렇게 해서 두 사람이 다음 날 재판을 열어 바울을 불러냈습니다. 그 장면이 25장과 26장에 걸쳐 기록되어 있습니다.

아그립바는 어떤 면에서 좀 불운한 왕입니다. 왜냐하면 아버지

헤롯 아그립바 1세가 세상을 떠났을 때 나이가 열일곱 살밖에 되지 않아 왕위를 계승하지 못했습니다. 그래서 한동안 나이가 어리다는 이유로 설움을 당하다가 서른이 다 되어서야 드디어 다메섹 지역 그리고 팔레스타인 북쪽 지역의 조그마한 영토를 관할하는 분봉왕으로 겨우 행세하게 되었습니다. 그리고 여기에 나오는 아그립바는 헤롯 왕가의 마지막 왕입니다. 이 사람을 끝으로 헤롯 왕가는 완전히 몰락해버립니다. 아그립바는 훗날 새로운 로마 황제인 글라우디스와 상당히 친분이 두터웠던 덕분에 베뢰아 지역까지 꽤 넓은 지역을 관할하게 되었습니다. 그리고 유대의 대제사장을 임명할 수 있는 권한까지 얻게 되었습니다. 베스도를 방문한 그때야말로 아그립바에게는 최전성기였다고 볼 수 있습니다.

바울의 법정 진술

아그립바와 베스도는 바울을 재판하기 위해 배석했습니다. 베스도의 왼쪽에는 천부장 네 명이 배석해 위용을 갖추고 있었을 것이며, 그 뒤로는 예루살렘으로부터 내려온 대제사장을 위시해서 소위 유대 지도자 수십 명이 증오에 찬 눈초리를 한 채 앉아 있었을 것입니다. 그리고 제일 뒤쪽에는 총독이 거느리는 백부장들이 호위를 하듯 서 있었을 것입니다.

재판장 분위기만으로도 기가 죽을 상황이었습니다. 얼마나 장엄했겠습니까? 세상 권세와 위엄, 멋을 다 부린 분위기였으니 말입니다. 이런 분위기에서 손이 묶인 바울이 끌려나왔습니다. 바울을 변호하는 사람은 아무도 없습니다. 바울은 그 자리에 서기 전 2년 동안이나 옥고를 치르고 있었습니다. 그랬기에 그의 외모는 상당히 초라하고 초췌했을 것입니다. 천막 제조업자인 그는 권력도 전혀 갖지 못한 신분이었습니다. 그런 그가 재판석 앞에 섰습니다.

베스도가 먼저 재판의 경위를 간단하게 이야기했습니다. 황제에게 이 사람을 보내기 위해 오늘 재판을 한다고 했습니다. 그러고 나서 아그립바가 바울에게 변명하라고 기회를 주었습니다. 드디어 "아그립바왕이여"로 시작된 바울의 유명한 변론이 시작되었습니다.

> 당신들은 하나님이 죽은 사람을 살리심을 어찌하여 못 믿을 것으로 여기나이까(26:8).

그의 법정 진술은 몇 가지로 요약할 수 있습니다. 첫째 유대인과 자기 사이에 일어난 근본적인 쟁점은 예수의 부활이라는 점을 분명히 지적했습니다. 둘째로 바울은 자신의 과거 경력, 특별히 기독교에 대해 자신이 어떤 선입관을 갖고 있었는지 설명했고, 셋째 다메섹 도상에서 그가 예수 그리스도를 어떻게 만났는지 이야기했습니다. 그리고 19절 이하에는 그가 예수 그리스도를 만난 다음에 예수님의 명령에 따라 하늘에서 보이신 것을 거스르지 아니하고, 다메섹이나 예루살렘이나 온 유대, 온 이방 사람들에게 회개하라 외쳤다고 말했습니다. 여기서 바울이 전한 메시지의 중심을 알 수 있습니다. 사도행전 전체를 통해 볼 때 바울의 핵심 메시지는 바로 부활과 회개였습니다. 즉, "예수 그리스도가 부활하셨다. 그러므로 회개하라"는 것이었습니다.

끝으로 바울은 자기가 지금까지 전한 메시지, 즉 예수 그리스도가 부활했다고 하는 이 복음이 유대 사람들이 한결같이 믿고, 늘 읽는 구약성경과 일치한다는 점을 이야기했습니다. 이것이 바울이 아그립바왕 앞에서 말한 내용입니다.

복음의 핵심

예수님의 부활이 유대인과 바울 사이에 중요한 쟁점이 되었던 이유는 무엇일까요? 왜 바울이 예수님의 부활을 말할 때 유대인들이 죽이려고까지 했을까요? 왜 그렇게 유대인들이 분노를 터뜨리고, 증오했을까요?

구약성경은 메시아가 반드시 고난을 당해서 죽고, 죽은 후에는 반드시 부활할 것이라고 예언했습니다. 다윗 또한 "그는 선지자라 하나님이 이미 맹세하사 그 자손 중에서 한 사람을 그 위에 앉게 하리라 하심을 알고 미리 본 고로 그리스도의 부활을 말하되 그가 음부에 버림이 되지 않고 그의 육신이 썩음을 당하지 아니하시리라"(행 2:30-31) 하면서 메시아가 꼭 부활하실 것을 예언했습니다.

그렇다면 바울이 예수님께서 부활하셨다고 말하는 것은 결국 무슨 의미였겠습니까? 예수님이야말로 구약 선지자들이 예언한 메시아라는 사실입니다. 그런데 유대인 지도자들에게 이것은 보통 큰 문제가 아니었습니다. 그들이 바로 예수님을 십자가에 못 박은 당사자들이었기 때문입니다. 예수가 구약에서 예언한 메시아라는 것을 인정해버릴 경우 자신들은 큰 죄를 범한 사람이 되는 상황이었기 때문입니다.

바울은 끝까지 예수가 메시아라는 것을 전했습니다. 예수의 부활이 그 증거라고 했습니다. 베드로가 예루살렘에서 이러한 메시지를 전할 때 유대인들이 얼마나 잡아 죽이려고 안간힘을 쏟았습니까? 그런데도 하나님의 은혜로 죽지 않고 살아 있었는데, 나중에는 바울까지 세상을 돌아다니면서 예수가 부활하신 메시아라는 것을 전하니 그들은 견딜 수 없었습니다.

예수 부활이 쟁점이었다는 것을 기억합시다. 복음의 핵심은 예수

십자가와 예수 부활입니다. 예수의 십자가와 부활이 복음 중의 복음입니다. 이 두 가지를 빼버리면 복음은 없어집니다.

> 먼저 다메섹과 예루살렘에 있는 사람과 유대 온 땅과 이방인에게까지 회개하고 하나님께로 돌아와서 회개에 합당한 일을 하라 전하므로(26:20).

바울은 메시아인 예수 그리스도를 발견한 사람에게 먼저 회개해야 한다고 전했습니다. 이 경우 믿음과 회개는 서로 다른 사건이 아니라 같은 사건입니다. 믿기에 회개하고, 회개하니 믿는 것입니다. 이 두 가지는 나뉠 수 없습니다. 그런데 요즘에는 믿음은 알지만 회개를 모르는 사람들이 많은 것을 봅니다. 이는 올바른 믿음이 아닙니다. 예수 그리스도를 나의 구원자, 나의 메시아로 영접하는 사람에게는 반드시 믿음과 동시에 회개가 따라옵니다. 혹은 회개하면서 믿습니다.

사도행전을 보면 바울은 날마다 그저 믿음만 외친 것 같지만 사실은 그렇지 않습니다. 서신서를 보십시오. 로마서, 고린도전서, 빌립보서, 에베소서 등 모든 성경을 보십시오. 얼마나 철저하게 회개를 외치고 있습니까? 얼마나 경건생활을 많이 이야기하는지도 보십시오. 또한 얼마나 옛 생활을 벗어버리라고 권면합니까? 얼마나 새 사람을 입고 새로운 생활을 하라고 말합니까? 믿으면 반드시 회개가 따라야 된다는 이야기와 같습니다. 오늘날 성도들은 믿기는 믿는데 삶의 변화가 없습니다. 보통 심각한 문제가 아닙니다.

세상이 보기에 미친 자

바울의 변명을 들은 베스도는 참지 못하고 크게 소리를 질렀습니다.

바울이 이같이 변명하매 베스도가 크게 소리 내어 이르되 바울아 네가 미쳤도다 네 많은 학문이 너를 미치게 한다 하니(26:24).

베스도는 예수 그리스도와 그분의 부활에 대해 열정적으로 변호하고, 예수 그리스도를 높이 자랑하는 그의 모습을 이해할 수 없었습니다. 저렇게 공부를 많이 하고, 저렇게 좋은 가문에서 태어난 사람이 무엇이 답답해서 예수에 미쳐 수갑을 차고, 부끄러운 줄도 모른 채 당당하게 큰소리를 치는지, 미치지 않았다면 도무지 저럴 수 없다고 본 것입니다. 바울의 모습은 세상 사람이 보기에는 완전히 미친 사람이었습니다. 세상 사람들은 예수 믿는 사람들을 보면서 매력을 느끼기도 하고, 칭찬도 많이 합니다. 하지만 동시에 비정상으로 보는 사람들도 있다는 것을 알아야 합니다. 예수님의 가족도 예수님을 미쳤다고 했습니다.

세상 사람들에게서 100퍼센트 칭찬만 듣는 사람은 진짜 그리스도인이 아닙니다. 그리스도인이 칭찬받는 것은 그들보다 삶이 아름답고, 인격이 고상하고, 정의롭게 살려고 하는 면이 있기 때문입니다. 그러나 동시에 세상 영에 사로잡혀 있는 사람들 눈에는 예수를 마음에 모시고 사는 사람이 정상으로 보일 리 없습니다. 공중의 권세 잡은 자에게 사로잡혀 자기의 욕심과 자기의 모든 정욕대로 사는 사람의 눈에 예수님을 모시고 사는 사람이 정상으로 보인다고 한다면 문제가 있는 것입니다.

그리스도인과 세상 사람들은 서로를 향해 미쳤다고 말할 수밖에 없습니다. 세상 사람들이 보기에 예수 믿는 사람들은 예수에 미쳤고, 그리스도인이 보기에 세상 사람들은 세상에 미쳐 있습니다. 사실 서로 미쳤다고 하는 게 정상입니다. 왜냐하면 그만큼 서로가 다르기 때문입니다. 그러므로 예수를 믿는다고 하면서도 세상 사람들의 눈에 전혀 이상하게 보이지 않고 항상 좋은 사람, 정상적인 사람으로 보인다면 그는 문제가 있는 것입니다.

누가 정상인지는 하나님 앞에 가면 알 수 있을 것입니다. 바울은 이렇게 말했습니다.

> 그 안에는 지혜와 지식의 모든 보화가 감추어져 있느니라(골 2:3).

예수 안에는 발견만 하면 깜짝깜짝 놀랄 만한 하늘의 보화와 지혜와 지식이 다 들어 있습니다. 바울은 그것을 발견하자마자 세상의 모든 것이 눈에 들어오지 않았습니다. 예수에게 미쳐버렸습니다. 너무나 큰 은혜를 받은 바울은 모든 것을 다 내버렸습니다. 수갑을 차도 예수 소리밖에 할 줄 모르는 사람으로 바뀌었습니다. 보화를 발견하고도 미치지 않을 사람이 어디 있겠습니까?

그러기에 세상의 좋은 직업이나 지위를 다 버리고 선교사로 떠나는 사람도 있고, 예수 안에서 발견한 복이 너무 귀해서 세상의 명예를 얻거나 출세하겠다는 생각을 다 버리고 소박하게 살면서 주님의 몸 된 교회를 위해 헌신하려고 달려드는 사람도 있는 것입니다. 세상이 볼 때는 미친 사람이지만, 하나님이 보시기에는 지극히 정상적인 사람입니다.

다 알지 않습니까

> 바울이 이르되 베스도 각하여 내가 미친 것이 아니요 참되고 온전한 말을 하나이다 왕께서는 이 일을 아시기로 내가 왕께 담대히 말하노니 이 일에 하나라도 아시지 못함이 없는 줄 믿나이다 이 일은 한쪽 구석에서 행한 것이 아니니이다 아그립바왕이여 선지자를 믿으시나이까 믿으시는 줄 아나이다(26:25-27).

바울은 자신더러 미쳤다고 말하는 베스도 총독에게 자신은 미친 것이 아니요, 참되고 온전한 말을 한다고 했습니다. 이 말에는 나중에 하나님 앞에 가서 보자는 의미도 숨어 있습니다. 그러고 나서 바울은 베스도에게 더 이상 할 말이 없었습니다. 벌써 몇 번 만나 이야기를 했기 때문에 더 이상 할 말이 없었습니다. 그 자리에서 바울에게 중요한 인물은 베스도가 아닌 바로 아그립바왕이었습니다. 바울은 아그립바왕을 향해 말했습니다. "당신은 잘 알고 있지 않습니까? 구약성경도 잘 알고, 메시아가 오시면 어떤 분이 될 것이라는 것도 잘 알고, 예수에 관한 이야기도 많이 알고 있지 않습니까? 당신이 다 알고 있는 줄 압니다."

바울이 이와 같이 말할 수 있었던 것은 아그립바가 헤롯 가문이었기 때문입니다. 엄밀히 따지면 유대인은 아니었고 유대인 행세를 하는 집안이었습니다. 그의 주변에는 서기관과 바리새인들이 있었기 때문에 그는 구약에 관한 것은 상식으로 거의 다 알고 있었고, 예수에 관한 사건도 알고 있었습니다.

바울의 이 말에 아그립바왕은 기가 막히다는 듯이 "네가 한두 마디 적은 말을 가지고 나를 설득해서 그리스도인이 되게 하려고 하는구나"라고 대답했습니다. 아그립바왕의 말에는 빈정거림이 담겨 있습니다. 수갑을 찬 죄수가 건방지게 자신을 얕보고 몇 마디 해가며 자기를 그리스도인으로 만들려 한다고 생각한 것입니다.

나와 같이 되기를

아그립바왕 앞에서 벌어진 재판 상황을 떠올려볼 때 재판관과 피고의 입장이 바뀐 것을 볼 수 있습니다. 바울이 분위기를 완전히 장악했습니다. 바울은 베스도도 입을 열지 못하게 만들었고, 아그립바왕도 꽉 잡았습니다. 그는 아그립바왕의 빈정거리는 말에도 전혀 위축되지 않았을 뿐만 아니라 기가 막힌 명언을 하나 남겼습니다.

> 바울이 이르되 말이 적으나 많으나 당신뿐만 아니라 오늘 내 말을 듣는 모든 사람도 다 이렇게 결박된 것 외에는 나와 같이 되기를 하나님께 원하나이다 하니라(26:29).

이 말을 하는 바울과 당시 상황을 상상해봅시다. 그의 말에 모든 사람이 기가 죽어버렸습니다. 재판도 계속되지 못했습니다. 모두가 할 말을 잃은 것입니다. 아니 할 말이 없었습니다.

바울의 이와 같은 대답은 마치 적막한 밤하늘에 갑자기 울려 퍼지는 천둥소리와 같았습니다. 듣는 사람들의 마음을 무섭게 뚫고 들어오는 한 가닥의 빛이었습니다. 나와 같이 되기를 원한다는 바울의 말에는 여러 의미가 포함되어 있습니다. 먼저 재판석에 앉은 사람들을 전혀 부러워하지 않았습니다. 바울은 그들이 가진 영화, 권세, 지위 어느 것 하나도 탐내지 않았습니다. 바울의 눈에는 그들이 입고 있는 옷과 누리고 있는 권세는 누더기와 같은 것, 얼마 지나지 않아 다 불에 타버릴 것으로밖에 보이지 않았습니다.

둘째, 나와 같이 되기를 원한다는 말은 바울이 자신의 처지를 전혀 부끄러워하지 않는다는 것을 보여줍니다. 예수 한 분만 소유한 이상, 수갑을 차든 재판석에서 수모를 당하든 자신은 행복한 사람이라고 밝히 이야기한 것입니다.

셋째, 이 말은 자신을 재판하는 사람들을 불쌍히 여기는 심정을 나타냅니다. 바울은 지금 저들이 자신을 재판하지만 나중에는 주님이 그들을 재판하게 되리라는 것을 알았습니다. 재판하는 주님 옆에 누가 앉아 있겠습니까? 바울이 앉아 있을 것입니다. 바울은 나중에는 상황이 바뀔 것을 알았습니다. 그래서 그들의 영혼을 불쌍히 여겼을 것입니다.

> 내가 내 마음속으로 이르기를 의인과 악인을 하나님이 심판하시리니 이는 모든 소망하는 일과 모든 행사에 때가 있음이라 하였으며(전 3:17).

전도서의 말씀처럼 분명히 하나님께서 악인을 심판하실 때가 옵니다. 24장 25절을 보면 전임자였던 벨릭스 총독에게 바울이 불려가서 하나님의 말씀을 전하며 심판에 대해 이야기하자 벨릭스가 얼마나 두려웠던지 "오늘은 이만하고 나중에 또 만나서 이야기하자"라고 말할 정도였습니다.

바울의 이와 같은 모습을 마음속에 담길 바랍니다. 우리가 바울처럼 하지는 못합니다. 바울처럼 되지도 못합니다. 바울이 큰 그릇이라면 우리는 심히 작은 그릇이기에 그렇습니다. 그러나 바울이 가졌던 정신을 우리도 가져야 합니다. 세상의 권세를 부러워하지 맙시다. 예수 믿지 않고 돈과 권력으로 세도를 부리고, 일시적으로 잠깐 피었다가 떨어져버리는 꽃과 같은 영화를 누리는 사람들을 부러워하지 맙시다. 가난해도, 차라리 실패자와 같이 보일지라도 다른 사람이 예수 믿는 자신처럼 되기를 기도합시다. 이것이 바로 바울의 신념입니다.

사도행전 27장

어려울 때 모든 사람을 위로할 수 있고 어두운 환경을 밝게 만들 수 있는 영적 리더가 진정한 그리스도인입니다. 많은 사람이 절망하고 누워버릴 때 그리스도인은 일어나서 큰 소리로 그들을 일으켜 세워야 합니다.

84

조난을 당하다

> … 이것이 너희의 구원을 위하는 것이요 너희 중 머리카락 하나도 잃을 자가 없으리라 하고 떡을 가져다가 모든 사람 앞에서 하나님께 축사하고 떼어 먹기를 시작하매 그들도 다 안심하고 받아먹으니 배에 있는 우리의 수는 전부 이백칠십육 명이더라(행 27:34-37)

위험한 항해

사도행전 27장에는 사도 바울이 겪은 조난 이야기가 실려 있습니다. 고린도후서 11장 25절에는 바울이 바다에서 세 번 파선했다고 나와 있는데, 이는 사도행전 27장의 사건 전에 일어난 것으로 1차, 2차 전도 여행에서 경험한 일입니다. 그런데 성경은 이상하게도 고린도후서에 언급된 세 사건은 기록하지 않고 오직 로마로 가다가 만난 조난만을 기록하고 있습니다. 이 사건은 세계 역사에 남을 만큼 어마어마한 규모였습니다.

> 우리가 배를 타고 이달리야에 가기로 작정되매…(27:1).

> 또 거기서 우리가 떠나가다가 맞바람을 피하여 구브로 해안을 의지하고…(27:4).

바울은 로마 황제에게 직접 재판을 받기 위해서 배를 타고 로마로 호송되었습니다. 그런데 그 배에는 바울과 함께한 이들이 있었습니다. 본문에서 가끔 나오는 단어 '우리'를 보면 알 수 있습니다. 이 '우리'라고 지칭된 사람들 안에는 바울 자신을 비롯해 사도행전을 기록한 누가와 2절에 기록된 대로 데살로니가 사람 아리스다고가 있었을 것입니다. 바울과 함께 특별히 동행한 아리스다고는 바울을 통해 예수를 믿게 된 사람으로 바울 때문에 끌려가서 혼이 난 경험도 있습니다. 아리스다고는 이후 바울을 적극적으로 따라다니며 복음을 전하는 동역자 역할을 한 것 같습니다. 어떤 학자들은 아리스다고가 바울의 노예 혹은 몸종으로 자기 이름을 올려놓고 바울과 행동을 함께한 것이 아닐까 추측하기도 합니다.

만약 그 추측이 사실이라면 아리스다고는 대단한 인물이 아닐 수 없습니다. 자기 영혼을 구원해준 바울을 위해 스스로 자기를 던지고 종이 되어 로마 감옥을 향해 가는 주인과 생사고락을 같이할 각오를 했으니 얼마나 충성심이 대단한 사람입니까? 또한 그 추측이 사실이라면 바울은 결코 외로운 사람이 아니었다고 생각됩니다. 가장 어렵고 고독한 처지에 있을 때 한결같이 충성하는 제자나 동역자나 친구가 있다는 것은 돈으로도 따질 수 없는 가치입니다. 바울의 곁에는 이런 사람들이 여럿 있었습니다. 누가와 아리스다고를 비롯해 디모데도 그런 사람 중의 한 명입니다. 하나님께서 바울을 위로하시고자 이렇게 좋은 동역자들을 항상 가까이 두셨습니다.

바울 일행을 로마까지 인솔한 책임자는 백부장 율리오였습니다. 이 사람은 로마 황제와 식민지에 있는 로마 군대 사이를 오가면서 중요한 임무를 담당하던 연락장교가 아니었을까 생각됩니다. 율리오의 통솔 아래 드디어 바울과 다른 죄수들은 아드라뭇데노라고 하는 항구도시로 가는 배에 올랐습니다. 아드라뭇데노는 지도상에서 보면 터키 끝, 그리스와 맞붙은 쪽 흑해에 있는 작은 항구입니다.

아드라뭇데노로 가는 뱃길은 처음부터 심상치 않았습니다. 배를 타고 가기에는 좋지 않은 계절이었기 때문입니다. 그래서 지그재그로 돌아 여러 날이 걸린 후 무라성에서 기항을 한 뒤 이집트의 알렉산드리아에서 로마로 가는 배를 갈아탔습니다. 이 배는 바울을 위시해 276명의 승객이 탈 정도로 큰 배였습니다. 당시에는 이미 조선술이 발달해 있어서 큰 선박의 경우 길이가 90미터 규모에 600명 이상의 승객이 탈 수 있었다고 합니다. 또 배의 구조라든지 형태가 거의 완벽한 수준이어서 18세기 후반 증기선이 나오기까지는 당시의 배 구조가 그대로 유지될 정도였습니다. 그 시절에 배를 건조하는 기술이 얼마만큼 발달했었는지 짐작이 됩니다.

276명의 승객을 다 태운 배가 여러 날 어려운 항해를 겨우 겨우 끝내고 디도가 한때 목회했던 그레데라는 섬의 미항에 도착했습니다. 여기서 사람들 사이에 여행을 계속할 것이냐를 놓고 논란이 거듭된 것 같습니다. 최고 책임자인 백부장 율리오는 일단 선장과 선주의 견해를 들었습니다. 선장과 선주의 견해는 당장 가자는 쪽이었습니다. 미항이라고 하는 조그마한 항구는 배를 대놓고 겨울을 보내기가 어려운 환경이었기 때문입니다. 그래서 그들은 차라리 40킬로미터 떨어진 항구인 뵈닉스에 가서 겨울을 보내고 이탈리아로 가자고 주장했던 것으로 보입니다.

뵈닉스는 한쪽은 서남으로, 한쪽은 서북으로 향해 있는 곳입니다. 바다가 열려 있기 때문에 겨울에 북쪽에서 오는 바람을 막을 수 있는 좋은 여건을 갖추고 있었습니다. 겨울을 보내기 좋은 곳으로 가서 가급적이면 이탈리아에 조금이라도 빨리 가고 싶다는 욕심 때문에 선주와 선장은 강행군을 주장했습니다. 그런데 율리오가 바울에게 상당히 호감을 갖고 있었는지 중요한 결정을 앞두고 바울의 견해도 들으려고 했던 것 같습니다. 바울은 항해를 반대했습니다. 바울 역시 대단한 지식을 갖고 있지 않았습니까? 수년 동안 지중해를 다니면서 전도를 한 사람이니 지중해의 뱃길이라든지 기후 조건이라든지 항해 관련 상식이 전문가 못지않게 풍부했습니다. 바울은 배를 띄우지 말아야 한다고 생각했던 것 같습니다. 바울이 말하고자 하는 핵심은 이것이었습니다.

> 여러 날이 걸려 금식하는 절기가 이미 지났으므로 항해하기가 위태한지라 바울이 그들을 권하여(27:9).

이해하기 어려울 수도 있는 내용입니다. '금식하는 절기'란 레위기 16장 29절에 나오는 절기를 말합니다. 유대인들이 1년에 한 번씩 '대속죄일'로 지키는 때입니다. 자기의 모든 죄, 국가의 죄를 하나님 앞에 회개하는 형식적인 절기로, 유대 달력으로는 7월 10일입니다. 이 '대속죄일'에 사람들은 자기 죄를 고백하고 슬퍼하는 의미로 금식을 하며, 고행을 하기도 했습니다. 그래서 어디에 살든지 유대인들은 7월 10일에 금식을 했습니다. 이는 바울도 마찬가지였습니다.

그런데 바울은 항해 여부와 금식하는 절기가 깊은 관계가 있다고 말하려는 것이 아니었습니다. 시기적으로, 계절적으로 위험한 항해가 될 것임을 말하고자 함이었습니다. 유대 달력으로 7월이면 일반 달력으로는 9월입니다. 그리고 9월부터 11월까지는 지중해를 항해하기에 대단히 위험한 계절이었습니다.

무모한 항해

선장에게 바울만 한 상식이 없었을 리는 만무합니다. 그런데도 왜 무모한 모험을 감행했는지는 수수께끼가 아닐 수 없습니다. 어떤 학자는 이 배가 알렉산드리아에서 나오는 배인 것을 근거로 당시 애굽의 곡물과 식물을 로마로 실어 나르는 역할을 했을 것이라고 추측합니다. 알렉산드리아 항구는 애굽에 있는 항구로서 이탈리아 사람들이 먹고 마시는 곡물과 식물이 유통되던 곳이었습니다.

아마도 바울이 타고 가는 배도 곡물을 잔뜩 싣고 있었을 것으로 생각됩니다. 그러니 선주는 가급적 빨리 이탈리아에 가서 곡물을 풀어놓고 이득을 보려는 계산을 하고 있었을 것이 틀림없습니다. 그래서 선장에게 돈을 집어 주며 어떻게든 좀 빨리 가자고 했을 것이고, 돈에 눈이 어두워진 선장은 계절이 어떠하든, 목적지가 어디든 일단 출발했을 것이 틀림없다고 추측하기도 합니다. 추측일 뿐이지만 충분히 가능한 일이라 생각합니다.

선장과 선주는 결국 배를 끌고 나갔습니다. 이런 상황을 보면서 우리는 다시 한번 교훈을 얻을 수 있습니다. 하나님은 우리가 돈에 눈이 어두워, 이익에 눈이 어두워 함부로 위험한 행동을 하는 것을 막으십니다. 어떤 생업을 갖고 있든 때로는 그만 돈에 눈이 어두워서, 욕심이 나서 지나친 위험을 무릅쓰고 모험을 하다가 모든 것을 잃어버리는 경우가 생깁니다. 바울 당시 선주는 어떻게 되었습니까? 쫄딱 망했습니다. 곡물도 없어지고 배도 잃었습니다. 인간이라는 존재는 항상 그렇게 어리석은 데가 있습니다.

선장이나 선주에 비해 바울은 얼마나 과학적이었습니까? 또 얼마나 양심적입니까? 바울은 분명히 위험한 계절인데 왜 배를 몰고 나가느냐고 이야기했습니다. 지극히 상식적이고 당연한 말입니다. 만약 우리가 바울의 입장이었다면 아마도 그렇게 하지 않았을 가능성이 큽니다. 왜냐하면 바울은 분명 로마로 가는 것이 하나님의 틀림없는 뜻이요, 또한 황제 앞에 서야 된다는 것도 하나님이 허락하신 계획임을 분명히 알고 있었기 때문입니다.

그러므로 바울에게는 믿음을 가지고 무모하게 행동할 수 있는 요인이 얼마든지 있었습니다. 배가 부서지면 자신은 고래의 등이라도 타고 갈 것이라는 자신감을 가질 수 있었고, 자신이 배를 탄 이상 모두 안전할 테니 걱정하지 말라고 얼마든지 주장할 수 있었습니다. 그런데도 바울은 무모한 행위를 하지 않고 과학적으로 문제를 다루었습니다. 때가 안 좋으니 나가지 말자고 권면했습니다.

가끔 보면 믿음이 좋다는 사람들이 상식이나 과학을 무시하고 믿음을 내세우며 막무가내로 행동합니다. 예수 믿고 나면 무슨 독을 마셔도 괜찮다고 하니까 실제로 독을 마셨다가 화를 당한 사람도 있었습니다. 참 무모한 생각이요, 행동입니다. 예수 믿는 사람이라고 자연원리를 무시하면 되겠습니까? 믿음이 좋으면 무모하게 행동해도 하나님이 응답하십니까? 아주 잘못된 생각입니다. 바울은 그런 행동을 하지 않았습니다.

사탄은 예수님을 성전 꼭대기에 세운 뒤 뛰어내리라고 시험했습니다. 예수님이 뛰어내리셨나요? 사탄이 또 뭐라고 하며 시편을 낭독했습니까? 하나님이 천사를 보내어 발이 돌에 부딪히지 않게 받들 것이라고 약속하지 않으셨냐고 말했습니다. 그러나 예수님은 그렇게 하지 않으셨습니다. 예수님이 사탄의 말을 들을 이유도 없었지만, 또 뛰어내릴 이유도 없었기 때문입니다. 인간의 몸으로 뛰어내리면 죽으니까요. 그게 상식입니다.

예수님이 나사렛에 들어가 말씀을 전하시다가 고향 사람들과 완전히 대립하게 되었습니다. 나사렛 사람들이 얼마나 화가 났는지 자신들의 눈에 익은 나사렛 청년 예수를 잡아서 벼랑 있는 데로 끌고 갔습니다. 거기서 예수님이 벼랑 아래로 뛰어내리셨나요? 예수님이 뛰어내리면 천사가 와서 받아줄 테니 뛰어내려도 상관없지 않았겠습니까? 그러나 예수님은 뛰어내리지 않으셨습니다. 슬그머니 가운데로 비켜서 빠져나오셨습니다. 왜 그러셨을까요? 뛰어내리면 죽기 때문입니다.

우리가 무슨 일을 할 때 믿음을 갖는 것은 좋지만 쓸데없는 믿음의 모험을 하는 것은 근본적으로 잘못된 행동입니다. 아스피린 한 알 먹으면 깨끗이 나을 텐데, 기도만 하느라 땀을 뻘뻘 흘리며 고생하는 사람도 있습니다. 그러면 하나님이 아픈 곳을 좀 고쳐주셨으면 좋겠는데 안 고쳐주십니다. 솔직히 이야기해서 바울 당시 아스피린이 있었다면 바울이 안 들고 다녔겠습니까? 하나님께서 지키라고 하는 것은 지키되, 위험하다고 하는 곳은 피해야 하고, 좋지 않은 계절에는 배를 몰고 나가지 말아야 하고, 눈이 와서 미끄러울 때는 차를 몰고 나가지 말아야 하고, 길이 좁을 때는 조심해야 합니다. 길이 좁아도, 눈이 와서 미끄러워도 "하나님이 돌보아 주시는데 뭐" 하는 사람은 좀 이상한 사람입니다. 하나님을 시험하는 사람입니다. "어디 도와주시나 안 도와주시나 보자"라고 벼르는 것과 같습니다.

결국 백부장 율리오는 배 주인이요, 배를 몰고 가는 선장의 말을 들었습니다. 바울의 말은 일축해버렸습니다. 오늘날 우리 사회에도 이 선주와 선장 같은 사람들이 얼마나 많은지 모릅니다. 다른 사람의 생명이야 어떻게 되든, 남이야 얼마나 희생을 당하든 자기의 욕심을 채우기 위해 위험도 무릅쓰는 사람들이 우리 주위에 참 많습니다. 돈을 벌려고 배에 사람들을 잔뜩 태우고 바다로 나갔다가 다 죽이는 사람들도 있고, 자기 욕심을 채우고자 무모하게 정책을 밀고 나가다가 국가와 사회를 혼란에 빠뜨리는 정치인들도 있습니다. 바울 당시에만 그와 같은 선장과 선주가 있었던 것은 아닙니다. 오늘날에도 있습니다.

율리오는 바울의 말을 들었어야 했습니다. 배뿐만 아니라 배를 타고 가는 많은 사람의 생명이 위험하니 지금은 피하는 것이 좋다고 한 말을 들었어야 했습니다. 예수 믿는 사람들이 양심적으로 하는 말을 들을 줄 아는 사회가 되어야 할 텐데, 하나님의 말씀에서 깊이 깨달은 진리를 전파하고 가르칠 때 모든 사람들이 귀담아들어야 할 텐데, 그것이 사는 길이요, 자기가 이기는 길인데, 오늘날 사람들은 옳은 말에 귀를 기울이지 않습니다. 다른 사람의 생명을 마음대로 희생시키면서 자기 계획만 성취하려고 하는 무서운 존재로 변해 가고 있습니다. 우리는 이런 흐름을 끝까지 막아야 합니다. 바울처럼 끝까지 대결해야 합니다.

절망의 한가운데에서

선장의 말대로 배를 몰고 나갔더니 유라굴로라는 광풍을 만났습니다. 유라굴로는 북동쪽에서 갑자기 불어닥치는 큰 태풍을 가리키는 말입니다. 얼마나 바람이 거셌던지 얼마 지나지 않아 배는 선장의 손을 떠나고 말았습니다. 얼마나 급한 상황에 빠졌던지 파도에 배가 부서지는 것을 막고자 구명선을 끌어당겨 배 위에다 올려놓고는 밧줄을 가지고 배를 사방으로 돌아가면서 묶었습니다. 나중에는 상황이 여의치 않자 바다에 짐을 다 내버리고, 연장도 다 던져버렸습니다.

여러 날 동안 해도 별도 보이지 아니하고 큰 풍랑이 그대로 있으매 구원의 여망마저 없어졌더라(27:20).

폭풍이 몰아치는 바다 한가운데서 사람들은 소망을 잃었습니다. 구원의 여망이 모조리 사라지는 것을 느꼈습니다. 그 상황을 우리가 상상이나 할 수 있을까요? 생명의 위협 앞에서 인간의 능력과 지위가 무슨 소용 있겠습니까? 아무것도 아닙니다. 모두가 꼭 같은 존재들, 죽음 앞에서 부들부들 떠는 가랑잎 같은 존재로 변해버립니다. 아무것도 없습니다. 이런 상황에서 하나님의 사람 바울이 일어났습니다. 그리고 절망의 가운데 섰습니다. 죽음의 침묵이 한 가닥 남아 있는 생명의 줄마저 끊어버릴 것 같은 무서운 자리에서 믿음의 사람 바울이 섰습니다.

절망적인 상황에서 예수 믿는 사람은 두 가지 중 하나를 해야 합니다. 첫째, "환난 날에 나를 부르라 내가 너를 건지리니 네가 나를 영화롭게 하리로다"(시 50:15) 하신 말씀을 붙들고, 하나님의 도움으로 위기를 벗어날 수 있다는 강한 신념이 있다면 일어나서 모든 사람에게 낙심하지 말라고 위로해야 합니다.

둘째, 도무지 살아날 가망이 없을 때는 복음을 전해야 합니다. 순교자 손양원 목사처럼 말입니다. 공산군에게 끌려가는 죽음의 행진을 하면서 손 목사는 이제 마지막이라는 것을 예감하고는 힘없는 소리로 예수 믿으라고 전했던 것을 기억합니다. 하지만 공산군들은 그를 무자비하게 때렸습니다. 왜 죽는 자리에 끌려가면서까지 예수 믿으라고 자꾸 말했겠습니까? 신자에게는 소망이 있으면 소망을 일러줄 의무가 있고, 소망이 없다면 예수 믿고 구원받으라고 전할 의무가 있습니다.

바울은 사람들을 위로하기 위해 일어났습니다. 그 또한 광풍 가운데 여러 날을 고생하면서도 쇠사슬에 매인 채 조용히 앉아 깊은 기도를 했을 것이라 생각됩니다. 그때 바울은 아마도 예루살렘에서 체포되어 천부장의 병영 속에 갇혀 있을 때 주의 사자가 나타나 하신 말씀을 기억했을 것입니다. 분명 천사가 나타나 로마 황제 가이사 앞에서 복음을 증거 해야 될 것이라고 말씀하셨으니 지금의 고난이 망하는 길은 아니라는 믿음은 흔들리지 않았을 것입니다. 그러므로 그의 마음에는 공포가 없었습니다.

바울은 예루살렘에서 들었던 주님의 말씀만 붙들어도 공포에서 해방될 수 있었고, 많은 사람을 위로할 수 있었지만 자비로우신 주님이 또 한 번 그 배에 나타나셨습니다. 그러고는 "바울아 두려워하지 말라 네가 가이사 앞에 서야 하겠고 또 하나님께서 너와 함께 항해하는 자를 다 네게 주셨다"(27:24)라고 말씀하셨습니다. 바울은 주님이 주신 메시지를 가지고 가만히 앉아 있을 수 없었습니다. 일어나서 모든 사람에게 하나님의 위로를 전했습니다. 그리고 바울은 폭풍을 만난 지 열나흘째 되는 날 또 한 번 일어났습니다. 열나흘이나 굶은 터라 사람들은 이제 일어날 힘도 없었습니다. 그때 바울은 음식을 들고 하나님께 감사를 드린 후 그것을 나누어 주면서 빨리 먹고 힘을 얻으라고 격려했습니다. 그리고 조금 지나면 우리가 다 구원을 받을 것이라고 말했습니다. 바울이 먼저 음식을 먹었습니다. 모든 사람이 그를 따라 먹었습니다. 배부르게 먹고는 남은 밀을 바다에 전부 던져버리고 배를 가볍게 한 후 하나님이 주시는 구원을 기다렸습니다.

바울의 행동을 한번 상상해봅시다. 사색이 되어서 우는 사람들, 탄식하는 사람들, 죽은 것처럼 기진해서 의식을 잃어버린 사람들이 즐비한 상황에서 일어나 하나님의 메시지를 전하고, 음식을 가지고 하나님 앞에 감사 기도를 드리고, 모든 사람 앞에서 먹고 또 먹으라고 권하는 바울의 모습을 떠올려봅시다. 배의 리더십이 완전히 바뀌었습니다. 선장도 바울이요, 선주도 바울이요, 백부장도 바울이었습니다. 바울 외에는 아무도 리더가 없었습니다. 율리오도 바울의 명령대로 움직였고, 선주와 선장은 어디로 가버렸는지 흔적조차 없습니다. 바울이 모든 상황을 다 지배하게 되었습니다.

절망한 이들을 이끌다

그리스도인은 위기에 강합니다. 바울을 보면 알 수 있습니다. 평안하고 형통할 때 항상 큰소리를 치다가 어려움이 오고 곤고한 때가 되었을 때 한마디도 못 하는 사람은 신앙인이 아닙니다. 그것은 믿음이 아닙니다. 어려울 때 모든 사람을 위로할 수 있고 어두운 환경을 밝게 만들 수 있는 영적 리더가 진정한 그리스도인입니다. 많은 사람이 절망하고 누워버릴 때 그리스도인은 일어나서 큰 소리로 그들을 일으켜 세워야 합니다. 그리스도인들에게는 이와 같은 때가 있습니다. 일할 때가 있고, 말할 때가 있고, 그 능력을 나타낼 때가 있습니다. 그때를 위해서 우리 모두는 준비해야 합니다.

> 내게 능력 주시는 자 안에서 내가 모든 것을 할 수 있느니라(빌 4:13).

바울은 무서운 조난을 당하는 어려움을 겪으면서도 하나님의 사람답게 평화와 영력, 권위를 잃지 않고 모든 사람을 위로하며 그들을 이끌었습니다. 그를 통해 진정한 리더의 모습을 봅니다. 큰소리 치던 백부장과 선장, 선주가 다 입을 다물어버렸을 때 믿음의 사람 바울은 입을 열었습니다. 믿음의 사람은 모든 사람이 형통할 때, 의기양양할 때는 멸시받을지 모르지만, 어느 누구도 일어나지 못하는 어려운 환경에서는 놀랍게 쓰임받는다는 것을 바울을 통해 분명히 볼 수 있습니다. 하나님께서 이 놀라운 리더십을 우리에게도 주시길 기도합니다.

사도행전 28장

앞으로 주님이 오실 때까지 핍박을 받지 않을 거라 장담할 수는 없습니다. 예수 믿는다는 이유로 끌어다가 죽이는 일이 결코 없다고 장담할 수 없습니다. 그러나 주님의 복음을 금할 수는 없을 것입니다. 결국은 하나님이 이깁니다.

85

멜리데섬에서 전도하다

이 섬에서 가장 높은 사람 보블리오라 하는 이가 그 근처에 토지가 있는지라 그가 우리를 영접하여 사흘이나 친절히 머물게 하더니 보블리오의 부친이 열병과 이질에 걸려 누워 있거늘 바울이 들어가서 기도하고 그에게 안수하여 낫게 하매 이러므로 섬 가운데 다른 병든 사람들이 와서 고침을 받고(행 28:7-9)

로마에 더 가까이

사도행전의 마지막 장입니다. 마지막 장에 기록된 바울의 감동적인 이야기가 우리에게 무엇을 일깨워주는지 마음 깊이 정리해보았으면 합니다.

바울 일행이 두 주 동안의 무서운 폭풍에서 구사일생으로 구조된 곳은 멜리데라는 섬입니다. 지도상에서 이탈리아반도 밑에 시실리가 가로누워 있고 그 아래 아주 조그마한 섬 하나가 있는데 바로 그곳이 멜리데입니다. 웬만한 지도에는 나타나지 않을 만큼 작은 섬으로 오늘날에는 이 섬에 몰타공화국이 자리 잡고 있습니다. 이곳은 군사 요충지로 1964년에 독립할 때까지 약 150년 동안 영국의 지배를 받았습니다.

배에 있던 사람들은 어느 방향으로 배가 흘러가는지 전혀 모르고 있다가 상륙하고서야 그곳이 멜리데라는 것을 알았습니다. 물론 당시 선원들이 멜리데를 몰랐을 리는 없습니다. 아마도 풍랑 속에서 방향 감각을 잃은 데다가 좌초해서 닿은 곳이 항구가 아닌 멜리데 섬의 엉뚱한 방향이었던 게 틀림없습니다. 그래서 처음에는 어디에 도착했는지 알지 못했고, 나중에야 사람들에게 물어 알게 된 것입니다. 지도를 보면 멜리데는 최종 목적지인 로마의 코밑에 있습니다. 원래 바울이 탄 배가 가려고 했던 길은 터키 지역에서 지중해 중간 지역을 건너 이탈리아반도를 돌아 넘어가는 제일 무서운 길, 제일 멀고 험한 길이었습니다. 게다가 계절이 겨울이어서 배가 전혀 다니지 못하는 실정이었습니다. 그러나 멜리데에서는 기후만 좋으면 로마까지 불과 며칠 사이에 갈 수 있었습니다.

참 재미있는 사실은 풍랑이 배를 몰아붙이면 아프리카 쪽으로도 갈 수 있었고, 스페인 쪽으로 밀려갈 수 있었고, 팔레스타인 쪽으로도 돌아갈 수도 있는 상황이었지만, 하나님께서 얼마나 묘하게 키를 잡고 움직이셨는지 마치 태풍이라는 날개를 배에 달아매시고는 감히 건너지 못하리라고 심히 걱정하던 지중해 중간 큰 바다를 훌쩍 건너게 하시고 로마 코밑에까지 배를 갖다 놓으신 것입니다. 이 부분에서 톱레이디(A. M. Toplady) 목사가 쓴 찬송시 〈고요한 바다로〉가 생각납니다. 그 찬양의 2절 가사 "큰 물결이 일어나 나 쉬지 못하나, 이 풍랑으로 인하여 더 빨리 갑니다"라는 구절이 바울의 사건에서 더욱 강하게 다가옵니다. 물론 찬양 가사의 내용은 세상의 풍파가 많을수록 하나님 나라에 더 빨리 간다는 의미를 담고 있지만 바울의 기사와 비교해보면 일맥상통하는 데가 있습니다.

풍랑은 바울의 진로를 바꿔놓을 수 없었습니다. 또한 하나님을 바라보며 가졌던 바울의 꿈과 마음의 소원을 조금도 흐트러뜨릴 수 없었습니다. 오히려 바울이 하려는 일을 더 잘되게 밀어주는, 뒤에서 부는 바람 역할을 했습니다. 우리 삶도 마찬가지입니다. 특별히 신앙생활에서 그렇습니다. 어려움은 손해를 주지 못합니다. 경제적으로 손해 보고 육신적으로 고달픈 삶이 찾아올지 모르지만 영적으로 볼 때 하나님 안에서는 절대로 어려움이 없습니다.

풍랑 속에서 빛난 바울의 영권

바울은 분명 풍랑 속에서 몹시 시달렸습니다. 그도 인간인데 얼마나 고통스러웠겠습니까? 그러나 성경은 육체의 고통이 영적으로 얻는 복에 비하면 비교가 안 된다고 가르쳐 줍니다. 우리가 현세에 당하는 고통은 장차 우리에게 나타날 영광과 족히 비교할 수 없다고 성경은 이야기합니다. 이는 현실과 장차 나타날 하나님 나라의 모든 것을 비교하는 것으로, 영과 육에서도 꼭 같습니다.

육적으로 고통스럽고 부족하고 초라할지 모릅니다. 그러나 내가 당하는 풍랑 때문에 육체가 겪는 고통은 그 풍랑 속에서 얻는 영적인 복에 비하면 비교할 것이 못 됩니다. 바울의 경우를 보십시오. 생사를 가릴 수 없는 풍랑 속에서 죽음을 재촉하는 무서운 파도에 밀려 어디를 가고 있는지 전혀 알 수 없는 암담한 상황에서도 "담대하라 무서워 말라 네가 반드시 가이사 앞에 서리라" 하는 음성을 들었을 때 바울의 마음에 넘쳤을 기쁨과 능력을 한번 상상해봅시다. 세상 무엇을 그 기쁨과 비교할 수 있겠습니까?

저는 분명히 말할 수 있습니다. 육신적으로 호화롭고 평안한 나머지 사망의 음침한 골짜기를 걸을 때에만 들을 수 있는 주님의 음성을 듣지 못하게 된다면 어떤 면에서는 육신의 평안이 불행입니다. 사망의 음침한 골짜기에서 살 소망이 없는 듯한 어려움을 느낄 때 주님이 찾아오셔서 지팡이와 막대기로 나를 안위하시고 붙드시고 위로하시며 힘을 주시는 그 음성을 듣는 재미, 이것이 너무 크기 때문에 때로는 주님께서 사랑하시는 자에게 생각지도 않는 고통을 더하실 수 있습니다. 하나님의 뜻을 이해한다면 우리는 잠깐잠깐 불어오는 태풍 때문에 흔들리고 괴로워하지는 않을 것입니다. 엄청난 하나님의 은혜를 모르기 때문에 우리의 마음에 자주 동요가 일어나는 것입니다.

바울이 풍랑 속에서 받은 영적 은혜는 무엇입니까? 바울과 함께 배를 타고 있던 275명, 그들 중에 아리스다고와 누가를 뺀 나머지 예수 안 믿는 270여 명의 영혼을 마치 손바닥에 올려놓은 것처럼 다룰 수 있었던 시간을 한번 생각해봅시다. 폭풍이 없었다면 바울의 그 놀라운 영권이 어떻게 드러날 수 있었을까요? 모든 사람이 공포에 떨 때 하나님의 사람이 지니는 능력이 어떻게 드러날 수 있었을까요? 영적 태풍이 없으면 경험할 수 없는 일입니다.

백부장 율리오의 감화

바울이 경험한 조난 사건에서 한 가지 장면을 상상해볼 수 있습니다. 어디까지나 추측입니다. 바울이 풍랑 속에서 또 하나 특별히 영적으로 받은 은혜가 있다면 율리오의 감화였다고 생각합니다. 원래 그 배의 지휘권자는 백부장 율리오였습니다. 그러나 풍랑이 일면서부터 지휘권은 바울에게로 넘어오지 않았습니까? 그때 겁에 질려 있는 율리오가 바울을 바라보면서 무슨 생각을 했을까요?

그 사건 이후 율리오는 모든 면에서 바울을 배려했으리라는 것을 우리는 쉽게 짐작할 수 있습니다. 배가 도착할 때마다 바울을 쉬게 하고, 친구들을 만나게 하는 등 계속 호의를 베풀었던 것을 보면 알 수 있습니다. 로마의 감옥에서도 바울은 특별대우를 받았습니다. 분명히 그를 호위해온 율리오가 뒤에서 상당한 역할을 했으리라는 것은 부인할 수 없는 사실로 보입니다. 비록 성경에는 율리오가 예수 믿고 돌아왔다는 이야기가 없고, 빌립보의 간수처럼 엎드려 "형제여, 내가 어떻게 하면 구원을 얻으리이까"라고 고백했다는 기록도 없지만, 기록이 없다고 해서 율리오가 예수를 아예 믿지 않았다든지 율리오가 바울을 통해 전혀 감화를 받지 않았다고 누가 말할 수 있겠습니까?

성경에 기록되지 않은 일이 많습니다. 바울은 멜리데에서 3개월간 머물렀습니다. 그 시간에 사람들의 병을 고치고 여러 가지 이적 기사를 행했지만 바울이 멜리데를 떠날 때까지 그 섬에서 예수 믿게 된 사람이 있었다는 기록은 성경에 없습니다. 멜리데에서 바울이 교회를 개척했다는 말도 없습니다. 멜리데에서 바울이 복음을 전했다는 기록도 없습니다. 병을 고쳤다는 것으로만 일관하고 있습니다. 그러나 성경에 기록되지 않았다고 해서 바울이 복음을 전하지 않았다고 말할 수 있을까요? 성경에 기록되지 않았다고 해서 멜리데에 예수 믿는 사람이 하나도 없었다고 말할 수 있을까요? 율리오는 아마도 하나님의 섭리 아래 바울로부터 복음을 들었을 것이 분명하고, 훗날에는 교회에, 특히 로마교회에 어떤 기여를 했을 것입니다.

만약 우리의 추측이 사실이라고 한다면 이 거만하고 어떤 면에서는 절대로 남에게 타협하지 않았던 백부장 율리오의 마음을 움직일 수 있었던 계기가 언제 찾아왔을까요? 태풍 속에서였습니다. 이것은 바울이 받은 놀라운 영적 특권입니다. 우리가 가정에서도 가족에게 감화를 줄 때가 언제입니까? 만사가 잘될 때입니까? 평안할 때

입니까? 평안할 때야 누구나 다 좋아하고 누구나 다 행복해합니다. 그리스도인들이 남에게 감화를 줄 수 있는 시기는 어려움과 고통을 당할 때입니다. 그때 믿음 좋은 아내가 남편을 감화시킬 수 있고, 고통 속에서 기도하는 어머니가 신앙을 저버린 아들의 마음을 녹일 수 있습니다. 어려움 속에서만 가능한 일입니다. 평안할 때는 이런 영적인 특권과 은혜를 경험할 수 없습니다.

지금 여러 가지 어려운 문제가 있습니까? 육신이 고달픕니까? 그렇다면 영적으로 계속 은혜 받고 있음을 확신합시다. 세상의 어떤 것으로도 값을 매길 수 없는 하나님의 은혜를 받고 있다고 분명히 믿읍시다. 내 뜻대로 뭐가 안 된다고 해서 영적으로 아무것도 얻지 못한다고 생각한다면 모든 것이 합력하여 선을 이루게 하시는 하나님의 말씀을 믿지 않는 것과 다름없습니다. 하나님은 거짓말하지 않으십니다.

마가복음 16장 18절의 약속

멜리데섬에 밀려온 사람들은 풍랑으로 지친 몸과 마음을 녹이려고 했는지, 아니면 날이 추웠기 때문인지 모닥불을 피웠습니다. 겨울이라 해도 사실 지중해성기후라 우리나라처럼 춥지는 않았을 텐데 하여간 불을 피웠습니다. 원주민들이 잘라서 말려놓은 나무를 주워다가 불에 넣으면서 옷도 말리고 추위도 면하고자 다들 둘러 있었습니다. 그때 바울은 둘러선 사람들을 좀 더 따뜻하게 해주기 위해 나뭇단을 들고 와서 불에 넣었습니다. 그러자 어떤 일이 벌어졌습니까? 나뭇단에서 뱀이 나와 바울의 손을 물었습니다. 동면하고 있던 뱀이 뜨거운 불길에 놀란 것입니다. 바울은 뱀을 불 속에 떨어버렸습니다. 그 모습을 본 원주민들은 그의 몸이 퉁퉁 붓고 금세 죽을 것이라고 생각했지만 바울에게는 어떠한 증상도 나타나지 않았습니다. 뱀을 집어 올리며 무슨 독을 마실지라도 해를 받지 아니할 것이라는 예수님의 약속(막 16:18)이 바울에게 그대로 응답된 놀라운 순간이었습니다.

> 또 이르시되 너희는 온 천하에 다니며 만민에게 복음을 전파하라
> (막 16:15).

예수님이 주신 약속의 말씀을 정확하게 이해하기 위해서는 앞부분인 마가복음 16장 15절을 살펴야 합니다. 특별히 뱀을 집어 올리며 무슨 독을 마실지라도 해를 받지 않는다는 약속은 만민에게 복음을 전하는 특별한 사역을 감당하는 사람들에게 주신 것입니다. 바울에게 일어났던 사건은 오늘날 선교사들에게도 일어나고 있습니다. 특히 아프리카 선교사들에게 자주 일어나고 있다는 기록을 본 일이 있습니다. 밀림지대를 다니면서 선교하다 보면 살모사나 코브라에게 물리는 경우가 있는데 그런 일을 당하고도 살아나는 선교사들이 종종 있다고 합니다. 복음을 들고 주님을 위해 일하는 분들에게 이 말씀이 현실로 다가온다는 증거입니다.

앞선 복음의 물결

멜리데에서 두 주 동안 머무른 뒤 바울의 행로를 살펴봅시다. 바울은 멜리데를 떠나 시실리 제1의 항구도시 수라구사에 도착했고, 그곳에서 사흘간 있다가 이탈리아반도 남단에 있는 항구도시 레기온에 갔습니다. 바울은 또다시 그곳을 떠나 남풍이 부는 때를 맞추어 순항을 하며 오늘날의 나폴리 지역인 보

디올에 도착했습니다. 여기서 드디어 그 지루했던 해상여행은 끝이
납니다. 바울은 이곳에서부터 약 70마일 떨어진 로마까지 육로로 여
행을 하게 됩니다.

> 거기서 형제들을 만나 그들의 청함을 받아 이레를 함께 머무니라
> 그래서 우리는 이와 같이 로마로 가니라 그곳 형제들이 우리 소식
> 을 듣고 압비오 광장과 트레스 타베르네까지 맞으러 오니 바울이
> 그들을 보고 하나님께 감사하고 담대한 마음을 얻으니라(28:14-15).

바울은 로마로 가는 길목마다 형제들의 뜨거운 영접을 받았습니
다. 보디올에 내려서도, 로마로부터 43마일 거리에 있는 압비오 광
장에서도, 또 거기서 10마일 떨어진 트레이스 타베르네에서도 형제
들이 나와 바울을 영접했습니다. 바울은 로마로 가는 길목마다 형제
들을 만나면서 하나님께 감사하고 담대한 마음을 얻었다고 고백했
습니다.

육로를 따라 지척에 놓인 로마를 향해 가는 바울과 그를 영접하
러 나온 많은 형제를 보며 느끼는 것이 있습니다. 첫째로 복음이 얼
마나 빨리 전파되고 있었는가 하는 점입니다. 바울은 이탈리아에 처
음 왔지만 복음은 바울보다 먼저 와 있었고, 뿐만 아니라 벌써 뿌리
를 내리고 열매를 맺었습니다. 그랬기 때문에 바울이 오기 전에 예
수 믿는 사람들이 바울을 기다렸고, 가는 곳마다 그를 영접하는 사
람들이 있었던 것입니다. 복음을 막을 자는 없습니다. 오늘도 우리
가 잠자고 있는 사이 복음은 끊임없이 세계를 향해 힘차게 달리고
있습니다. 얼마나 복음이 강하고 빠르게 전파되고 있는지 모릅니다.
이렇게 복음이 빨리 전파되고 있음에도 복음에 관심 없이 영적으로

잠자고 있는 사람들은 훗날 주님 앞에 섰을 때 그 부끄러움을 어떻게 면할 수 있을까요?

또 하나 배울 수 있는 점은, 참다운 하나님의 자녀는 복음을 위해서라면 그 무엇도 부끄러워하지 않는다는 것입니다. 바울은 쇠사슬을 차고 있는 죄수의 신분이었습니다. 그런데도 보디올에 내렸을 때 바울이 왔다는 말을 들은 형제들은 쇠사슬을 찬 죄수를 데리고 가서 일주일 동안 대접했습니다.

> 혹은 비방과 환난으로써 사람에게 구경거리가 되고 혹은 이런 형편에 있는 자들과 사귀는 자가 되었으니(히 10:33).

바울이 로마로 향할 때 얼마나 많은 사람에게 구경거리가 되었겠습니까? 거리에는 군인들의 호위 가운데 쇠사슬을 찬 죄수들이 줄줄이 끌려가는 광경을 구경하는 사람들로 가득했을 것입니다. 그러나 히브리서 말씀처럼 로마에 있는 신자들과 보디올에 있는 신자들은 죄수의 신분이 된 바울을 조금도 부끄러워하지 않았습니다. 그들은 바울을 영접하고 함께 길을 걸으면서 주 예수 그리스도가 주신 은혜를 감사하며 장차 로마에 들어가 복음을 들고 일할 꿈에 부풀어 있었습니다.

사람을 통해 주신 위로

하나님의 위로는 때때로 사람을 통해 찾아옵니다. 바울 또한 그를 맞이하고 영접하는 사람들을 만나 위로와 담대한 마음을 얻었습니다. 로마를 향해 가는 바울은 한편으로 굉장히 착잡하고 불안했을 것입니다. 그런 그에게 하나님이 주시는 능력과 위로가 사랑하는 형제들을 통해 임했습니다.

형제들을 통해 로마로 첫걸음을 내딛는 바울을 위로하신 하나님은 오늘도 성도들을 통해 슬픔에 젖어 있는 수많은 사람이 위로 받기를 바라십니다. 우리 모두 쇠사슬 소리가 쩔렁쩔렁 나는 것에 구애받지 말고 형제들과 함께 손을 잡고 로마를 향해 나아갔던 바울의 꿈을 꿉시다. 바울의 모습을 구경하던 사람들 중 어느 누구도 장차 로마가 보잘것없어 보이는 죄수 밑에 무릎을 꿇을 것이라고는 상상하지 못했습니다. 그 초라한 사람 앞에 로마제국이 굴복하여 나중에는 남녀노소 불문하고 목에 십자가를 걸고 다니는 나라로 바뀌리라고는 아무도 상상하지 못했습니다.

하나님의 능력, 복음의 역사, 로마를 향해 걸어갔던 바울을 생각하면 가슴이 뜁니다. 주님은 오늘도 바울과 같은 사람을 찾고 있습니다. 여러분의 로마는 어디입니까? 여러분이 걸어가고 있는 곳은 어디입니까? 바울의 모습을 이어받을 수 있는 교회가 되기를 바랍니다. 사탄은 바울의 발에 쇠사슬을 채웠다고 해서 안심했는지 모르지만, 하나님의 역사는 절대로 사탄에게 묶이지 않습니다.

86

로마에 울려 퍼진 복음의 나팔

바울이 온 이태를 자기 셋집에 머물면서 자기에게 오는 사람을 다 영접하고 하나님의 나라를 전파하며 주 예수 그리스도에 관한 모든 것을 담대하게 거침없이 가르치더라(행 28:30-31)

복음의 진보가 된 고난

바울이 드디어 로마에 도착했습니다. 비록 죄수의 몸으로 들어왔지만 하나님께서는 그를 통하여 놀라운 역사를 이룰 준비를 하고 계셨습니다.

드디어 국제도시 로마에서 복음의 나팔이 울려 퍼지기 시작했습니다. 이 나팔은 자유롭게 다닐 수 있는 사람이 아니라 형틀에 매여 있는 사람이요, 울타리 안에서 나올 수 없는 사람의 손에 들려 있었습니다. 사람의 판단으로는 복음을 전하기에 적합하지 않은 처지였지만, 우리는 여기서 다시 한번 하나님의 지혜가 얼마나 부요한지 보게 됩니다. 사람의 눈에는 대단히 미련한 것같이 보이지만 이것이 하나님의 지혜가 될 줄을 누가 알았겠습니까?

형제들아 내가 당한 일이 도리어 복음 전파에 진전이 된 줄을 너희가 알기를 원하노라 이러므로 나의 매임이 그리스도 안에서 모든 시위대 안과 그 밖의 모든 사람에게 나타났으니 형제 중 다수가 나의 매임으로 말미암아 주 안에서 신뢰함으로 겁 없이 하나님의 말씀을 더욱 담대히 전하게 되었느니라(빌 1:12-14).

우리는 이런 하나님의 지혜를 자주 보지 못할 때가 많습니다. 역사적으로도 그랬던 것을 봅니다. 목회를 할 때도 마찬가지입니다. 사람들이 볼 때 이런 자격, 저런 자격 다 구비해야 목사가 될 수 있고, 하나님께 크게 쓰임받을 것이라고 생각하지만, 때로 하나님은 세상이 보기에 아무것도 아닌 사람을 통해 큰 역사를 이루십니다. 이것이 하나님의 지혜입니다. 하나님께서는 사람들이 보잘것없다고 여기는 것을 통해 자주 일하셨음을 우리는 역사에서 수없이 보아왔습니다.

하나님은 무식한 사람을 통해서도 일하십니다. 하나님의 역사는 나이 많은 사람을 통해서도 일어납니다. 사람이 보기에 전혀 능력이 없는데도 분명 하나님이 일하실 때가 있습니다. 이것을 배제한다면 그는 하나님이 누구신지를 아직도 모르는 사람입니다. 하나님께서 바울과 같은 존재를 들어 로마제국을 정복하리라고 누가 생각했겠습니까? 하나님의 지혜입니다. 그러므로 하나님의 일을 인간의 기준으로 함부로 판단하면 안 됩니다. 특히 교회 안에서 학벌이나 경력을 믿고 큰일을 하겠노라 생각한다거나, 많이 배우지 못한 사람을 무시하면 절대 안 됩니다. 하나님께서는 사람의 조건을 중요하게 다루시지 않습니다. 인간이 보기에는 어리석음이 하나님께는 지혜가 될 수 있습니다.

동족을 위하여

> 사흘 후에 바울이 유대인 중 높은 사람들을 청하여 그들이 모인 후에 이르되 여러분 형제들아 내가 이스라엘 백성이나 우리 조상의 관습을 배척한 일이 없는데 예루살렘에서 로마인의 손에 죄수로 내준 바 되었으니(28:17).

이 말씀에서 볼 수 있는 바울의 깊은 중심에 또다시 충격을 받습니다. 바울은 다메섹 도상에서 예수 그리스도를 만난 다음 복음의 사자가 되어 주님을 위해 지금까지 고생해오지 않았습니까? 그동안 바울이 당한 환란과 고통은 이루 말할 수 없었습니다. 그는 쫓기며 위협을 당했고, 바로 내일 어떻게 될지 전혀 예측할 수 없는 삶을 살았습니다. 바울이 당한 고통의 중심에는 항상 유대인이 있었습니다. 그가 받은 환난과 고통의 90퍼센트 이상은 자기 동족에게 당한 수모요, 어려움이었습니다. 쇠사슬을 차고 로마로 들어오게 된 것도 유대인 때문이었습니다. 로마인들은 바울에게서 죄를 찾을 수 없어 놓아주려고 했지만 유대인들이 오히려 그것을 막았습니다.

그는 마지막까지 유대인들에게 시달리며 고통을 당합니다. 어떤 면에서 바울의 원수는 자기 동족이었습니다. 원수라도 그런 원수가 없을 것입니다. 해를 끼쳐도 한두 번이지 수십 년 동안 끝까지 물고 늘어지는 원수였습니다. 누구라도 바울의 입장이 된다면 유대인들에게 복음을 전하고 싶은 마음은 다 사라진 지 오래였을 것입니다. 뭐가 애타는 마음이 있어 그들에게 복음을 전하려고 하겠습니까? 그러나 바울은 달랐습니다. 로마에서 보여준 바울의 행동은 놀랍고 충격적이었습니다. 감옥에 있으면서 전도를 위해 제일 먼저 접근한 사람은 역시 유대인이었습니다. 로마서 9장에서 했던 고백이 절대 거짓이 아님을 행동으로 보여준 것입니다.

> 내가 그리스도 안에서 참말을 하고 거짓말을 아니하노라 나에게 큰 근심이 있는 것과 마음에 그치지 않는 고통이 있는 것을 내 양심이 성령 안에서 나와 더불어 증언하노니 나의 형제 곧 골육의 친척을 위하여 내 자신이 저주를 받아 그리스도에게서 끊어질지라도 원하는 바로라(롬 9:1-3).

바울은 정말 대단한 사람입니다. 그렇게 자기를 죽이려 하고, 끝까지 자신을 줄기차게 괴롭히던 동족을 위해 계속 마음의 고통을 안고 어떻게 하면 저들을 구할까 생각했다니 말입니다.

원수를 사랑하라고 하신 주님의 계명을 철저하게 지킨 사람이 있다면 바울이 아닐까 생각합니다. 바울만큼 원수를 사랑한 사람은 없는 것 같습니다. 모두 가슴에 손을 얹고 조용히 생각해보았으면 합니다. 우리의 전도가 원수에게도 미치고 있습니까? 내가 좋아하는 사람만 가려가면서 전도하고, 내가 미워하는 사람, 내 마음에 한이 맺히게 한 사람은 가급적이면 보지 않으려는 마음으로 살지는 않습니까? 그런데 복음의 정신은 그렇지 않다고 말합니다.

바울처럼 할 수 있을까요? 성령께서 우리 각자의 마음속에 가책을 주셨으면 합니다. 입으로는 주님의 사랑을 증거 하면서도 마음으로는 무서운 저주를 품고 있지는 않습니까? 바울을 보며 우리는 아직도 갈 길이 멀다는 것을 깨닫습니다. 겉으로는 전도를 잘하는 것 같고, 많은 영혼을 위해 기도하는 것 같지만 바울의 수준까지 이르려면 아직 멀었습니다. 우리의 부족한 부분을 주님이 채워주시도록 기도합시다. 원수까지도, 미워하는 사람까지도 전도할 수 있는 마음을 달라고 기도합시다.

만나지 못한 두 개의 강

로마에서 바울은 전도의 첫 대상인 유대인들을 데리고 몹시 씨름했지만 결국 그의 전도는 실패로 끝나고 말았습니다. 그가 얼마나 애를 많이 썼습니까? 먼저 바울은 유대인들에게 하나님의 말씀을 가르치고자 날짜를 정해놓고 정기 모임을 가졌던 것 같습니다. 유대에서 명성이 있다고 하는 사람들이 정한 시간에 모여 아침부터 저녁까지 구약성경을 내어놓고 나사렛 예수 그리스도가 과연 구약에서 말씀하는 메시아냐 아니냐를 가지고 토론했습니다. 바울의 노력에도 몇 사람을 제외한 대부분은 믿지 않고 그대로 등을 돌리고 만 것을 봅니다. 믿지 않고 돌아가는 그들을 향해 바울은 이사야서의 예언을 다시 한번 반복했습니다.

> 여호와께서 이르시되 가서 이 백성에게 이르기를 너희가 듣기는 들어도 깨닫지 못할 것이요 보기는 보아도 알지 못하리라 하여 이 백성의 마음을 둔하게 하며 그들의 귀가 막히고 그들의 눈이 감기게 하라 염려하건대 그들이 눈으로 보고 귀로 듣고 마음으로 깨닫고 다시 돌아와 고침을 받을까 하노라 하시기로(사 6:9-10).

바울은 이사야의 예언을 언급하면서 유대인들이 완악하고 돌아오지 않는 데는 하나님의 어떤 뜻이 배후에 작용하고 있음을 설명해줍니다. 동시에 이스라엘 백성은 앞으로도 잘 돌아오지 않을 것을 선언하고 있습니다. 바울은 결국 로마에서 이사야의 예언이 또 한

번 성취되는 것을 보게 됩니다.

> 그러므로 내가 말하노니 그들이 넘어지기까지 실족하였느냐 그럴 수 없느니라 그들이 넘어짐으로 구원이 이방인에게 이르러 이스라엘로 시기 나게 함이니라(롬 11:11).

사도행전 전체를 보면 두 가지 흐름이 있습니다. 말하자면 두 개의 강이 흐르고 있습니다. 하나는 예수를 전하지만 끝까지 받아들이지 않는 유대인들의 강입니다. 예루살렘에서 시작해서 로마까지 유대인들이 보여주는 불신앙의 강이 흐르고 있습니다. 다른 하나는 예수 믿고 돌아와서 하나님의 자녀가 되는 이방인들의 강입니다. 믿음의 강입니다. 이 두 강은 사도행전에서 끝내 합해지지 않았습니다. 그렇게 로마까지 흘렀습니다. 여기에는 분명 하나님의 뜻이 있습니다. 하나님께서는 유대인들의 완악함을 통해 복음이 이방에 넘어가도록 하신 것입니다. 유대인들이 복음을 듣지 않아서 오히려 이방인들이 복음을 받아들이는 계기가 마련되었습니다. 또 유대인들의 실패가 이방인들에게는 승리가 되도록 하나님께서 은혜를 주셨습니다. 하나님께서 이방인을 구원하시기 위해 유대인을 잠깐 옆으로 제쳐놓았다고도 볼 수 있습니다.

그러나 언젠가는 두 강이 하나로 합쳐지는 날이 옵니다. 유대인들도 남은 자는 돌아올 것입니다. 구원받은 이방인들이 유대인과 한 형제가 될 것입니다. 마침내 하나의 강이 유유히 흐를 것입니다. 그때가 언제인지는 알 수 없습니다. 아직은 유대인들이 돌아오지 않았기 때문입니다. 예수 그리스도 안에서 하늘과 땅에 있는 모든 것이 하나 되는 그날, 하나님께서는 유대인 중에 택함을 받은 남은 자들을 불러서 우리와 하나의 강을 이루어 하나님 앞에 영광 돌리게 하실 것입니다.

꿈을 꾸며 열정을 품다

유대인 전도에 실패한 바울은 이방인들에게 복음을 전하기 시작합니다. 2년 동안이나 그들에게 복음을 전했습니다.

> 바울이 온 이태를 자기 셋집에 머물면서 자기에게 오는 사람을 다 영접하고(28:30).

셋집이라는 말에서 알 수 있듯 바울의 형편이 달라졌습니다. 이것은 형무소를 떠나서 살았다는 의미가 아니라 형무소 구역 안에서 특별히 방세를 지불하며 독처할 수 있는 특혜가 주어졌다는 뜻으로 보입니다. 아마도 감옥보다는 조금 나은 환경이리라 생각됩니다. 바울은 석방되기 전까지 이 셋집에서 2년 동안 살았습니다. 죄인의 신분이라 항상 군인과 함께 있었지만 다른 형제들이 출입하는 데는 전혀 지장이 없었던 것으로 보입니다.

셋집에 사는 동안 바울은 자기에게 주어진 기회를 최대한 이용해서 많은 사람에게 복음을 전하려고 노력했습니다. 유대인들과 모였을 때처럼 정기적인 모임은 없었지만 오는 사람이 한 명이든, 두 명이든 만나는 사람들에게 항상 복음을 전했습니다. 바울의 사역은 거의 초인적이었다고 해도 과언이 아닙니다. 그의 나이가 벌써 50대 중반을 넘어가고 있었습니다. 사람을 만나고, 사람과 씨름하는 것만큼 피곤한 일은 없습니다. 하루 종일 막연히 한담하는 것도 피곤한

데, 캄캄한 영혼을 앞에 놓고 침이 마르도록 예수 그리스도를 전한다는 것은 보통 어려운 일이 아닙니다.

죄수인 바울이 영양 보충을 하면 얼마나 했겠습니까? 게다가 몸의 가시로 시달려 건강이 좋지 않던 바울에게 이 놀라운 초인적인 힘이 어디서 솟아났을까요? 또한 바울은 거기에 그치지 않고 감옥에 있는 2년 동안 옥중서신을 기록했습니다. 빌립보서, 에베소서, 골로새서, 빌레몬서를 바로 이때 썼습니다. 서신 가운데 로마서를 빼고는 에베소서만큼 심오한 진리도 없지 않습니까? 빌립보서만큼 우리의 마음을 뜨겁게 하는 것도 드물지 않습니까?

사람을 만나 전도하는 것도, 성경을 기록하는 것도 밤에는 할 수 없었으리라고 봅니다. 당시는 등불 켜는 것이 얼마나 힘들었습니까? 불을 켜지 못하는 어두운 밤이 되면 아마도 바울은 자기 교회와 양 떼를 위해 눈물 흘리며 시간 가는 줄 모르고 기도했을 것입니다. 그러므로 바울은 낮 시간 동안 사람 만나서 정신없이 전도하고, 틈나는 대로 서신을 썼을 뿐만 아니라 제자들까지 지도했습니다. 바울은 자유의 몸이 아니었지만 자기에게 드나드는 충직한 제자들, 즉 아리스다고, 디모데, 두기고, 에바브로디도, 나중에는 마가 요한까지 지도했습니다. 이처럼 사령관이 되어 제자들을 다른 교회들로 보내며 복음의 작전을 펼쳤습니다.

땅 끝까지 이를 복음

바울은 쇠사슬에 매여 있었지만 아침부터 저녁까지 정신없이 일했습니다. 어디서 그런 열정과 힘이 나왔을까요? 그에 대한 답은 바로 '꿈'입니다. 바울이 초인적인 일을 할 수 있었던 것은 꿈이 있었기 때문입니다. 땅 끝까지 주의 복음을 전하겠다는 열정적인 꿈입니다. 바울은 그 꿈에 완전히 사로잡힌 사람이었습니다. 그래서 다른 것은 아무것도 눈에 들어오지 않았습니다.

꿈이라는 것은 사람을 강하게 만듭니다. 다른 것에 관심이 가지 않을 만큼 집중해서 몰입할 수 있는 꿈이 있다면 상상도 못할 힘이 납니다. 꿈의 위력은 대단합니다. 현대인들에게 힘이 없는 이유는 꿈이 없기 때문입니다. 우리의 마음은 텅 비어 있습니다.

꿈이 있습니까? 혹시 더 넓은 아파트로 이사를 가는 게 꿈은 아닙니까? 아니면 돈을 좀 더 많이 버는 게 꿈입니까? 우리에게 있는 꿈은 무엇일까요? 우리가 가져야 할 꿈은 무엇일까요? 이 질문에 한목소리로 양심껏 대답할 수 있는 교회라면 굉장한 힘을 가진 공동체입니다.

> 하늘에 계신 우리 아버지여 이름이 거룩히 여김을 받으시오며 나라가 임하시오며 뜻이 하늘에서 이루어진 것같이 땅에서도 이루어지이다 … (나라와 권세와 영광이 아버지께 영원히 있사옵나이다 아멘).

예수 믿는 우리의 꿈은 바로 이것입니다. 성령은 이런 꿈을 가진 사람의 가슴에 불을 붙여주십니다. 그 꿈이 심지가 되어, 성령이 그 꿈의 횃불이 되어 활활 타오르게 될 것입니다. 그렇게 되면 다른 것은 눈에 들어오지 않습니다. 잘사는 것도, 성공하는 것도 관심 밖의 일입니다. 우리 모두 이렇게 다짐합시다.

> 장차 나타날 영원한 나라에 내 삶을 투자한다. 그것을 위해 살리라. 주 예수 그리스도의 영광과 복음을 위해 내가 죽으리라. 직장 생활을 해도 내 꿈은 이것이다. 돈을 모아도 내 꿈은 이것이다. 자

녀를 키워도 내 꿈은 이것이다. 건강하기를 바라는 것도, 건강을 지키기 위해 노력하는 것도 모두 주님의 영광을 위해서다.

끝나지 않은 사도들의 행진

> 하나님의 나라를 전파하며 주 예수 그리스도에 관한 모든 것을 담대하게 거침없이 가르치더라(28:31).

이 구절을 개역한글 성경은 이렇게 번역했습니다.

> 담대히 하나님 나라를 전파하며 주 예수 그리스도께 관한 것을 가르치되 금하는 사람이 없었더라.

사도행전이 이 말씀으로 마무리된다는 것은 너무나 너무나 매력적입니다. 기가 막힌 말씀이 아닐 수 없습니다. 지난 2,000년을 돌아보면, 복음을 막으려고 시도한 사람은 많지만 그중에서 정말 복음을 막아낸 사람은 한 명도 없었습니다. 우리나라에 복음이 들어왔을 때도 마찬가지였습니다. 아무도 예수 전하는 사람을 막지 못했습니다. 그 입의 말을 금할 수 없었습니다. 일본의 잔혹한 핍박도 그 입을 막지 못했습니다.

앞으로 주님이 오실 때까지 핍박을 받지 않을 거라 장담할 수는 없습니다. 예수 믿는다는 이유로 끌어다가 죽이는 일이 결코 없다고 장담할 수 없습니다. 그러나 주님의 복음을 금할 수는 없을 것입니다. 결국은 하나님이 이깁니다. 결국은 십자가가 승리합니다.

이제 사도행전의 마지막 장을 덮으려 합니다. 그러나 사도행전이 끝난 것은 아닙니다. 만약 사도행전이 끝났다면 "주 예수 그리스도의 이름으로 너희에게 문안하노니 평안히 잘 있으라"는 인사가 마지막 부분에 있었을 것입니다.

우리는 바울이 걸어간 길을 이어 달리며 오늘날의 사도행전을 써야 하는 주인공들입니다. 바울이 가졌던 꿈을 우리도 꾸며 그의 놀라운 사역을 계승해야 하겠습니다.

땅 끝까지 복음이 전파되어 예수 그리스도의 이름이 물이 바다 덮음 같이 온 천하에 넘치는 그날까지 하나님 나라를 위해 최선을 다합시다. 언젠가는 예루살렘과 온 유대와 사마리아와 땅 끝까지 하나님 나라의 비전이 완성되는 날이 올 것입니다. 그때가 되어서야 사도행전은 비로소 "오! 주 예수여, 오시옵소서!"라는 말로 끝날 것입니다. 그 문장은 바로 우리가 써야 합니다. 꿈을 가집시다. 사도행전의 꿈을 가집시다.

Index of Scripture Passages / 성경구절 색인

○ 레위기
16:29   372

○ 민수기
6:1-4   238
6:8   239

○ 사무엘상
28:3-25 176

○ 역대하
33:6   175

○ 시편
50:15   377

○ 전도서
3:17   365

○ 이사야
6:9-10   397

○ 예레미야
29:11   94

○ 에스겔
13:6-7   177-178
33:7-9   291
33:8-9   223

○ 다니엘
12:3   27

○ 미가
5:12   178

○ 마태복음
3:1-2   70
3:11-12   70
4:17   254
4:21-22   56
7:23   178
11:13   70
20:21   58
20:22-23 58
25:40   169-170
28:19-20 38, 71

○ 마가복음
16:15   389
16:18   388, 389

○ 요한복음
10:11   236

○ 사도행전
1:3   254
2:17   70
2:30-31   359
4:24-30   57
4:31   57
6:7   14, 157
9:15-16   343
9:31   157
11:1   13, 14
11:2   14
11:3   16
11:17   20
11:18   13
11:20-21 24
11:20   25, 26
11:21   28

11:24   31
11:25-26 29, 37
11:26   41
11:28   43
11:29-30 48
12:1-2   55
12:5   63
12:6   61
12:23-24 63
13:1   25, 67
13:2-3   82
13:2   72, 76
13:3   72
13:4-5   83
13:8   84
13:9   80, 85, 86
13:10   84
13:13   86, 87
13:14   87
13:15   96
13:23   98
13:25   100
13:27   100
13:30   101
13:32   101
13:34-37 102
13:36-38 102
13:37   102
13:40   104
13:41   101
13:46   95, 106
14:3   113
14:9   111
14:14   114
14:15   111, 116
14:20   123
14:22   122, 125

14:23	125	18:18	217, 231, 233, 237	21:28	325
15:1-2	129, 133			21:35	326-327
15:1	130, 133	18:23	234	22:14	331
15:5	17	18:26	236	22:25	338
15:6-7	137, 141	19:2	243	23:1	348
15:7	142	19:4-5	247	23:2	349
15:12	142	19:5	244	23:11	349
15:28	138	19:10	253	24:1	351
15:29	158	19:11-12	258	24:5	343, 351
16:3	149, 154	19:17-18, 20	253	24:25	365
16:4	158	19:18-19	259	26:8	358
16:5	157, 158	19:18	301	26:19	358
16:6-7	157, 159	19:23	259	26:20	360
16:7	165	19:26	260	26:24	361
16:10	164	20:1-2	265	26:25-27	363
16:13	168	20:6	165	26:28-29	355
16:14-15	171	20:7	265	26:29	364
16:14	164	20:17-35	273	27:1	369
16:15	172	20:17	273	27:2	370
16:16	169, 174	20:18-21	279	27:4	369
16:17	274	20:18	280	27:9	372
16:20-21	175	20:19	28, 283	27:20	377
16:25	180	20:20	281, 282	27:24	349, 378
16:28	182	20:22	274	27:34-37	369
16:30	182	20:24	124, 286	28:7-9	383
16:31	182	20:26	291	28:14-15	390
17:2-3	190	20:28	287	28:17	395
17:11	187, 193	20:32	287, 294	28:30-31	393
17:16-17	197	20:33-35	294	28:30	399
17:17	199	21:4	305	28:31	4, 402
17:18	200	21:8	303		
17:31	205	21:11	44		
17:32	201	21:12-14	299		
17:34	203	21:13	306		
18:2	215-216	21:14	307		
18:5	218	21:17-20	308		
18:6	222	21:19-20	308		
18:8, 11	222	21:20-21	310		
18:8	224	21:20	316		
18:9-10	213, 221	21:22	319		
18:9	349	21:23-24	318		
18:11	230	21:25	311		
		21:26	321		

○ 로마서

9:1-3	396
11:4	301
11:11	398
15:22-24	269
15:30-31	277

○ 고린도전서

2:1-2	203
2:3	214
2:12	249

7:18	311	2:3	362	○요한계시록	
7:34	303	3:16	38, 267	21:14	59
9:19-23	155				
9:19-22	323	○데살로니가전서			
9:20	237-238	1:7-8	188		
9:23	324	2:8	234		
12:4-11	251	2:18	160		
12:28-29	290	3:5	236		
14:1	47	3:7-9	218-219		
15:31	90	5:11	266		

○고린도후서
  2:4   283-284
  5:20   266
  11:24-25 123
  11:25   369
  11:26-27 165

○데살로니가후서
  2:9-10   177

○디모데전서
  1:19   32

○갈라디아서
  2:14   132
  4:13-14 88
  6:10   50
  6:17   123

○디모데후서
  1:5   153
  1:8   332
  3:10-12 153
  3:14-15 152

○에베소서
  4:3   141
  4:4   314
  4:12   304
  5:18   250

○디도서
  1:9   266
  2:6   266
  2:15   266

○히브리서
  3:13   267
  10:3   391
  11:38   352

○빌립보서
  1:8   234
  1:12-14 393, 394
  1:20-21 166
  2:10   302
  3:18   284
  4:6-7   61
  4:12   92
  4:13   92, 379

○베드로전서
  3:15   335
  5:5   283

○요한일서
  2:20   105
  4:1   250-251

○골로새서
  1:24   235

국제제자훈련원은 건강한 교회를 꿈꾸는 목회의 동반자로서 제자 삼는 사역을 중심으로
성경적 목회 모델을 제시함으로 세계 교회를 섬기는 전문 사역 기관입니다.

옥한흠 전집 강해 08

사도행전 2 교회는 이긴다

초판 1쇄 발행 2012년 11월 20일
개정1판 1쇄(4쇄) 발행 2020년 7월 17일

지은이 옥한흠

펴낸이 오정현
펴낸곳 국제제자훈련원
등록번호 제2013-000170호(2013년 9월 25일)
주소 서울시 서초구 효령로68길 98(서초동)
전화 02)3489-4300 **팩스** 02)3489-4329
이메일 dmipress@sarang.org

저작권자 (C) 옥한흠, 2012, *Printed in Korea*.
이 책은 저작권법에 의해 보호를 받는 저작물이므로 저자와 출판사의 허락 없이
내용의 일부를 인용하거나 발췌하는 것을 금합니다.

ISBN 978-89-5731-813-3 04230
ISBN 978-89-5731-785-3 04230(세트)

※ 책값은 뒤표지에 있습니다. 잘못된 책은 구입하신 곳에서 교환해드립니다.